세계적 K사상을 위하여

세계적 K사상을 위하여

개벽사상과 종교공부 2

초판 1쇄 발행 / 2024년 11월 22일

지은이 / 백낙청 오강남 백민정 전도연 이보현 고명섭
펴낸이 / 염종선
책임편집 / 김새롬 박주용
조판 / 신혜원
펴낸곳 / (주)창비
등록 / 1986년 8월 5일 제85호
주소 / 10881 경기도 파주시 회동길 184
전화 / 031-955-3333
팩시밀리 / 영업 031-955-3399 편집 031-955-3400
홈페이지 / www.changbi.com
전자우편 / human@changbi.com

세계적 K사상을 위하여

개벽사상과
종교공부 2

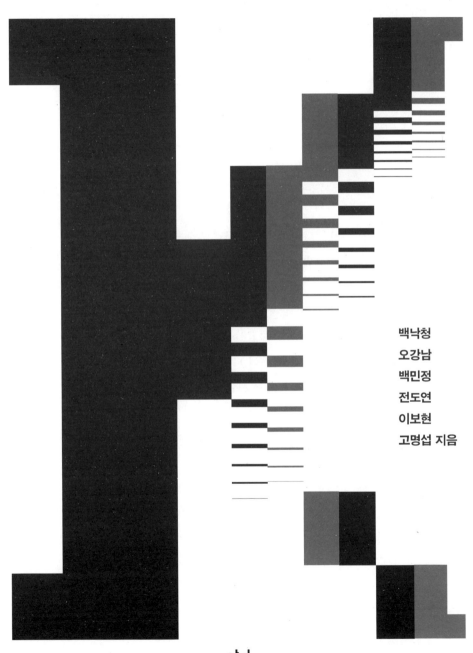

백낙청
오강남
백민정
전도연
이보현
고명섭 지음

창비
Changbi Publishers

세계적인 K사상을 위하여

유튜브 채널 백낙청TV에서는 2023년 한해 동안 '공부길'과 '초대석' 코너를 오가며 한반도의 후천개벽사상에 관한 몇개의 좌담을 진행했다. 그 녹취록과 2022년 계간 『창작과비평』에 게재되었던 '특별좌담' 「다시 동학을 찾아 오늘의 길을 묻다」를 함께 엮어 책으로 펴낸 것이 『개벽사상과 종교공부: K사상의 세계화를 위하여』(창비 2024, 이하 『종교공부』)였다. 2월에 초판이 나왔는데 3월 말께 2쇄를 찍을 정도로 독자의 호응이 있었고 여러 사람에 의해 언급되고 거론되는 보람도 누렸다.

그러나 표방한 주제에 비해 내용이 부족함이 많음을 처음부터 의식하지 않을 수 없었다. 따라서 출간 얼마 뒤 일종의 보충수업과 심화학습을 시도하기로 했다. 이번에는 한분씩만 모시는 대담을 기획하여 종교학자, 유학연구자, 원불교 교단의 중진 인사, 백낙청TV의 기획에 깊이 관여해온 작가 겸 유튜버 등 총 다섯분께 『개벽사상과 종교공부』의 서평을 요청하면서 각기 특별한 관심분야를 중심으로 개벽사상 논의를 심화하고자 했다.

이번 책이나 앞선『종교공부』나 내 개인 저술이 아닌 여러 사람의 협동의 산물이다. 그래서 겁 없이 자랑을 좀 하자면, 우리 시대의 누구에게나 권할 만한 일종의 국민교양서로 불러도 무방하지 않을까 한다. 한반도를 발신처로 하되 세계인의 주목을 받아 마땅하다는 의미의 'K사상'은 여타 한류 현상과 달리 한국 내에서조차 널리 알려져 있지 않다. 그럴수록 우리 독자들부터라도 그에 대한 인식을 확고히 공유하고 나아가 어떻게 그 세계적 전파에 이바지할지 고민할 일인 것이다.

실제로 우리나라 교육, 특히 근대 제도교육의 문제점으로 인해 동학이나 증산도, 원불교 같은 한반도 고유의 후천개벽 사상과 운동에 대해 일반 독자는 거의 학습할 기회가 없었다. 따라서 대중매체인 유튜브에서는 전문가들에게 익숙한 기초적인 사실도 전해주는 논의가 될 필요가 있었다. 동시에 살아 있는 사상을 말하는 사람이면 당연히 그러해야 하듯이, 이미 알려진 생각을 '풀어 먹이는' 작업이 아니라 사상의 과제를 자기 문제로 떠안고 토론하는 과정이 되어야 했다.

참가자들의 그러한 노력이 얼마나 성공했는지는 독자의 판단을 기다릴 뿐이다. 다만 각기 나름의 전문성을 지닌 분들로부터 검증받고 미흡한 점을 메워 나가는 것이 본서『세계적 K사상을 위하여: 개벽사상과 종교공부2』의 목표다. 이때 '세계적 K사상'이라 한 것은, 비록 대중문화에서처럼 현실적인 '세계화'가 이미 이루어진 건 아니더라도 이 땅이 산출한 독특한 사상이 세계적 수준이라는 자신감의 표현인 동시에, 아직도 우리가 알아보고 가려내며 진전시켜야 할 과제라는 인식을 담은 것이다.

책은 본론 4편과 보론 1편으로 구성되었는데 독자들의 안내가 될 몇마디를 적을까 한다.

제1장 「세계종교에 담겨 있는 개벽사상」은 비교종교학의 석학인 오강남(吳剛男) 박사와의 대화다. 『종교공부』가 비록 종교학 연구서는 아니었다 해도 실재하는 여러 종교에 두루 해박한 종교학자의 검증을 거치는 일이 필요하다고 보았다. 독자들에게는 세계적인 석학이 쉬운 말로 풀어내는 좋은 교양강의를 듣는 즐거움도 선사하리라 믿는다. 물론 개벽사상에 관해서는 여러 종교에서 개벽적인 면모를 두루 찾아내는 데 치중하는 비교종교학자와, 한반도 후천개벽 운동의 특별한 의미를 부각시키려는 나 같은 사람 사이에는 시각의 차이가 있게 마련이다. 출발점이 그리스도교 신앙인가 아닌가 하는 차이 또한 느껴진다. 그러나 첫머리부터 종교의 진정한 임무는 깨달음을 찾는 것이라는 공감이 있었고 로런스적 '성령(성신)의 시대'에 대한 합의로 끝난 점도 회화의 성과가 아닌가 한다.

제2장 「물질개벽의 시대, 유교의 현대화는 어떻게 가능한가」는 조선시대 유학의 연구자이면서 개벽사상에 남다른 관심을 지닌 백민정(白敏禎) 교수와의 대담이다. 한국 전통사상에서 유교는 워낙 중요하고 오늘도 그 영향력을 무시할 수 없기 때문에, 『종교공부』 곳곳에서 거론하기는 했지만 집중적인 논의를 따로 하지 못했다. 이 점을 보완하면서 여성 철학자로서 유학의 현대적 활용 문제를 고민해온 백민정 교수와 전공분야와 세대의 간격을 넘은 회화를 시도했고 제법 알찬 성과를 거두었다고 자부한다.

제3장 「K사상의 세계화를 모색하는 원불교」는 교단의 수위단원이자 원불교대학원대학교 총장인 전도연(全道硏) 교무를 모신 '공부길'이다. 한반도의 후천개벽사상이 수운 선생의 동학에서 시원하여 다른 종교로까지 번져 하나의 큰 흐름을 이루었으며 특히 소태산 박중빈 선생에 와서 후천개벽사상이 불교와 융합함으로써 세계적으로도

새로운 경지에 도달했다는 것이 나의 개인적 소신이다. 그 점에 관해 원불교 교역자인 대담자와 다툼의 여지가 없었지만, 교리와 실행의 세목에 들어갈 때 반드시 의견이 일치하는 건 아니었다. 어찌 보면 문외한인 내가 부처님 앞에서 설법하는 모양새를 보였다고 할 수 있는데, 아무튼 다소 이견도 보이는 토론이라 한층 생산적이지 않았나 한다.

제4장 「인간해방의 논리와 개벽사상」은 다소 성격이 다른 기획이다. 애초에 내 책 가운데 중 가장 주목을 못 받은 두번째 저서 『인간해방의 논리를 찾아서』(1979)를 다뤄보자는 취지였는데, '도올 사서(四書)'를 전10권으로 그려낸 만화가이자 백낙청TV 기획팀에 참여해온 이보현(李普賢) 작가가 그 오래된 저서, 특히 「인간해방과 민족문화운동」이라는 1978년의 졸문을 내 개벽공부의 '시원(始原)'으로 파악하고 세계적인 K사상의 맹아라고까지 평가하는 바람에, 용기를 내어 이번 책 본론의 마지막 항목으로 넣었다. 이것이 이보현님의 과대평가에다 나의가 허영심이 합작한 실책인지 아닌지는 독자의 판단을 기다린다.

보론 「하이데거와 후천개벽사상의 만남」은 『하이데거 극장』 전2권(2022)이라는 역저를 펴낸 고명섭(高明燮) 기자와 회화한 기록이다. '세계적인 K사상' 탐구라는 본서의 주제에 잘 맞는 내용이지만 『종교공부』 출간 이전에 행한 대담이어서 책에 대한 서평을 겸하는 포맷에는 안 어울리기에 '보론'으로 분류했다. 하이데거가 언급되기도 한 졸저 『서양의 개벽사상가 D. H. 로런스』(2020)에 관심을 보인 그의 '공부길' 방문으로 시작하여 자연스럽게 『하이데거 극장』의 저자를 모신 '초대석' 성격으로 옮겨갔다. 저자가 처음부터 동아시아 사상 및 한반도 후천개벽사상과 하이데거의 연관성을 모색하기도 했던지라 토론이 순조로웠고 무척 보람찼다고 믿는다. '세계적 K사상'의 발견과 전개는 한편으로 최제우, 박중빈 등 이 나라 선각자들의 사상을 깊이 연마하면서 외국의 상통하는 사례들, 특히 오늘날 지구를 제패하다시피 한 서양인의 사상적 작업에서 개벽사상에 해당하는 사례를 인지하고 성찰하는 작업이 병행될 필요가 절실하다. 비록 아직은 로런스와 하이데거에 국한된 상태지만 그러한 작업이 본서에 포함될 수 있었던 것을 남다른 보람으로 느낀다.

끝으로 '국민교양서' 운운한 앞머리의 표현에 한마디 덧붙이고자 한다. 물질개벽의 시대는 '온갖 단단한 것이 연기처럼 사라지는' 시대이므로 교양의 개념도 옛날 그대로 유지되지 못하게 마련이다. 과거에 좋았던 것을 많이 알고 몸에 익히는 것만으로 새세상의 주인으로서 진정한 교양을 갖추기가 힘들다. 아니, 교양이 낡은 기득권자의 정신적 사치나 심지어 '교양 없는' 대중을 억누르는 장치로 작용할 수도 있다. 오직 물질개벽의 본질을 통찰하며 이를 능히 감당할 수 있는 새로운 정신개벽, 새로운 깨달음 공부의 일환으로 '다시개벽' 함으로써만 교양 또한 사람과 천지에 복무하는 참 교양이 될 수 있는 것이다. 그런 의미에서 후천개벽 공부를 주제로 삼은 책의 '교양적 가치'도 한결 커지지 않을까.

『종교공부』가 김용옥, 박맹수, 정지창, 김용휘, 방길튼, 허석, 이은선, 이정배 등 여러분과 협업한 산물이었듯이, 이번 책도 고마운 동학들과의 공동저작이다. 참여해주신 오강남, 백민정, 전도연, 이보현, 고명섭 제씨에게 감사의 말씀을 먼저 전한다.

편집 과정에는 백낙청TV의 기획팀으로 녹화 과정을 지켜본 강영규 창비 콘텐츠편집부장이 녹취록을 일단 검토해주었고, 이를 교정하는 작업에는 인문교양출판부 이하림 부서장 이하 여러분의 노고가 컸다. 김새롬씨가 이번에도 실무 책임을 맡아 교열뿐 아니라 적절한 참고자료를 추가하고 색인 작성 등 번다한 업무를 능숙하게 처리해주었다. 박주용 팀장이 직접 교정 작업을 도와주었음도 기록에 남기고 싶다. 이번에도 디자이너 신나라님이 멋진 표지를 도안해주었고 신혜원님이 조판작업에 수고했다. 마케팅부의 한수정, 조부나 님들께도 감사의 말을 전한다. 끝으로 뜻있는 독자들의 호응이 있다 해도 돈벌이가 되기는 힘든 책을 간행해주는 염종선 사장에게 고마움을 표한다.

2024년 11월
백낙청 삼가 씀

일러두기

1. 본서의 전권(前卷)이자 논의의 토대가 되는 책은 『개벽사상과 종교공부』(백낙청 김용옥 정지창 이은선 외, 창비 2024)다. 독자들의 편의를 위해 이 책의 목차를 12~13면에 실었다.
2. 인용한 문헌 자료는 원문을 살려 수록했다.
3. 이해를 돕기 위해 편집자가 덧붙인 내용에는 모두 '〔 〕'를 사용했다.
4. 성경의 구절 및 명칭은 『성경전서 개역개정판』(대한성서공회 1998) 표기에 맞추었다.
5. 원불교 경전의 구절 및 명칭은 원불교정화사 편 『원불교전서』(원불교출판사 1977) 표기에 맞추었다.

1장

백낙청 · 오강남

세계종교에 담겨 있는
개벽사상

| 오강남 백낙청 대담 |

2024년 2월 16일 창비서교빌딩 스튜디오

——

*이 대담은 유튜브 채널 백낙청TV에 공개된 '백낙청 초대석' 22편(2024년 3월 22일),
23편(2024년 3월 29일), 24편(2024년 4월 5일), 25편(2024년 4월 12일)을 글로 옮긴 것이다.

다시 읽는『개벽사상과 종교공부』

백낙청 백낙청TV 시청자 여러분 반갑습니다. 그리고 찾아주셔서 감사합니다. 그동안 저희가 종교 주제로 초대석을 몇번 진행했죠. 그것을 정리해서『개벽사상과 종교공부』라는 책을 간행했습니다. 그런데 보충해야 할 내용도 많고, 이 책에 대해서 평을 듣고 싶어서 앞으로 각 분야의 전문가들을 모시고 한층 심화된 공부를 해볼까 합니다.

　오늘은 오강남 교수님을 모셨어요. 너무 유명하신 분이라 아는 분도 많으시겠지만 비교종교학의 세계적인 석학이시고 저서도 참 많으신데 그중에 아마 제일 많이 알려진 것이『예수는 없다』(초판 현암사 2001, 개정판 2017)라는 책일 겁니다. 팔리기도 많이 팔린 것으로 압니다. 캐나다 리자이나대학교에서 오래 가르치시다 정년퇴임하셨습니다. 지금은 명예교수로 계시죠? 조금 보충해서 자기소개를 부탁드립니다.

오강남 서울대학교 종교학과 학부와 대학원 과정을 마치고, 1971년도에 캐나다에 가서 박사학위를 받은 다음에 캐나다와 미국 이곳저곳에서 가르치다가 마지막으로 캐나다 중부에 있는 리자이나대학교에 정착했습니다. 아주 추운 곳인데 거기서 한 30년 가르치다가 은퇴했지요. 이제는 한국과 캐나다, 미국을 오가면서 글도 쓰고 강연도 하면서 지내고 있습니다.

백낙청 반갑습니다. 오늘은 초대석이니까 제가 먼저 질문을 드리고 주도하겠습니다. 『개벽사상과 종교공부』라는 책을 이번에 냈는데, 앞으로 말할 때는 줄여서 『종교공부』라고 할까 합니다. 이 책이 사실은 종교학 공부에 대한 것은 아닙니다. 개벽(開闢)사상을 더 충실하게 하고 가능하면 세계화하는 데 종교공부가 필요한 것 같아서 종교를 주제로 내세웠습니다. 이미 개벽을 표방하고 있는 종교들, 동학과 그 후신인 천도교, 원불교 얘기를 주로 했고, 거기에 기독교 편을 추가한 책이지요.

그럴수록 비교종교학을 제대로 공부하신 분이 본격적인 서평은 아니더라도 한번 평가를 해주시고 또 논평도 해주시는 것이 필요할 것 같아서 오박사님을 모셨습니다. 이 책 1, 2장이 비슷한 내용이니 함께 말씀해주시고, 그다음에 3장, 4장을 조금씩 따로 논의해주시고. 또 궁금한 점을 물어보셔도 되고요. 말씀 중간에 제가 끼어들어서 질문할지도 모르겠습니다.

오강남 제게 총체적인 평을 해달라고 하셨는데, 사실 저는 개벽사상 전문가가 아니라서 이런 평가를 하는 게 많이 걱정되었습니다. 그럼에도 불구하고 제가 느낀 대로 몇가지 특별하다고 생각한 점을 지적하며 소감을 나눠보고자 합니다.

먼저 개벽사상을 중심으로 종교를 연구하신다고 하셨는데, 개벽이 중요한 개념으로 다뤄지는 천도교·동학·원불교 외에 기독교까지 포함하신 것은 정말 중요한 발상이라고 생각합니다. 처음에는 기독교에 개벽이 있을까 궁금했는데, 읽다 보니 기독교에도 개벽과 유사한 개념이 존재한다는 것을 느꼈습니다. 사실 개벽이라는 개념이 특정 종교에만 국한된 것이 아니라, 종교 전반에 걸쳐 있는 하나의 핵심적인 주제가 아닐까 생각하게 되었습니다.

왜냐하면 종교학의 대가 중 한 사람인 프레더릭 스트랭(Frederick J. Streng)이 "종교는 변혁을 위한 수단이다"라고 정의한 바 있는데, 만약 개벽을 단순한 천지개벽이 아니라 어떤 변화 또는 전환으로 이해한다면, 이를 '궁극적인 변혁을 위한 수단'(means for ultimate transformation)이라고 표현할 수 있을 것 같습니다. 이 관점에서 보면 개벽은 종교 전반에 존재하는 공통된 요소일 수 있다고 생각합니다. 물론 한국의 천도교와 원불교에서의 개벽이 역사적으로나 지역적으로 우리에게 더 친숙하고 중요하게 느껴지겠지만, 전체적으로 보면 개벽이라는 개념은 종교 일반에 적용될 수 있는 보편적인 주제가 아닌가 싶습니다.

이번에 제가 느낀 것은 개벽이라는 개념이 제가 이전에 생각했던 것과는 많이 다르다는 점입니다. 그리고 이런 자리에 초대해주셔서 늦었지만 진심으로 감사드립니다.

세계적 맥락에서 돌아본 동학

오강남 『종교공부』 1장 대담 「다시 동학을 찾아 오늘의 길을 묻다」에서는 도올(檮杌) 김용옥(金容沃) 선생님, 박맹수(朴孟洙) 교무님과 대화를 나누셨죠. 도올 선생님의 말씀 중에 『동경대전(東經大全)』에 대한 문헌학적 고찰이 중요하다는 언급이 있었는데, 사상을 연구할 때 문헌학적 정확성이 필수적이라는 점에 대해 동의하며 이를 잘해내셨다고 생각합니다. 또한 도올 선생님께서 동학을 서양 문명과의 치열한 대치 속에서 일어난 현상이라고 하셨는데 동학을 한국적 맥락뿐 아니라 세계적인 맥락에서 이해하려는 시각은 매우 의미있는 접근이라고 느껴졌습니다.

김용휘(金容暉) 선생님의 이야기인데, 동학에서 '동(東)'이라는 것이 서양의 '서(西)'와 대비되는 '동'이 아니라, 한국을 지칭하는 의미의 '동'이라는 말씀이 있었습니다. 예를 들어『동의보감(東醫寶鑑)』에서도 서양과의 관계가 아닌 조선의 의학을 다루는 책이라는 의미에서 '동'이 사용된 것처럼, 동학 또한 서양과의 관계 없이 동국 곧 한반도에 초점을 맞춘 사상이라는 해석입니다. 물론 서양의 영향을 어느정도 받았겠지만요. 그럼에도 도올 선생님이 서양 문맥 속에서 동학을 보시는 관점에 저는 동의하고 싶습니다.

그 대담 초반부에 서양 철학자들을 언급하며 동학과의 관계를 논하신 부분도 흥미로웠습니다(42~48면). 서양철학에서는 '유(有)', 즉 존재를 중심으로 이야기하지만, 동양철학에서는 '무(無)' 또는 *nothing*을 중심으로 한다는 논의가 있었죠. 백선생님께서 여기에 토를 달기도 하셨는데, 저 역시 동양이 '무'만 중시하는 것이 아니라, '유'와 '무'를 모두 초월하는 개념을 다루고 있다는 생각을 갖고 있습니다.

백낙청 불교식으로 말하면 진공묘유(眞空妙有)죠.

오강남 그렇죠. 도가사상에서는 '무'를 탐구할 때 '무의 무', 또 '무의 무의 무'를 반복해가며 소위 절대적인 '무'를 이야기합니다. 하지만 서양철학은 '유', 즉 존재를 중심으로 사상을 전개합니다. 우리나라의 동학과 원불교는 동양사상에 뿌리를 두고 있다는 점에서 서양철학과 차이가 있죠. 이런 이야기와 더불어 동양과 서양 사상의 큰 차이를 설명하자면, 서양은 '이것이냐 저것이냐' 하는 이분법적 사고, 즉 *either/or*의 개념에 중점을 둡니다. 반면 동양은 '이것도 저것도'라는 *both/and*의 사고방식을 중심으로 합니다. 예를 들어 음양사상은 둘 중 하나를 택하는 것이 아니라 두개가 모두 필요하다는 사상이죠. 라이프니츠(G. W. Leibniz)와 닐스 보어(Niels Bohr) 같은 서양인들이 중국에 와서 큰 충격을 받았다는 이야기까지 하잖아요.

수운(水雲) 최제우(崔濟愚) 선생의 말씀 중 하늘님이 내 속에도 있고 내 밖에도 있다는 내용은 동양사상의 *both/and* 사고방식을 전형적으로 보여주지 않나 싶습니다. 이를 영어로 하면 팬엔시이즘(panentheism), 즉 범재신론(汎在神論)입니다. 옥스퍼드대학교의 신학·철학 교수인 존 맥쿼리(John Macquarrie)는 *In Search of Deity*(신을 찾아서)라는 책에서 서양철학의 근저에도 사실 팬엔시이즘이 자리하고 있다고 설명했습니다. 그런데 팬엔시이즘이 팬시이즘(pantheism, 범신론)과 혼동될 수 있어 '변증법적 신론'(dialectical theism)이라고 이름을 바꿔 사용하더라고요. 수운 선생의 신론이 변증법적 신론의 대표적인 예라는 생각이 들고, 그 점에서 수운의 사상이 매우 특출나다는 생각이 듭니다.

백낙청 수운 선생의 경우는 불교에서 말하는 유무초월과는 좀 차이가 있습니다. 그분이 불교를 그렇게 깊이 수용한 것 같진 않으니까요. 그런데 워낙 서양의 형이상학이나 신학의 전통과 무관한 흐름 속에서 나왔기 때문에, 수운 선생은 팬엔시이즘과 불교의 유무초월 사상 사이 어딘가에 위치해 계신 것 같아요. 이 부분은 나중에 좀더 검토해보면 좋겠습니다.

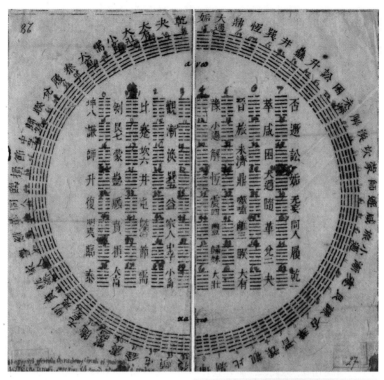

| 라이프니츠가 중국에서 선교하던 부베 신부에게 받은 64괘의 방원도(方圓圖)(위)와 음양 문양이 삽입되어 있는 보어 가문의 문장(아래) |

오강남 또 한가지, 첫번째 대담에서 제가 흥미롭게 느낀 부분은 수운선생과 소태산(少太山) 대종사를 비교한 것이었습니다. 두분 다 개혁적이었고 양성평등을 주장했으며 민초들이 역사적 주체가 되어 아래로부터의 사상을 강조했다는 공통점이 있다는 게 상당히 중요한 포인트입니다. 요즘 신학에서도 아래에서 위로, 또 위에서부터 아래로의 관점이 논의되곤 하죠.

그리고 수운과 소태산 두분 모두 조선 땅에서 개벽이 출발했다고 본 점도 흥미로운 공통점이라고들 하셨습니다. 박맹수 교무님은 두분 모두 배타적이지 않았다는 점에 주목하셨는데, 이건 심층종교(深層宗敎, 경전 너머의 상징적 차원을 파악해 심층 차원의 깨달음을 추구하는 종교)의 가장 큰 특징 중 하나예요. 심층에 들어가면 배타성이 사라집니다. 동학과 원불교가 배타적이지 않다는 점은 제게 매우 중요한 지점으로 다가왔습니다(55~57면).

또 이 대담에서 도올 선생님이 하신 말씀이 참으로 기가 막혔습니다. 원불교의 핵심을 사은(四恩), 천지은(天地恩) 부모은(父母恩) 동포은(同胞恩) 법률은(法律恩)의 관계로 설명한 부분인데요. 저는 특히 법률을 진리라고 보고 싶은데, 도올 선생님은 화엄(華嚴)의 상즉상입(相卽相入)의 관점에서 모든 것이 일체(一體)다, 모든 것이 하나라는 사상을 강조하셨습니다. 그분의 말을 그대로 인용하면 이렇습니다. "풀잎 하나도 나의 동포이며 경외의 대상이라는 자각이 없으면 일원상(一圓相)의 진리는 구현될 길이 없습니다. 하물며 같은 민족 동포의 아픔을 외면할 수 있겠습니까?"(73면) 그분 특유의 아주 멋있는 명문이라고 생각합니다.

백선생님께서 로런스(D. H. Lawrence)로 박사학위를 받으셨다는 사실도 이번에 새롭게 알게 되었는데, 로런스가 새 하늘 새 땅을 이야기하면서 새 세상의 도래를 꿈꿨다는 점에서 새로운 시야를 열어주셨다고 봅니다.

백낙청 물론 작가나 시인, 예술가 들이 새로운 세상을 꿈꾸는 건 당연하죠. 그런데 제가 강조하고자 했던 것은 로런스가 기존의 서양사상과 사고방식에 대한 철저한 비판과 검토, 비판과 극복을 전제로 그걸 꿈꿨다는 겁니다. 그런 점에서 그가 좀 특이하다고 봐요. 어쨌든 로런스에 대해서도 공감을 해주셔서 감사합니다.

개벽사상의 보편성

백낙청 『종교공부』 2장 「동학의 확장, 개벽의 운동」은 수운과 소태산 이후 동학 개벽운동이 어떻게 확장되었는가를 다룬 좌담입니다. 2장에선 도올 선생이 직접 등장하지 않으셨지만, 참여하신 정지창(鄭地昶), 김용휘 두분과 도올 선생의 견해는 좀 달라요. 도올 선생은 동학이 해월(海月) 최시형(崔時亨)의 죽음과 더불어 단절됐다고 생각하시는 분인데, 동학의 확장을 주장하시는 다른 두분은 동학의 사상과 역사에 대해 나름으로 많은 공부를 하셨어요. 특히 김용휘 교수는 전문 동학 연구자이자 천도교도시기도 하죠.

오강남 저는 정지창 교수와 김용휘 교수 두분을 다 만나뵌 적이 있고, 특히 김용휘 교수는 제가 몸 담고 있는 '지식협동조합 경계너머 아하' 모임에 와서 연속 강연을 한 적이 있습니다. 그때 제가 '동학'의 '동'은 조선을 가리킨다는 얘기를 들었지요. 우리가 일반적으로는 천도교의 역사에 대해 잘 모르는데, 정지창, 김용휘 두분이 천도교 역사를 깊이 연구하신 분들이라고 생각합니다.

특히 『종교공부』에서 제가 눈여겨본 대목은 다음과 같이 정지창 교수께서 하신 말씀입니다. "동학·천도교, 증산교, 원불교는 19세기 말에서 20세기 초에 나타난 우리의 독창적인 종교이자 사상입니다. (…) 이 셋을 관통하는 공통의 화두가 바로 개벽입니다. 요즘 많은 관심이 집중되는 주제이기도 한데, 저는 개벽사상이야말로 우리 한국 근현대 사상의 뿌리가 아닌가 하는 생각을 하고 있습니다."(94면) 이 의견에 기본적으로 동의합니다. 하지만 개벽이라는 개념을 좀더 넓게 보면, 앞에서 잠깐 언급한 것처럼, 개벽은 어느 종교에나 존재하는 게 아닌가 하는 생각이 듭니다. 예를 들어 유교는 개벽과 관련이 없어 보이지만, 격물치지(格物致知), 성의정심(誠意正心) 후에 수신제가(修身齊家), 마지막에는 치국평천하(治國平天下)를 이뤄야 하거든요. 이 모든 과정을 통해 결국 정신을 개벽해서 평화로운 세상을 만드는 것이 목표라고 한다면 유교에도 개벽의 요소가 들어가 있지 않나 싶습니다.

백낙청 유교의 평천하 자체는 동학의 개벽세상 만들기하고 통하는 면이 있지만, 사실 저는 평천하를 누가 주도하느냐에 따라서 차이가 생긴다고 봐요. 우리 모두가 깨어나서 평천하를 해야 된다고 한다면 매우 혁명적인 사상이 되겠지만, 공자 시대에는 제후나 군주가 주도하고 선비들이 이를 뒷받침하는 수준으로 생각했다는 점에서 다르다고 봅니다.

오강남 그렇겠죠. 군중의 혁명이나 아래로부터의 혁명에 대한 논의는 유교 사상가들이 다루지 못했을 겁니다. 노자가 쓴 『도덕경(道德經)』도 사실은 정치개혁을 위한 매뉴얼로 알려져 있잖아요. 그 내용이 매우 보편적인 진리를 많이 담고 있어 일반 사람들도 읽고 유익을 얻을 수 있죠. 하지만 본래의 의도는 정치가들을 위한 지침서이자 안내서라는 점에서, 아래로부터의 개벽하고는 좀 멀다고 볼 수 있겠지요. 하지만 여기에도 기본적으로 일종의 개벽사상이 녹아 있는 건 아닌가 생각합니다.

한가지 더 제가 지적하고 싶은 점은 위대한 종교 창시자나 사상가, 종교 지도자의 가장 큰 특징 중 하나는 써버시브니스(subversiveness), 즉 기존 체제를 뒤집어엎는 전복성입니다. 이러한 전복은 새로운 시작과 시스템의 변화를 의미하기도 하므로 이것 역시 개벽이 아닌가 싶어요. 한국의 증산교·원불교·천도교의 개벽사상이 현시대에 가까운 만큼 중요하지만, 되풀이되는 이야기입니다만, 세계적 맥락에서 보면 정도의 차이는 있을지언정 개벽사상이 보편적으로 깔려 있는 게 아닐까 싶습니다.

백낙청 개벽사상을 너무 한국만의 것으로 좁혀서는 안 되겠죠. 반면에 기존 종교에 없던 새로운 사상이 한반도에서 나타났다고 해서 우리가 너무 겸양하는 태도를 보일 필요도 없지 않나 싶습니다.

오강남 그런데 수운 선생은 유불선(儒佛仙)의 전통이 이제는 힘을 잃었다고 말씀하셨잖아요. 말하자면 유효기간이 끝나서 약발이 떨어졌다는 거죠. 이런 관점에서 보면 한국에서 일어난 새로운 사상으로서 개벽은 정말 중요하다고 봅니다.

백낙청 당시엔 서학(西學)은 약발 안 떨어지고 쌩쌩했습니다. 수운 선생이 그걸 검토해본 결과 서학 가지곤 부족하다는 결론을 내리셨죠.

오강남 당시 서학으로서 기독교에는 개벽사상이 사라진 상태였어요. 기독교에선 죄 사함과 예수의 피 공로로 하늘에 가는 것이 가장 중요한 가르침이라서, 개벽과 관련된 요소는 거의 잊힌 상태였던 거죠. 하지만 본래 예수의 말씀 속에는 개벽적인 메시지가 존재했다고 생각합니다. 이 점은 나중에 더 깊이 논의할 내용인데 지금 먼저 말씀드리게 됐네요.

백낙청 예, 그 주제는 뒤에 더 깊이 얘기해보도록 합시다.

한국 근대화와 '천지공사'의 의미

오강남 김용휘 교수가 한국 근대화가 실학이 아니라 동학에서 시작되었다고 주장하셨죠. 매우 좋은 지적이라고 생각합니다. 김교수가 흥미롭게 지적한 점 중 하나는 증산(甑山) 강일순(姜一淳) 선생이 자기만을 상제(上帝)라고 여겼다는 겁니다. 수운 선생은 우리 모두가 인내천(人乃天) 즉, 모두가 하늘님이라고 했지만 강증산은 자기 혼자 상제라고 했다는 점에서 차이가 있다는 거죠. 처음에는 저도 그게 못마땅해서 증산교를 별로 좋아하지 않았습니다. 그런데 백교수님의 지적을 통해 증산을 다시 볼 필요가 있다는 생각이 들었어요.

백낙청 가령 기독교에서는 예수님만을 우리를 건져주고 대속하는 구원자로 보거나, 유교에서는 군자나 선비 같은 특정 계층만 특별한 일을 할 수 있다고 한정하죠. 증산 선생의 상제 선언은 처음부터 자기가 상제라고 하니 오히려 후퇴가 아닌가 생각할 수도 있습니다. 그런데 증산의 경우는 기존 종교에서 제자들이 '하느님의 아들'이란 식으로 교조를 신격화해 만들어낸 게 아니기에 전혀 다른 사례예요. 이런 면에서 증산 선생은 아주 특이한 분 같습니다. 지금은 증산계파에 종단들이 여러개 있습니다만.

오강남 십여개나 있다고 하지요.

백낙청 교단이 갈기갈기 찢어진 이유 중 하나는 강증산이 교단 조직 만드는 데 별로 관심이 없으셨다는 거예요. 자신이 상제인데 세상이 너무 엉망이고 사람들이 불쌍하니까 천지의 기운을 한번 바로잡겠다고 하신 거죠.

오강남 그걸 천지공사(天地公事)라고 하죠.

백낙청 네, 그렇게 천지공사를 해놓고 어느 시점에선 이만하면 됐으니 이후의 일은 다음에 오는 사람들이 알아서 할 것이라며 떠나신 거란 말이죠. 제가 오교수님 저서를 읽으면서 배운 바와 같이, 소위 표층종교(表層宗敎, 경전이나 전승된 교리의 표층적 메시지에 대한 신앙을 강조하는 종교)에서 따지는 사실관계에 얽매이기보다는 그분이 어떤 일을 했는지에 초점을 맞춰야 한다고 봅니다. 증산의 경우, 천지의 기운을 돌려놓았다고 하셨는데 우리가 그 성과를 과학적으로 측정할 수 없다는 게 좀 어려운 점이잖아요. 그런데 역사적으로 보면 동학농민혁명 전쟁 때 30만명이 죽었다고 하지 않습니까? 당시 인구가 2천만이 채 안됐을 텐데, 그럼 전체의 1.5퍼센트에서 2퍼센트 정도가 희생된 엄청난 사건이었던 거죠. 그에 따른 민중의 절망과 비참함도 대단했을 겁니다. 물론 해월 선생 같은 분이 살아남아서 수배 중에도 활동을 하셨지만요. 어쨌든 우리가 동학농민혁명 실패라는 엄청난 좌절을 겪고 일제 식민지로 전락한 후에도 계속 의병 활동과 항쟁을 벌였죠. 또 식민지가 된 지 10년도 채 안되어서 3·1운동이라는 큰 사건을 일으키거든요. 천도교가 이를 주도했지만 저는 그외에도 증산 선생이 기운을 바꿔놓았기 때문에 이런 일이 가능하지 않았나 하는 심증을 갖고 있습니다.

또 소태산 박중빈(朴重彬) 선생의 제자들 중 증산을 높이 말하는 사람도 있었지만 어떤 제자는 증산을 광인이라 이르기도 했다죠. 그러자 소태산이 "그 사람이 아니면 그 사람을 모르는지라"(『대종경』 변의품 31)라고 말한 걸로 봐선 증산 선생의 역할을 확실히 인정했던 것 같습니다.

오강남 증산 계통의 대진대학교나 중원대학교가 설립된 것을 봐도 아주 큰일을 하신 것은 확실해요. 그리고 저는 처음부터 증산도가 증산을 상제로 보는 것은 기독교가 예수를 신으로 보는 것과 크게 다르지 않다고 생각했어요. 그래서 이건 아무래도 상관이 없는데, 예수님도 스스로를 신이라 말한 적이 없습니다. 심지어 통일교 초대 교주인 문선명(文鮮明)도 스스로 메시아라고 자칭하지 않았고 그 밑의 사람들이 그를 신격화했죠. 그런데 증산은 스스로를 상제라 하니 거부감을 느꼈습니다. 하지만 백선생님 말씀을 들어보니 예수나 증산이 신이냐 아니냐의 문제가 중요한 것이 아니라 그들의 가르침과 행한 사업이 우리에게 얼마나 중요한지에 초점을 맞춰야 한다는 생각이 들었습니다.

신비주의 문제와 심층종교로서 원불교

백낙청 3장 「원불교, 자본주의 시대의 절실하고 원만한 공부법」은 원불교에 대한 좌담으로 방길튼·허석 두 교무님을 모시고 소태산의 가르침과 원불교가 자본주의 시대에 절실한 공부법이라는 논리로 대담을 했는데, 오교수님께선 어떻게 보셨나요.

오강남 예, 저는 "물질이 개벽되니 정신을 개벽하자"라는 원불교의 「개교표어」에서 물질개벽을 처음에는 산업혁명이나 기계문명의 개벽 정도로 이해했습니다. 그런데 대담을 통해 과학기술과 자본, 권력을 중심으로 한 자본주의의 발달이 바로 물질개벽이라고 확장해서 이해할 수 있어 좋았습니다. 또한 정신을 개벽하자는 것은 구체적으로 일원상의 경지에 도달하자는 뜻이죠. 이 점은 모든 것을 하나로 보는 심층종교의 가장 근본적인 차원과 일치하거든요. 그걸 서양에서는 '미스티시즘'(mysticism) 즉 신비주의라고 부르지만 저는 그 말을 쓰고 싶지는 않습니다. 한국에서는 그 용어가 오해를 불러일으킬 수 있으니까요.

백낙청 그렇죠. 오교수님 말씀에 공감합니다. 사실 서양에서도 미스터리(mystery)와 미스티시즘은 어감이 다르잖아요. 미스터리가 풀리지 않는 비밀이나 수수께끼를 뜻한다면 미스티시즘은 초자연적 영적 경험을 연상시키고요. 그런데 서양에서는 역시 합리주의 전통이 강하지 않습니까? 더군다나 근대에 이르면 과학정신이 중요시되면서 미스티시즘뿐 아니라 미스터리까지 다 배제를 해버렸죠. 그러다 보니 여전히 미스터리를 간직하는 사람들을 지칭할 개념이 없어져 그걸 미스티시즘 즉 신비주의라는 딱지를 붙였는데, 어떻게 보면 이건 서구 형이상학의 이성중심적인 로고스(logos) 전통을 전제로 쓰는 용어라서 그게 조금 불만이었거든요. 그런데 선생님이 오늘 그 부분을 지적해주시니 반갑네요.

오강남 배우들이 한동안 매체에 보이지 않으면 신비주의에 빠졌다는 둥 얘기하기도 하죠. 이렇게 한국에서는 신비주의를 아주 좋지 않게 여기는 경향이 강합니다. 그래서 저는 이 개념을 개인의 영적 경험과 성숙을 중시하는 심층종교라는 이름으로 바꿨습니다. 심층종교는 서양에서 말하는 신비주의와 유사합니다. 카를 라너(Karl Rahner)는 21세기 기독교가 신비주의적이지 않으면 아무것도 아니라는 말까지 했어요. 이렇게 되면 한국에선 이상하게 여길 수 있으니, 저는 그걸 바꿔서 21세기 종교는 심층적이지 않다면 아무것도 아니라는 메시지를 전하려 한 거죠. 표층적인 접근은 아까 말한 대로 점점 줄어들

표층종교와 심층종교의 차이

표층종교	주제	심층종교
• 변화되지 않는 '지금의 나'를 중시. • '나'의 복락을 위해 교회나 절에 다님.	'나' 이해	• 내 욕심을 줄이고, '고정된 나 자신'을 부인하고 '참나'를 찾고자 함. • 종교 수행을 남을 생각하기 위한 정신적 연습이나 훈련과정으로 사고.
• 무조건적 믿음. • 율법과 교리를 따르면 얻을 보상을 기대함.	'믿음' 이해	• 나를 얽매는 선입견에서 벗어나 지금의 내가 죽고 새로운 나로 태어날 때 뒤따르는 '깨달음'을 중시. • 깨달음을 통해 진정한 해방과 자유를 추구.
• 초월적 신, '저 위에 계신 신'을 강조. • 신과 인간이 관계를 맺으려면 둘 사이에 놓인 심연을 초월해야 함. • 신을 나의 바깥에서 찾기 위해 큰 소리로 외쳐야 함.	신과 나의 관계 설정	• 신이 나의 바깥에도 있지만 내 안에도 있음(범재신론). • 신을 찾는 것과 참나를 찾는 것은 하나이며, 신과 나, 내 이웃, 우주가 모두 하나. • 내 이웃도 하늘 모시듯 하는 사랑과 자비의 마음을 가짐.
• 내세 중심.	내세에 대한 입장	• '지금 여기' 강조.
• 배타적 입장.	타종교에 대한 입장	• 다원주의적 입장.
• 경전의 표피적인 뜻에 매달리는 '문자주의'를 고수.	경전에 대한 입장	• 문자 너머의 상징적, 은유적, 유추적 차원을 파악해 '속내'를 알아차리고, 그리하여 심층 차원의 체험적 깨달음, 즉 '신비주의'를 추구.

* 오강남 『진짜 종교는 무엇이 다른가』(현암사 2019) 11~14면의 내용을 정리한 것이다.

어야 합니다.

백낙청 그 말씀에 동의하는데, 한국뿐 아니라 서양에서도 그 표현이 적합하다고 봐요. 카를 라너가 '신비주의적이지 않으면'이라고 말씀하실 때는 이미 신비, 미스터리를 표현하는 단어가 거의 없어졌기 때

사람의 사정에 따라 가르침을 준 소태산

대종사 선원 대중에게 물으시기를 "그대들은 여기서 무엇을 배우느냐고 묻는 이가 있다면 어떻게 대답하겠는가" 하시니, 한 선원(禪員)은 "삼대력 공부를 한다 하겠나이다" 하고, 또 한 선원은 "인생의 요도를 배운다 하겠나이다" 하며, 그밖에도 여러 사람의 대답이 한결같지 아니한지라, 대종사 들으시고 말씀하시기를 "그대들의 말이 다 그럴듯하나 나도 또한 거기에 부연하여 한 말 하여주리니 자세히 들으라. 무릇 무슨 문답이나 그 상대편의 인물과 태도에 따라 그때에 적당한 대답을 하여야 할 것이나, 대체적으로 대답한다면 나는 모든 사람들의 마음 작용하는 법을 가르친다고 할 것이며, 거기에 다시 부분적으로 말하자면 지식 있는 사람에게는 지식 사용하는 방식을, 권리 있는 사람에게는 권리 사용하는 방식을, 물질 있는 사람에게는 물질 사용하는 방식을, 원망 생활하는 사람에게는 감사 생활하는 방식을, 복 없는 사람에게는 복 짓는 방식을, 타력 생활하는 사람에게는 자력 생활하는 방식을, 배울 줄 모르는 사람에게는 배우는 방식을, 가르칠 줄 모르는 사람에게는 가르치는 방식을, 공익심 없는 사람에게는 공익심이 생겨나는 방식을 가르쳐준다고 하겠노니, 이를 몰아 말하자면 모든 재주와 모든 물질과 모든 환경을 오직 바른 도로 이용하도록 가르친다 함이니라.

—『대종경』 교의품 29

문입니다. 서양의 사정에 의해서 부득이 쓴 궁여지책으로 쓴 표현일 뿐 합당하진 않은 것 같아요.

오강남 영어로는 제가 *Surface Religion*(표층종교)와 *Indepth Religion*(심

층종교)이라고 표현했습니다. 종교의 가장 밑바닥에는 결국 심층적인 면이 있거든요. 파울 틸리히(Paul Tillich) 같은 사람도 기독교가 2천년 동안 내려오면서 겉으로는 신비적인 요소가 사라진 듯하지만 그 밑바닥에는 계속 남아 있었다고 봅니다. 그런데 인지가 발전함에 따라 심층적인 면은 계속 확대되는 반면 표층적인 면은 점점 줄어드는 경향이 있겠죠.

또 재미있는 점은 소태산 대종사가 사람들을 가르치실 때 각자의 사정에 따라 가르침을 달리했다는 겁니다. 예를 들어 지식이 있는 사람에게는 지식 사용법을 가르치고, 원망 생활하는 사람에게는 감사 생활의 방식을, 공익심이 없는 사람에게는 공익심 기르는 방법을 알려주셨다고 하죠. 이건 정말 훌륭한 교사, 훌륭한 의원의 방법이라고 생각합니다. 불교에서 말하는 응병여약(應病與藥, 병에 맞춰 약을 준다)의 방법이기도 한데 공자님도 인(仁)이 뭡니까 물으면 제자들의 사정에 따라서 다 달리 얘기하셨죠. 소태산 선생도 그러셨던 것 같습니다.

백낙청 석가모니 부처님도 설법에 정해진 레퍼토리가 있는 게 아니고 상대방의 근기(根器)에 맞춰서 가르침을 전했다고 하죠. 대기설법(對機說法)이라고 했잖아요.

오강남 함석헌 선생도 누가 질문하면 즉답하지 않고 "글쎄요"로 시작하셨어요. 상대방의 사정을 고려해 그에 맞게 대답하시려고 그랬던 것 같아요. 반면 도그마에 빠진 사람들은 뭔가 질문하면 대답을 즉시 내놓잖아요. 이런 점이 흥미롭게 느껴졌습니다. 그다음으로는 주문(呪文)에 대한 얘기도 해보고 싶네요. 원불교에서는 주문을 많이 외우지 않는 모양이죠?

백낙청 물론 '나무아미타불'이라는 불교의 주문을 원불교에서도 쓰지요. 그밖에 성주(聖呪)는 대종사께서 직접 만드셨고, 영주(靈呪)하고

| 소태산 대종사 친필 성주 | 소태산은 성스러운 주문이라는 뜻의 성주의 의미를 자주 설하여 불생불멸의 진리와 생멸거래, 인과의 이치를 깨달아 마음의 자유를 얻고 성자가 되도록 부촉했다.

청정주(清淨呪)는 정산 종사가 지으셨습니다. 그리고 원불교에서는 독경(讀經)이라는 걸 하는데 주로 「일원상서원문(一圓相誓願文)」(『정전』 교의편 1)하고 『반야심경(般若心經)』을 외우지요. 그것도 일종의 주문이라고 할 수 있지만 원불교 예식에서는 '독경(讀經)'이라고 따로 분류해요. 아무튼 성주·영주·청정주가 원불교에서 사용하는 3대 주문인데 구체적인 사정에 대해서는 그 분야에 밝은 분께 물어봐야 할 것 같아요.

오강남 동양종교에선 주문이 상당히 중요해요. 기독교에도 비슷한 개념이 존재하는데, 예를 들어 동방정교회에서는 "주 예수 그리스도여, 저에게 자비를 베푸소서"라는 기도를 반복 수행합니다. 이걸 3천번, 6천번, 1만 2천번 거듭 외우다 보면 나중에는 저절로 가슴이 뛰면서 나오는 주문이 있다고 하고요. 이렇게 주문을 외우는 것이 영적 경험에 큰 영향을 미친다고 생각합니다.

제가 일본의 입정교성회(立正佼成会, 1938년에 창시된 일본의 불교 교단), 즉 릿쇼오꼬오세이까이라고 하는 교단을 방문했을 때 약 3천명 군중이 큰 교당에서 함께 주문을 외우는 것을 봤어요. 그러니까 특이한 기분이 들더라고요. 천도교에서도 "지기금지 원위대강 시천주 조화정 영세불망 만사지"(至氣今至 願爲大降 侍天主 造化定 永世不忘 萬事知, 1860년 4월 5일 최제우가 경험한 종교체험의 중심내용을 담아 하느님의 신령이 인간의 몸에 내려 기화氣化하기를 기원하는 주문)라는 21자 주문을 열심히 외우죠. 성덕도(聖德道, 1952년 11월에 경북 문경에서 창시된 신흥 종교)에서도 "무량청정 정방심(無量淸靜 正方心)"이라는 주문을 반복합니다.

제가 보기에 이런 주문들은 단순한 외움이 아니라 정신을 집중하게 하는 것이고 염불선(念佛禪)처럼 명상의 한 방법이에요. 그 과정에선 다른 사람을 미워할 시간도 없고, 나쁜 마음을 가질 수도 없으니 점점 마음도 깨끗해지고 얼굴도 환해지는 효과가 있는 것 같습니다. 제가 일본 릿쇼오꼬오세이까이에 가서 그런 논문을 발표했어요. 그랬더니 자기들도 좋아하더라고요.

백낙청 원불교에서는 다양한 수행 방법을 강조합니다. 나무아미타불 같은 염불뿐 아니라 좌선도 권하는 등 특정 수행법만을 딱 정해서 시키지 않고 다양한 방법을 통해 각자가 스스로에게 맞는 수행법을 찾도록 합니다. 그러니 사람에 따라 좌선이든 염불이든 맞는 게 다 다르지요. 이런 면에서 심층종교로서 깊이있는 내면 탐구, 종교 탐구를 중시하는 원불교의 특성이 드러나는 것 같습니다. 오교수님께서 원불교에 대해 이미 많은 말씀을 하셨고 심층종교의 하나로서 큰 애정을 표시하신 것으로 압니다만, 이에 대해 좀더 논의해봤으면 합니다.

특히 오교수님의 저서 『불교, 이웃종교로 읽다』(현암사 2006) 4부의 「서양 불교의 특성과 동향」 중 일부 대목을 보면 서양에서 불교가 어떻게 변화하고 뿌리내리고 있는지 자세히 얘기해주고 계시죠. 사실 교법상으로 보면 소태산의 가르침 또한 그렇게 가르침을 전하려는 상대에 맞게 변화하는 불교를 만들자는 것 같아요.

오강남 제가 심층과 표층의 차이를 이야기하면서 심층의 특성을 쭉 얘기했더니, 어떤 분은 이건 그냥 선불교(禪佛敎) 같다고 말하더군요. 그런데 이번에 원불교를 살펴보니 원불교에도 심층종교의 내용이 잘 맞더라고요. 저는 심층종교가 표층종교와 달리 자기중심적이지 않다고 봅니다. 심층종교는 자기중심주의에서 벗어나서 참자아를 찾는 데 집중하거든요. 마찬가지로 원불교도 내가 잘되기 위해 믿는 건 아니잖아요.

백낙청 원불교에도 그런 사람들 많습니다.(웃음)

오강남 아 그래요?(웃음) 아무튼 천도교에 갔더니 그쪽 분들이 천도교가 '믿으면 잘된다' 식으로 가르치면 되는데 그렇게 못 하니까 교인들이 많이 늘지 않는다고 하더군요. 그런데 천도교는 내가 잘되는 것보다도 모두가 함께 세상을 잘되게 하자는 데 중점을 두고 있지요.

백낙청 그런데 소태산이 항상 강조하신 것은, 함께 세상을 잘되게 하다보면 자연스럽게 너도 잘된다는 생각을 가지라는 점이죠.

오강남 그렇죠. 부처님도 마찬가지예요. 사성제(四聖諦) 팔정도(八正道)를 가르칠 때, '이걸 하면 내가 잘된다'는 생각보다는 그 길을 통해 스스로 깨달음을 얻게 된다는 것이지, 초자연적인 존재가 복을 주거나 벌을 준다는 개념이 아닙니다. 원불교도 그런 측면에서 비슷하지 않나 싶어요.

둘째, 저는 표층종교가 문자에 얽매이는 문자주의라고 봐요. 그런데 원불교에서 "연고 없이" "힘 미치는 대로"라는 표현을 쓴다는 점이 굉장히 인상 깊게 다가왔어요. 예를 들면 "초목 금수도 연고 없이는 꺾고 살생하지 말 것이니라"라고 하죠(『정전』 교의편 2). 이건 단순히 '살생하지 말라'와 같은 명령이 아니라 '연고 없이'라는 말로 신도들에게 판단의 여유와 재량을 주는 것처럼 느껴졌습니다. 그러니 문자에 아주 매달리지 않는 자유로운 접근이란 생각이 들었고요.

셋째, 원불교는 무조건적인 믿음을 강조하기보다는 '대각(大覺)' 즉 깨달음을 중시합니다. 제가 놀란 점이 원불교에 대각 기념일이 있더라고요.

백낙청 네, 소태산이 깨달은 날을 기념하는 대각개교절(大覺開教節)이 있지요.

오강남 1916년 4월 28일을 기념하는 거군요. 보통 창시자의 출생일을 최대 기념일로 삼는데, 대각일을 기념일로 삼는다는 건 그만큼 깨달음을 강조한다는 거잖아요. 또 아까도 말씀드렸지만 미스티시즘의 가장 기본은 모든 것이 하나라는 점인데, 원불교의 근원도 일원상에 두고 하나를 강조하죠. 이 하나를 강조하는 구체적인 표현이 삼동윤리(三同倫理) 중 하나인 '동기연계(同氣連契)'라는 생각이 듭니다. 모두가 같은 기운을 나누고 함께 연결되어 있다는 뜻이잖아요. 이는 신유학에서 말하는 '모두가 동포요 만물이 벗〔民胞物與〕'이라는 사상이나, 모두가 다 연결되어 있고 서로 의존하고 있다는 화엄종의 상즉상입(相卽相入), 사사무애(事事無碍), 이사무애(理事無碍)와 같은 겁니다. 심층 종교에서 중요하게 다루는 이런 주제들을 원불교가 강조한다는 게 참 놀라운 일이라는 생각이 드네요.

또 하나 눈에 띄는 점은, 원불교가 배타적이지 않다는 거예요. 지금 한국에서 개신교가 가장 배척받는 이유 중 하나가 배타성이죠. 반면 원불교는 유불도뿐 아니라 동학과 증산도까지 아우르는 자세를 가지고 있습니다. 원불교의 삼동윤리 중에 동원도리(同源道理)는 모든 종교가 결국 하나의 원천으로 수렴된다는 뜻이죠. 이런 아이디어는 스위스 출신의 종교학자인 프리트요프 슈온(Frithjof Schuon)의 생각과 비슷합니다. 그는 종교의 근원이 한줄기 무색의 빛인데, 그것이 프리즘을 통과해 나타나는 여러 색깔이 각각의 종교라고 주장했죠. 이 점에서 동원도리와 거의 비슷한 생각을 공유하고 있다는 생각이 들었습니다.

원불교가 표층종교와 달리 내세보다 현세를 중시하는 점도 흥미롭습니다. 표층종교는 내세에서 상을 받고 벌을 피하기 위해 수행한다는 면에서 내세 중심적이에요. 기독교에서는 천당에 갈 것인가, 지옥에 갈 것인가 하는 문제가 가장 큰 관심거리고요. 불교에서도 죽어서 사람으로 태어날 것이냐 하늘 존재로 태어날 것이냐 하는 식으로 내세에만 관심 두는 것을 인천교(人天教)라고 해서 제일 하급으로 봅니다. 하지만 원불교는 삼동윤리의 하나인 동척사업(同拓事業)이라고 하여, 다 함께 내세보다는 지금 이 세상을 더 좋은 곳으로 만들어보자는 현세 중심적 시각을 강조하고 있어서 독특하게 다가옵니다.

원불교의 윤회설은 표층종교적인가

백낙청 원불교의 훌륭한 점이자 특징을 잘 말씀해주셨네요. 그런데 혹시 원불교 교리 중에 오교수님 보시기에 표층신앙에 해당하는 건 없습니까? 개인 교도들이 표층신앙에 빠지는 경우는 제외하고요. 불교를 수용하면서 불교의 윤회설을 받아들이는 점이랄지, 원불교의 그런 점에 대해선 어떻게 생각하시나요?

오강남 윤회설에 대해선 체험한 바가 없기 때문에 확실히 말씀을 못 드립니다. 저는 사후 문제가 나올 때마다 "아직 삶도 모르는데 어찌 사후를 알 수 있겠는가"라고 하신 공자님을 앞세워서 생각해보긴 합니다.

백낙청 죽어서 영원히 천당에 가거나 지옥에 간다는 것도 실은 체험해본 사람이 없죠. 하지만 이건 사실 차원의 문제입니다. 천당이 있든지 없든지 둘 중 하나고, 윤회가 있든지 없든지 둘 중 하나죠. 물론 윤회에는 여러 종류가 있지 않습니까? 가령 힌두교에서는 개별적인 영혼이 영구불멸로 새 몸을 받으면서 돌아다닌다고 믿습니다. 반면 불교는 이런 관점을 부정하죠.

오강남 육도(六道, 중생이 깨달음을 얻지 못하고 윤회할 때 자신의 업에 따라 태어나는 여섯가지 세계)를 돌죠.

백낙청 예, 육도도 있지만 개령(個靈)의 실체라는 걸 부정하지 않습니까? 원불교에서는 소위 무아윤회(無我輪廻)라는 독트린이 굉장히 중요하거든요. 『대종경(大宗經)』의 인과품(因果品)이나 천도품(薦度品)에서도 그 요소가 굉장히 중요합니다. 본인이 이를 체험하지 못했더라도 이걸 수긍하는 사람에게는 표층신앙과는 관계없는 문제가 되죠. 그러나 무아윤회를 믿는 경우, 원불교의 여러 좋은 점에도 불구하고 여전히 표층신앙을 벗어나지 못했다고 말씀하시지 않을까요?

오강남 그런데 종교는 한번에 심층적인 것이 아니라 표층에서 시작해 점점 심층으로 나아간다고 보거든요. 제가 언제나 사용하는 산타클로스의 예화가 있어요. 어린 시절에는 산타클로스가 실제로 찾아오는 게 좋지만, 나이가 들면서 산타클로스에 대한 생각은 이웃에 대한 사랑이나 세계에 대한 사랑, 천지합일(天地合一), 신인합일(神人合一) 등

윤회를 강조한 소태산

대종사 이어서 말씀하시기를 "열반이 가까운 병자로서는 스스로 열반의 시기가 가까움을 깨닫거든 만사를 다 방념하고 오직 정신 수습으로써 공부를 삼되 혹 부득이한 관계로 유언할 일이 있을 때에는 미리 처결하여 그 관념을 끊어서 정신 통일에 방해가 되지 않게 할지니, 그때에는 정신 통일하는 외에 다른 긴요한 일이 없나니라. 또는 스스로 생각하되 평소에 혹 누구에게 원망을 품었거나 원수를 맺은 일이 있거든 그 상대자를 청하여 될 수 있는 대로 전혐(前嫌)을 타파할 것이며, 혹 상대자가 없을 때에는 당인 혼자라도 그 원심을 놓아버리는 데에 전력하라. 만일 마음 가운데 원진을 풀지 못하면 그것이 내생의 악한 인과의 종자가 되나니라. 또는 스스로 생각하되 평소부터 혹 어떠한 애욕 경계에 집착하여 그 착을 여의지 못한 경우가 있거든 오직 강연이라도 그 마음을 놓아버리는 데에 전력하라. 만일, 착심을 여의지 못하면 자연히 참 열반을 얻지 못하며, 그 착된 바를 따라 영원히 악도 윤회의 원인이 되나니라. 병자가 이 모든 조항을 힘써오다가 최후의 시간이 이른 때에는 더욱 청정한 정신으로 일체의 사념을 돈망하고 선정 혹은 염불에 의지하여 영혼이 떠나게 하라. 〔…〕 이 모든 조항을 항상 명심 불망하여 영혼 거래에 큰 착이 없게 하라. 생사의 일이 큼이 되나니, 가히 삼가지 아니하지 못할지니라."

—『대종경』 천도품 3

을 나타내는 것으로 심화되죠. 그렇게 깊어지는 게 중요하고요. 윤회도 처음에는 믿어도 좋아요. 하지만 반드시 꼭 믿어야 하는 건 아니라고 봅니다.

백낙청 그렇게 보시면 원불교에서도 그 점은 표층종교에 해당하고, 깨달음이 깊어지면서 한번 더 아하, 하는 단계가 남았다는 말씀으로 이해할 수 있겠네요. 그러나 우리가 여기서 판정을 내릴 수는 없죠. 결국 우리 두 사람 다 무경험자이기도 하고요.

오강남 불교는 다섯가지 레벨[五敎]로 분류돼요. 그중 가장 하급이 인천교(人天敎)예요. 인천교는 죽음 이후에 하늘이나 사람, 축생으로 태어났느냐의 문제에 가장 관심을 두고 있어 불교 교리 중에 제일 하층이라고 보죠. 반면 일승현성교(一乘顯性敎)는 나 자신이 부처님이고 내 안에 깨달음이 있다는 걸 아는 가장 높은 단계입니다. 처음부터 이런 경지에 이를 수는 없지만 과정 속에서 나아가는 거죠. 여기서 인천교를 표층신앙이라 할 수도 있겠지만 첫째 단계라고 말할 수도 있겠죠.

백낙청 그 문제에 대해서는 제가 『서양의 개벽사상가 D. H. 로런스』(창비 2020)라는 책의 마지막 장인 「「죽음의 배」: 동서의 만남을 향하여」에서 다룬 적이 있습니다. 로런스는 불교를 싫어했는데, 그가 아는 것은 주로 현세에 대해 부정적인 경향이 있는 남방불교였습니다. 그러나 자기의 죽음을 앞두고 여러가지 생각이 많았겠죠. 그러면서 죽음의 배를 잘 지어놔야 그 배를 타고 다시 돌아온다는 발상에서 「죽음의 배」(The Ship of Death)라는 제목의 시를 쓰게 됐습니다. 상당히 윤회설에 가까워진 거죠. 로런스의 경우는 처음부터 불교도가 되어서 어떤 표층적인 면을 믿었던 게 아니라, 오히려 여러 사색과 사회에서의 모험 끝에 아하, 하면서 깨달음에 이른 것 같아요.

오강남 하나의 결단이었겠죠.

개벽을 말한 신학자들: 슈바이처와 본회퍼

백낙청 『종교공부』 마지막 장 「기독교, K사상의 가능성을 모색하다」는 그리스도교, 좁은 의미의 프로테스탄트(Protestant)를 다루고 있죠. 개신교 신학자 두분이 좌담에 나오셨습니다만 오교수님도 그리스도인으로서 4장에 대해 말씀하실 게 많을 것 같습니다.

오강남 이정배(李正培) 교수님하고 이은선(李恩選) 교수님이 기독교의 여러 신학자들을 소개하며 두루 말씀을 잘하셨는데요, 제가 개혁이라는 입장에서 두 신학자를 선택한다면 첫째로 알베르트 슈바이처(Albert Schweitzer)를, 둘째로 디트리히 본회퍼(Dietrich Bonhoeffer)를 들겠습니다. 이 두분은 가장 개혁적일 뿐 아니라 개벽적인 사람들이라고 말씀드리고 싶어요.

첫번째로 슈바이처는 문명이 점점 타락해간다고 보았고 이 문명을 새롭게 하기 위해서는 새로운 윤리가 필요하다고 생각했어요. 그래서 그 윤리에 대해 고민하면서 배를 타고 밀림 속을 가다가 갑작스럽게 *Ehrfurcht vor dem Leben*, 다시 말해 생명경외(生命敬畏) 사상을 발상하게 됐어요. 그렇게 딱 깨닫고 나니까 자신이 지나치던 밀림이 철문 열리듯이 열리는 기분이 들었다고 하죠? 저는 이 경험이 바로 '사토리(悟り)', 즉 깨달음이었다는 생각이 들어요. 그리고 나서 생명경외를 가져야 문명이 다시 살아날 것이라고 믿고 이를 주제로 『문명과 윤리』(*Civilization and Ethics*, 1923)라는 책도 썼죠. 슈바이처는 생명경외 사상이 인도사상, 특히 자이나교의 영향을 받아 형성되었다고 스스로 밝힌 적이 있어요. 자이나교는 불살생(不殺生)으로 유명하고 간디 어머니가 가졌던 종교이기도 하죠. 두번째로 디트리히 본회퍼는 현재의 시대가 성년(成年, come of age)에 이르렀다고 주장했습니다. 그래서 기존의 기독교 교리로는 더이상 안 된다고 보았고 신관(神觀)의 변화가 필요하다고 했어요. 고대의 연극 작품을 보면 도저히 해결이 안 될 것 같은 상황에서 갑자기 신이 툭 튀어나와서 모든 걸 정리해버리잖아요. 그걸 데우스 엑스 마키나(Deus ex machina, 기계장치에서 튀어나온 신)라고 하는데, 이젠 그런 신을 받아들일 수 없다는 겁니다. 말하자면 기독교를 '비종교화'해야 한다고 했지요. 이런 관점에서 본회퍼는 종교를 넘어선 종교를 얘기하며 실제로 세상을 바꾸기 위해 노력한 인물입니다. 그는 미국 뉴욕의 유니언신학교에 몸담고 있었지만 독일에서 자기 국민들이 고통을 겪는 것을 보면서 자기만 미국에 있을 수 없다는 생각에 독일로 돌아가 히틀러 암살 계획에 가담했다가 1943년 체포되어 결국 1945년 처형됐죠. 히틀러가 패망하기 직전의 일이었습니다.

백낙청 본회퍼는 우리 한국에서도 70년대 운동권 중에서 기독교인이 아닌 사람들에게도 많은 관심을 받았습니다. 조그마한 팸플릿으로 나온 책들도 읽고 그랬죠. 저는 본회퍼 그분의 행적도 대단히 훌륭하지만 종래의 데우스 엑스 마키나만 부정한 게 아니고 *vor Gott ohne Gott*라는 표현을 사용한 점이 인상적이에요. '하나님 없이 하나님 앞에서'라는 뜻이죠. 매우 높은 경지라고 생각합니다.

오강남 '종교 없는 기독교'라는 말을 쓰기도 한 본회퍼는 새 시대를 보려고 했다는 점에서 상당히 개혁적이었던 개벽의 신학자라고 보고 싶습니다. 한편 파울 틸리히도 중요한 인물입니다. 미국에서 조직신학자로서 가장 큰 영향력을 미쳤다고 하는데 저도 그의 영향을 아주 많이 받았죠. 사실 그분은 사회주의자예요. 스스로 종교적 사회주의자(religious socialist)라고 했고 사회 개혁에 관한 여러 책을 썼어요. 이런 의미에서 그리스도교 신학자 중에서도 개벽과 연관 지을 수 있는 학자들이 있다는 점을 말씀드리고 싶습니다.

유영모와 함석헌의 개벽

백낙청 만해(滿海) 한용운(韓龍雲) 선생은 시인이나 독립운동가로 널리 알려져 있지만 그분도 사실 불교 사회주의를 표방하셨어요. 틸리히의 종교적 사회주의와도 통하죠. 이정배, 이은선 교수님이 이야기하신 국내 신학자들 중에서도 한두분에 대해서만 간략히 말씀해주시죠.

오강남 서남동(徐南同), 안병무(安炳茂) 같은 훌륭한 분들을 여러번 언급하셨는데, 저는 제가 비교적 잘 알고 있는 두분을 이야기하고 싶습니다. 바로 유영모(柳永模) 선생과 함석헌(咸錫憲) 선생입니다. 제가 유영모 선생에 대해 인상 깊게 알고 있는 부분은 「요한복음」 3장 16절을 해설한 겁니다. "하나님이 세상을 이처럼 사랑하사 독생자(獨生子)를 주셨으니"라고 하잖아요. 기독교 전통에선 이 구절을 예수님을 이 땅에 보내신 것이라고 해석합니다. 그런데 유영모 선생은 예수님을 보낸 게 아니라 하나님 자신의 씨앗을 각 사람에게 주었다고 해석합니다. 너무나 신선한 해석이 아닌가 싶어요.

백낙청 그건 「요한복음」 3장에 대한 상당한 부정을 표하는 것 아닙니까? '독생자'라고 표현했으면 결국 한 사람이라는 뜻 아녜요?

오강남 한 사람이죠. 그렇지만 유영모 선생은 하나님이 씨앗을 나눠서 주셨다고 본 거죠. 사실 기독교인들은 어릴 때부터 이 구절을 외웠어요. 저도 지금까지 성경에서 외우는 유일한 대목이 「요한복음」 3장 16절이거든요. 그런데 존 셸비 스퐁(John Shelby Spong)이라는 미국 성공회 주교도 「요한복음」에서 중요한 건 3장 16절이 아니라고 했어요. 중요한 건 17장의 내용처럼 우리가 하나라는 거예요. "아버지께서 내 안에, 내가 아버지가 있는 것같이 그들도 다 하나가 되어 우리 안에 있게 하사 세상으로 아버지께서 나를 보내신 것을 믿게 하옵소서"(「요한복음」 17:21)라면서 우리 모두 하나임을 강조하는데, 유영모 선생이 돌아가시기 직전에 제자인 함석헌 선생을 만나서 '아, 이게 정말 중요한 말이구나' 하고 다시 깨달았다는 말씀을 남겼다는 거예요. 이런 면에서 유영모 선생은 사회적 개혁보다는 개인적 개혁을 중시하는 신비주의자로 볼 수 있을 것 같습니다.

유영모 선생의 십자가 해석도 재밌습니다. 십자가는 삼재(三才)라고 해서 사람(丨)이 땅(ㅡ)을 뚫고 올라가서 하늘(·)과 만나는 모습을 나타낸다고 봤어요. 따라서 우리가 해야 할 일은 하나님과 하나 되는 것이라는 말씀을 하셨는데, 일반적으로 우리가 십자가 얘길 하면 예수님이 못 박힌 형상이라는 얘기만 하잖아요. 그런데 이렇게 십자가를 해석한 것도 참 독창적이란 생각이 들어요. 또 보통은 사람들이 예수님의 재림을 기다리는데 예수님이 이미 하늘로 올라가셨으면 우리도 올라가야지, 올라가신 분을 다시 내려오게 할 이유가 없다는 생각도 펼치셨죠. 기독교의 개벽과 혁신에 긴요한 생각들을 많이 하셨습니다.

유영모 선생이 개인적 개벽을 강조하는 신비주의자라면, 함석헌 선생은 행동하는 신비주의자라고 봐요. 함선생님의 여러 가르침 중에 '역사에 뜻이 있다는 것을 알라' '믿음이라는 것은 자라나는 것이다' '경전은 끊임없이 고쳐 해석해야 한다' '하나님은 내 마음속에 계시다는 것을 알아야 한다' '너와 나는 하나다' '예수가 아니라 그리스도가 중요하다' 등이 있습니다. 정통 기독교인들은 이걸 다 받아들일 수는 없거든요. 에스빠냐 천주교 신부이자 아버지의 나라인 인도에 가서 힌두교를 공부한 라이몬 빠니까르(Raimon Panikkar) 같은 종교다원주의 신학자도 그리스도는 한 사람이 아니고 모든 사람이 그리스도가 되어야 한다는 주장을 했습니다. 함석헌 선생님도 서로의 다름을 인정하라는 가르침을 펼치셨죠. 영어로는 *far-fetched*, 즉 '다소 멀리 나간' 생각일 수 있지만, 이런 면이 바로 함석헌 선생님의 독특한 개벽사상이 아닌가 생각합니다.

개벽의 관점에서 본 기독교 종말론

백낙청 오교수님께서 평소 강조하시는 것이 예수님이 공생애(公生涯)를 시작하면서 하신 첫 말씀이죠.

오강남 예, 예수님이 공생애를 시작하면서 하신 첫 말씀이 이거잖아요. "회개하라. 하나님의 나라가 가까웠다."(「마가복음」 1:15) 우리가 흔히 '천국이 가깝다'라고 표현하는데, 사실 '천국'이라는 말은 예수님이 한 말이 아니라고 보잖아요. 「마태복음」에만 '하늘 왕국'(kingdom of heaven)이라는 표현이 나오지 다른 복음서에서는 전부 '신의 왕국'(kingdom of God)이라고 하거든요. 왜냐하면 「마태복음」은 유대인들을 위한 복음서인데, 유대인들이 'God'이라는 말을 함부로 쓰지 않기 때문에 그 대신 'heaven'을 사용한 겁니다. 그러니까 이 표현은 실상 '하늘나라'가 아니라 '하나님의 나라'를 뜻합니다.

19세기 말에서 20세기 초까지 서양 기독교에서는 하나님의 나라가 가까웠다는 예수님 말씀이 무엇을 의미하는지를 놓고 논박이 있었습니다. 아시겠지만 슈바이처는 예수 연구사에서 큰 획을 그었는데, 그의 주장은 예수님이 자기 당대에 세상이 끝날 거라 믿었다는

'철저한 종말론'(consistent eschatology)입니다. 그래서 "오른뺨을 맞으면 왼뺨도 돌려대어라" "겉옷을 달라면 속옷도 주어라"(「마태복음」5:39~40)라는 윤리는 영원한 윤리가 아니라 하나님의 나라가 임할 때까지 필요한 '중간 윤리'(interim ethics)라는 겁니다. 세상의 종말이 곧 오니까 따질 필요 없이 그냥 달라면 주라는 거죠. 한편 영국의 신학자 C. H. 도드(Dodd)는 '실현된 종말론'(realized eschatology)을 주장하며, 예수님은 종말이 벌써 왔다고 믿었다고 했습니다. 오스카르 쿨만(Oscar Cullmann)은 시작은 했지만 아직 완성은 안됐다고 보는 '시작된 종말론'(inaugurated eschatology)을 제시했고요.

사실 개벽의 관점에서는 쿨만의 말이 제일 적당한데 저는 슈바이처의 종말론에 동의하고 싶습니다. 슈바이처는 이제 세상이 끝날 테니까 빨리 사람들에게 깨어나라고 했어요. 그 깨어남이 바로 메타노이아(metanoia)입니다. 우리가 흔히 회개로 번역하는 이 단어의 뜻을 과거의 잘못을 뉘우치고 새롭게 결심하는 것이라고 생각하는데, 그리스어 어원을 살펴보면 메타노이아는 그 이상의 의미가 있어요. '메타'(meta)는 변화, 혹은 넘어간다는 뜻이고 '노이아'(noia)의 어원인 '노에인'(noein)은 의식(意識)을 의미하죠. 그래서 메타노이아는 의식의 개혁을 통해 새 사람이 되고, 정신개벽을 이루라는 의미입니다. 저는 이를 로마의 식민지 폭정이 지나고 곧 하나님의 통치 원리가 지배하는 하나님의 나라가 다가올 터이니 정신 차리고 준비하라는 의미로 이해해보고 싶습니다.

백낙청 개벽적인 변혁을 얘기할 때 철저한 종말이든, 시작된 종말이든, 항상 세상의 종말과 연결 짓는 건 우리 동양사상과는 좀 거리가 먼 것 같습니다. 종말에 대한 이런 집착이 기독교 특유의 경향이 아닌가 싶기도 합니다.

오강남 슈바이처는 예수가 금방 세상의 종말이 올 거라고 말한 건 실수라고 봐요. 그러나 그는 예수의 인류에 대한 뜨거운 사랑, 즉 '신비로운 사랑'으로서 *mystical love*가 중요하기 때문에 자신은 예수를 따른다고 말합니다.

백낙청 그 말 자체는 상당히 설득력이 있다고 봅니다. 예수님이 실수했음을 바울이 깨닫고 장기적으로 교회 만드는 준비를 했습니다. 아우구스티누스에 이르면 언제 재림이 올지 알 수 없으니 그때까지 교회를 제대로 만들어서 잘 인도하며 살아가자는 방향으로 나아갔죠. 이로 인해 적어도 서구에서는 중세 내내 가톨릭교회가 중요한 역할을 하지 않았습니까?

그래서 서양적인 문맥에서는 종말론이 중요한 의미를 갖지만, 동아시아의 천지개벽은 히브리성서의 천지창조와는 전혀 다른 것 아닙니까? 동양에선 하나님이 무에서 유를 창조한 것이 아니라 기존의 것에서 새로운 것이 열리면서 우리가 아는 물질적 우주가 형성된 겁니다. 또 수운만 하더라도 자기 이전의 시대를 암흑의 시대라고 생각하지 않았어요. 삼황오제(三皇五帝) 이래로 공자를 스승으로 삼던 시대는 수명을 다했으니 다시개벽을 하자는 생각이었죠. 이런 경우에는 세상의 종말이나 그 비슷한 관념은 없는 것 같아요.

오강남 슈바이처는 예수가 종말을 그렇게 믿었지만, 슈바이처 자신은 그런 종말이 없다고 생각했습니다. 그가 아프리카로 간 이유 중 하나도 그런 생각을 갖고는 유럽에서 목회를 할 수 없었기 때문이라고도 합니다. 아프리카에서조차 슈바이처를 환영하지 않았어요. 거기도 그런 생각을 가진 사람은 오면 안 된다는 입장이었거든요. 신학적인 얘기는 절대 하지 말고 의사로서만 일하라는 지침을 받았습니다. 이를 받아들인 슈바이처는 붕어처럼 입만 뻐끔뻐끔하며 신학적 발언을 하지 않겠다고 한 후 아프리카로 가서 『문명과 윤리』를 집필했습니다.

백낙청 회개라고 번역된 메타노이아는 의식의 변화라는 뜻인데, 머릿속 생각만이 아니라 삶 전체의 변화를 의미하죠. 사실상 트랜스포메이션(transformation, 변형)입니다. 이 점은 오교수님을 비롯해 기독교를 좀더 심층적으로 이해하려는 많은 분들이 지적을 하셨고 저도 상당히 감명 깊게 받아들였습니다. 후천개벽운동에서 말하는 선천시대의 여러 종교나 성인들의 가르침이 그런 트랜스포메이션, 삶의 변혁을 강조했다는 점은 참 좋습니다. 그런데 이를 후천개벽 또는 다시개벽과 동일시하면 후천개벽의 특이성이 약화되거나 사라질 수 있다고 생각합니다. 그래서 『종교공부』 4장에서 예수의 복음 선포를 일종의 후천개벽선언으로 볼 수 있겠다는 제안을 했고 다른 두분도 동의해주셨습니다만 저는 이어서 개벽사상가로 인정받는다고 해서 모두가 원만구족(圓滿具足)한 개벽사상가일 수는 없고, 동일한 개벽사상을 전파하는 건 아니라는 차이가 있겠다는 물음을 던졌지요.

오강남 예, 말씀대로 개벽사상을 이야기한 분들이 있었지만 그 열매가 현재 보이지 않는다는 게 수운이나 소태산 선생의 진단이잖아요. 특히 당대의 여러 어려운 일이 있을 때 기존의 개벽사상으로 효력이 없으니까 이제 다시개벽이 필요하다는 주장을 했습니다. 이런 의미에서 한국적인 맥락에서 다시 시작한 점이 상당히 중요하다는 생각이 듭니다. 이전의 개벽사상이 없었던 게 아니라 그동안 효과를 발휘하지 못했다는 게 이분들의 진단이 아닌가 싶어요.

세계종교의 종말론과 개벽

백낙청 『종교공부』에서 말하는 종교공부가 종교학 공부는 아니라고 했습니다만 사실 국내의 주요 종교 중에서도 불교에 대한 언급이 빠져 있습니다. 불교만 다루는 꼭지가 없지요. 그리고 그리스도교 중에서 천주교에 대한 언급이 빠져 있습니다. 더 나아가 세계적 차원으로 넓혀 보면 이슬람이나 힌두교처럼 교세가 큰 종교도 다루지 않았습니다. 오교수님을 자리에 모신 김에, 제가 잘 모르는 다른 종교들의 어떤 면모를 좀더 주목해야 할지 말씀해주시면 좋겠어요. 그리고 그런 종교들에 주목하지 않는다면 개벽사상 공부에서도 한계로 작용할 수 있다는 점을 지적해주시면 많은 도움이 될 것 같습니다.

오강남 이슬람과 힌두교를 이야기하기 전에 조로아스터교를 얘기하지 않을 수 없네요. 조로아스터교의 종말사상이 다른 종교들의 전범이랄까, 종말론의 원조가 되었다고 볼 수 있기 때문이죠. 캅카스(Kavkaz)산맥에서 이 종교가 힌두교 쪽으로 넘어가기도 했고 유대교와 그리스도교에 영향을 주기도 해서 그 지역을 종교의 본산이라 보기도 하죠. 지금 교세는 미미합니다만 오늘날 이슬람이 지배하고 있는 이란, 페르시아가 본고장입니다.

　아제르바이잔의 산지에는 조로아스터교의 상징인 불이 여전히 타고 있습니다. 이 종교의 종말론이 유대교로, 유대교에서 기독교와 이슬람으로 흘러갔다고 봅니다. 조로아스터교의 종말론에 따르면 사람이 죽으면 사흘간 몸에 그대로 남아 있으면서 스스로 평생을 돌이켜보는 시간이 있다고 합니다. 그러다 나흘째 되면 심판을 받습니다. 저울에 의해 선과 악이 판단되고, 그 결과에 따라 '분리의 다리'를 건넙니다. 선한 사람은 넓은 다리를 쉽게 건너 낙원에 도달하지만 악한 사람은 다리가 칼날처럼 좁아져서 다리 아래 지옥으로 떨어집니다. 물론 이 지옥의 고통은 영원하지 않지요. 어느정도 시간이 지나면 악한 사람도 부활해서 선한 자들과 합류하고 순화되면서 완전히 새로운 세상이 시작됩니다.

그러나 악의 신들, 예를 들어 앙그라 마이뉴(Angra Mainyu) 같은 악한 존재들은 유황불에 타서 완전히 소멸됩니다. 이후 새로운 세상은 악의 흔적도, 악한 그림자도 없는 완전한 세상이 됩니다. 그 낙원에서 영원히 살게 되죠. 흥미로운 점은 사람들이 늙지도 않고 죽는 일도 없지만 모두 마흔살의 모습으로 살아간다는 거예요. 아이들은 모두 열다섯살로 살고요. 이런 종말론은 완전한 개벽의 이야기라고 볼 수 있을 것 같기도 합니다.

백낙청 사람이 죽으면 사흘 동안 영이 몸 안에 머물러 자신의 삶을 돌아본다는 조로아스터교의 가르침하고 예수님의 시신이 동굴 안에 계시다가 사흘 만에 부활했다는 그리스도교의 가르침 사이에는 어떤 연관이 있나요?

오강남 달이 없어졌다가 다시 생기기까지 3일이 걸린다고 해요. 그래서 사흘이 여러 종교에서 중요한 모티브로 나타난다는 얘길 들은 적이 있는데 예수님이 사흘 만에 부활한다는 것과 관련이 있을지는 모르겠어요.

이슬람에서도 최후의 심판을 기다리죠. 윤리적 타락, 전쟁, 천재지변, 악의 세력의 침입 등 일련의 징조가 나타난 후 정의가 회복되고 우주가 새로워지면서 죽은 자들이 부활하여 다시 심판을 받는다고 믿습니다. 여기서 죽은 자를 다시 심판한다는 점이 좀 이상한데, 기독교에서도 죽은 자가 하늘나라에 간다고 하면서도 최후의 심판 때 다시 무덤에서 부활한다고 하잖아요. 죽은 자가 이미 하늘에 올라갔는데 왜 다시 무덤에서 부활해야 하는지 의문이 남습니다.

백낙청 올라간 것은 영이고 무덤에 있던 건 육신이니까 육신이 부활한다는 관점 아닌가요?

오강남 홍정수(洪政壽) 목사가 그런 육체적 부활을 부정했다가 종교다원주의를 제창한 변선환(邊鮮煥) 목사하고 감리교에서 출교 조치를 당했지요. 이슬람에서는 죽은 사람들이 부활할 때 제일 먼저 부활하는 사람이 바로 창시자인 무함마드라고 합니다. 이란을 장악하고 있는 시아파의 종말론도 흥미롭습니다. 시아파에서는 무함마드의 진짜 후계자가 그 사위인 알리(Ali)이고, 이후에 지도자가 쭉 나오다가 12번째 지도자인 무함마드 알마흐디(Muhammad al-Mahdi)가 사라져버렸어요. 그러나 그가 죽지 않았으며 재림한다고 믿죠.

그래서 마흐디(Mahdi, 시아파에서는 구세주를 뜻함)가 다시 돌아오면 지금 세상이 종말에 이르고 새로운 세상이 온다고 합니다. 그런데 이슬람 계통의 종교로 바하이교도 있죠. 바하이교에서는 사라졌던 마흐디가 1863년 바하울라(Bahá'u'lláh)라는 인물로 다시 나타났다고 주장합니다. 바하울라는 유대교에서 기다리던 메시아, 기독교에서 기다리는 재림 예수, 불교에서 기다리는 미륵불의 총합으로 여겨져요. 바하이교는 배타적이진 않지만 모든 종교를 다 종합하면서도 자기들만의 것이 최후의 종교라고 하는 점에서는 배타성이 전혀 없다고 할 수는 없을 것 같습니다.

유대교에는 아까 말씀드린 것처럼 마지막 날, 심판의 날에 대한 개념이 있죠. 구약성경에 많이 나오듯이요. 그날이 오면 디아스포라로 흩어져 있던 유대인들이 다 모이고 메시아가 나타나며 죽은 자들이 부활하고 심판을 받게 된다고 합니다.

많이 알고 계시는 것처럼 기독교에서는 유대교에서 기다리는 메

| **남태평양의 카고 컬트** | 바누아투에 세워져 있는 존 프럼의 기념비.

시아가 바로 예수라고 믿습니다. 메시아(Messiah)는 히브리어고 그리스도(Christos)는 희랍어일 뿐 다 같은 말이잖아요. 메시아가 예수 그리스도임을 받아들이는 것입니다. 한편 유대인들은 여전히 메시아를 기다리고 있으며 스스로를 메시아라 이르는 사람들이 계속 나오기도 했죠. 그러나 기독교는 그 메시아가 예수로 나타났다고 믿고, 그가 핍박을 받다가 십자가에 못 박혀 부활하고 승천했는데 이 땅에 다시 올 것이라 기다리고 있습니다.

　남태평양에는 '카고 컬트'(cargo cult), 다시 말해 '화물 신앙'이라는 게 있어요. 바누아투(vanuatu)라는 섬에 존 프럼(John Frum)이라는 비행사가 방문한 후 그곳 원주민들을 위해 화물을 실어다주는 등 좋은 일을 했다고 해요. 그러다 비행기를 타고 떠나면서 원주민들에게 자기가 꼭 다시 돌아올 거라고 했다는군요. 그랬더니 매년 2월마다 그곳 사람들이 프럼을 기다리는 의식을 치르기 시작했다고 해요. 시간이 많이 흐른 뒤에 캐나다 토론토의 큰 신문사 기자가 와서 물어봤대요. 당신들은 왜 오지 않는 존 프럼을 몇십년간 기다리고 있냐고요. 그랬더니 원주민 중 한 사람이 이렇게 되물었대요. 우리는 몇십년을 기다렸을 뿐이지만 당신들은 예수 그리스도를 2천년 동안 기다리고 있지 않냐고요. 이런 이야기가 있을 정도로 상당수의 기독교인들은 아직도 예수님이 오기를 기다리고 있거나, 어느 교파는 보이진 않지만 벌써 오셨다고 믿고 있죠. 기독교의 종말론은 종파마다 하도 다양한 해석이 많아서 간단히 설명하기가 참 어렵습니다.

힌두교는 역사를 주기(週期)로 봐요. 칼파(kalpa)라는 우주적 시간을 4단계의 유가(yuga)로 나누어 현재는 마지막 유가인 칼리(kali) 유가에 있다고 믿습니다. 이 유가도 점점 타락하고 있어서 세상이 완전히 깜깜해지면 새로운 유가가 도래한다고 합니다. 이런 주기는 수십억년에 걸쳐 이어진다고 하고요.

백낙청 힌두교의 그런 개념이 불교에도 있지 않습니까? 우주가 탄생하고 무너져 없어질 때까지의 시간을 4기로 나눈 성·주·괴·멸(成住壞滅)이라는 개념이 있죠. 원불교에서도 우주의 성·주·괴·공(成住壞空)을 얘기합니다. 그런데 이 우주가 생겨났다가 머물다가 허물어지기 시작해가지고 완전히 없어져버리는 주기에 대해 소태산은 좀 특이한 해석을 했지요. 『대종경』 변의품 4장에 나오는 얘기인데, 제자 한 사람이 대종사한테 이렇게 물어봐요. '우주가 멸망할 때 소천소지(燒天燒地)가 일어납니까? 천지가 다 불타버리는 겁니까?' 그러니까 소태산이, '소천소지는 지금도 계속 여기저기서 일어나고 있다'고 하시죠. 우리가 생로병사라고 할 때 어떤 사람은 태어나고 어떤 사람은 늙고 어떤 사람은 병들어 죽고, 이런 일이 다 여기저기서 일어나고 있듯이 소천소지가 지금도 일어나고 있다는 거예요. 말하자면 우리가 체험할 길이 없는 원대한 시간 개념을 우리 일상 속으로 끌어들인 거죠. 그야말로 현세 위주로요. 이런 점이 소태산의 또 하나의 특징이기도 합니다. 이에 비하면 힌두교의 개념은 좀 허황되고 과장되게 느껴집니다.

종교 대화의 가능성을 찾아서: 3대 종교를 중심으로

백낙청 사실 우리나라에서는 그리스도교 중에서 가톨릭을 불교, 개신교와 함께 3대 종교로 치지 않습니까? 『종교공부』에선 가톨릭 전문가를 모시지 못했는데, 오교수님께 가톨릭에 대해 간단히 말씀 부탁드립니다.

오강남 가톨릭은 후천, 천지개벽, 종말 같은 개념을 논한다기보단 죽어서 당장 천당을 가느냐 혹은 연옥을 가느냐, 지옥에 가느냐를 얘기합니다. 또 지옥이나 연옥에 있더라도 면벌부(免罰符)를 사면 천당에 올라갈 수 있다고도 했죠. 그런데 동방정교는 연옥을 안 믿어요. 그 대신 죽음 이후에도 계속 거룩해지는 성화(聖化)의 과정을 밟을 수 있다고 보죠. 그런 의미에서 죽은 사람을 위한 기도가 가능하다는 얘기를 하는 것 같아요. 한국에서는 기독교와 가톨릭을 분간하지만 사실 영어로는 둘 다 크리스티애너티(Christianity)라고 해요. 그래서 저는 가톨릭을 특별히 기독교와 변별해서 보지 않았기에 가톨릭만의 특성에 대해서는 잘 모르겠습니다.

백낙청 네, 그래서 개신교와 천주교를 통칭할 때 그리스도교라는 표현을 쓰죠. 기독교의 '기독(基督)'이 원래 '그리스도'를 한자로 옮긴 것이지만요. 제가 알기로 가톨릭 신부님들 중에는 개벽사상에 관심 있는 분들이 계세요. 정양모(鄭良謨) 신부님은 유영모 선생 연구도 많이 하셨잖아요. 그런데 가톨릭의 가르침에 따르면 천국의 열쇠를 예수님이 베드로한테 맡겼고, 초대 교황 베드로에 이어 후대의 교황님들이 그걸 이어받았으니까 이 교회가 잘되는 게 중요하지 한번 더 개벽할 필요는 못 느끼지 않나 싶어요.

다음으로 신도 수로는 국내 최대의 종교라고 하는 불교에 대해 말씀을 나눠보지요. 『종교공부』에서 불교가 곁가지처럼 다뤄진 것도 문제라면 문제일 거예요. 세계적으로 의미를 더해가는 불교와 그리스도교의 대화에 대해선 선생님이 쓰신 『불교, 이웃종교로 읽다』의 부록2「불교와 그리스도교, 무엇으로 다시 만날까?」에서 아주 소상히 얘기를 해놓으셨죠. 원불교는 세계종교를 표방하고 해외 포교도 합니다마는 불교와 그리스도교의 대화에 본격적으로 끼어들지는 못하고 있는 것 같아요. 『종교공부』에선 불교를 안 다루다 보니까 그런 얘기도 빠진 것 같은데 보충 말씀을 해주시면 좋겠습니다.

오강남 우선 불교의 역사관 혹은 종말관도 잠깐 얘기하고 지나갈까요? 부처님이 자기의 가르침이 어떻게 변할 건지를 예언했잖아요. 승단에 여자를 받아들이지 않으면 자기 가르침이 계속 이어질 텐데, 여자를 받아들이게 되면 부처님의 가르침이 처음 오백년까지만 올곧게 전해질 뿐이라고 했습니다. 이 시기를 정법(正法)시대(Anthentic Dharma)라고 합니다. 여자를 받아들이면 오백년 후부터는 그의 가르침이 왜곡되어 전해지는데 이를 상법(像法)시대(Counterfeit Dharma)라고 합니다. 그후 천년이나 천오백년이 지나면 부처님의 가르침은 완전히 사라지는 말법(末法)시대(Decayed Dharma)가 온다고 봅니다. 이런 말법시대가 오래 지속되면 도솔천에서 부처가 되려고 기다리던 미륵보살이 부처님으로 내려온다는 것이 불교가 얘기하는 역사관이라 볼 수 있습니다. 재미난 것은 중국에선 5~6세기를 말법시대의 시작이라 보고 천태종(天台宗), 화엄종(華嚴宗) 같은 종파가 막 생겨나요. 일본에선 11~12세기를 말법시대의 시작이라 해서 일련종(日蓮宗), 정토진종(浄土真宗) 등이 생겨났습니다. 이렇게 그 시대에 맞는 가르침을 주어야 한다고 생각했던 새로운 종파들이 일어나면서 각기 나름대로의 개벽을 이야기하지 않았나 생각합니다.

저는 기독교와 불교, 두 종교가 협력해 개벽정신으로 이 세상을 더 좋게 만드는 방향에 대해 대화하는 게 좋지 않을까 싶어요. 기독교는 본래 깨달음을 중시했지만, 이젠 그런 경향이 거의 사라져버렸어요. 아까 이야기했듯이 메타노이아가 중요한데, 이를 단순히 죄를 회개하는 것으로만 생각하고 깨달음을 강조하지는 않습니다. 불교와의 대화를 통해 기독교도 깨달음을 중시하고, 두 종교가 협력해 일반 신도들과 더 많은 이들이 깨달음을 진작할 방법을 모색했으면 좋겠습니다.

다음으로 불교에서 염불이나 주문이 상당히 중요한데 기독교는 주문이 거의 없어요. 물론 주기도문이나 찬송가가 있지만 간단한 주문은 없죠. 동방정교에는 "주 예수 그리스도, 제게 자비를 베푸소서"라고 하는 예수 기도(Jesus prayer, 동방정교 전통에서 3~4세기경부터 내려오는 수련법)가 있는데, 그걸 계속하면 기쁨이 온 뼈대에 물처럼 지나가는 경험을 한다고 해요. 『기도: 영적 삶을 풍요롭게 하는 예수의 기도』(대한기독교서회 2003)라는 책을 제가 엮고 옮겼는데, 한 러시아 시골 청년이 "쉬지 말고 기도하라"(「데살로니가전서」 5:17)라고 한 바울의 말대로 정말로 쉬지 않고 이 예수 기도를 실행하니까 자연히 평온해져서 천국에 갈 필요가 없을 정도로 충만한 경험을 했다는 이야길 담고 있어요. 그런데 그가 천국엔 가야겠다고 해요. 이런 가르침을 주신 예수님께 감사하기 위해서요. 이렇게 동방종교는 나름의 기도 수행이 있지만 개신교에는 이런 게 거의 없습니다. 개신교도 불교와의 대화를 통해 염불수행을 강조했으면 좋겠다는 생각이 들어요.

가장 중요한 것은 불교의 자비(慈悲)와 기독교의 아가페(agape, 무조건적·애타적 사랑)가 서로 합쳐져 이 세상을 좀더 아름답고 살기 좋은 곳으로 만드는 데 협력하는 것이겠죠. 구체적으로는 인권·기후·성평등 등의 문제를 다룰 수 있겠지요. 미국에서는 불교도들이 유대교나 기독교 배경을 가진 경우가 많아 이런 실천을 하고 있지만, 한국에선 아직이죠. 앞으로는 이런 대화가 이루어지면 좋겠어요. 사실 지금까지의 대화는 교리적으로 어떤 종교가 더 나은지를 따졌잖아요. 이젠 그러지 말고 서로 협력해 세상을 더 나은 곳으로 만드는 일에 힘쓰는 대화가 필요한 것 같아요. 이런 대화를 폴 니터(Paul Knitter)라는 사람은 '구원중심적인 접근'(soteriocentric approach)이라고 합니다. 서로 싸울 필요가 없어지는 대화죠. 저는 이런 방식의 대화가 필요하다고 생각합니다.

또한 공(空)에 대한 개념은 깊이 들어가면 기독교와 불교가 유사한 면이 있는 것 같아요. 기독교의 부정신학(apophatic/negative theology)을 보면 신은 알 수 없는 존재잖아요. 그야말로 우리의 사유의 너머에 있는 존재 혹은 비존재죠. 서양에선 니콜라우스 쿠자누스(Nicolaus Cusanus)가 그런 존재를 이야기했어요. 그가 말한 '박학한 무지'(docta ignorantia)는 신에 대해 알지 못한다는 사실을 아는 것을 의미합니다. 이러면 상당히 불교적 개념과 가깝다는 생각이 들어요. 기독교와 불교가 서로 협력해서 배우는 것, 저는 그걸 서로 거울을 들어주는 것에 비유합니다. 상대방의 거울을 통해 자신도 몰랐던 장점과 약점을 발견하고, 장점이 있다면 서로 나누는 대화가 필요하다고 봐요.

종교다원주의와 '종교 내적 대화'의 길

백낙청 타종교끼리 대화를 시작할 때는 우선 서로 공통점이나 상대방의 좋은 점을 인정하는 데서 출발해야 대화가 가능하지 않습니까? 하지만 그건 출발점일 뿐이고 대화가 정말 깊어지려면 상대방의 약점도 지적하고 토론해야 한다고 봅니다. 가령 신에 대해 '모른다는 것을 아는 그 무지야말로 진짜 아는 것'이라고 말할 때 은연중에 신은 계신 분, 하이데거(Martin Heidegger)의 용어로 하면 존재하는 분(Seindes, 존재자)을 전제하는데, 사실 그 신은 *das Sein selbst*, 즉 '존재 자체'가 아닙니다. 하이데거는 신이 초월과 내재를 겸한 범재신이라고 말하는데, 이때 초월은 불교에서 말하는 유무 초월의 그것이 아니고, 초월적이면서도 내재적으로 존재하는 신입니다. 그래서 하이데거는 사실 서양 형이상학의 존재자 개념에선 벗어나지 못했다는 평가를 받죠. 다만 온갖 존재자들의 일반 성격을 규명하는 것이 형이상학의 존재론인데, 그 존재(존재자들, 피조물)의 근거를 제공해주는 게 신이라는 초월적이고 절대적인 존재자지요.

그러나 존재 자체가 무엇인가에 대한 물음은 망각됐습니다. 저는 불교와 그리스도교의 대화에서 누가 잘하느냐의 차원이 아니라, 하이데거나 데리다(Jacques Derrida)와 같은 소위 해체론자들이 말하는 '현전의 형이상학'(métaphysique de la présence), 즉 본질주의(essentialism)를 해체하고 부정하는 비판을 이겨낼 수 있는 공통점이 무엇인지 찾는 노력에 더 진전이 있어야 한다고 봅니다. 선의의 협력을 원하는 좋은 사람들끼리 모여 적당한 선에서 만족하는 정도에 머물러서는 개벽의 차원이나 진정한 깨침의 차원에 도달하지 못할 것 같습니다. 제가 철학을 좋아해서 그런 걸 따지자는 게 아니고요.

오강남 좋은 지적인데요. 과거엔 이웃종교와의 관계에 대한 모델을 배타주의(exclusivism), 포용주의(inclusivism), 다원주의(pluralism), 이렇게 세가지로 봤어요. 그런데 종교 대화라는 주제의 챔피언 같은 분인 폴 니터는 네가지 모형으로 나눴죠. '너의 종교'로는 안 되니 '내 종교'로 대체해야 한다는 대체모형(replacement model), 너의 종교에도 진실이 있지만 그것으로는 모자라니 내 종교로 모자람을 채우라는 충족모형(fulfillment model), 종교 간에 공통점이 있으니 그것을 강조하자는 상호모형(mutuality model), 서로 다름을 그대로 받아들이고 그로부터 배우도록 하자는 태도인 수용모형(acceptance model)으로요. 이 사람이 가장 강조하는 건 수용모형으로, 서로 다른 걸 아름다움으로 여기면서 대화하자는 주장을 합니다. 대화하면서 스스로 무언가 깨닫게 되겠죠.

신학자 존 캅(John Cobb)의 과정신학(process theology, A. N. 화이트헤드의 과정철학에서 발전한 신학)은 상당히 불교적이에요. 제가 예전에 점심을 먹으며 그와 이야기를 나눈 적이 있어요. 그는 기독교 신학이 지금 급격하게 변화하고 있다고 보더라고요. 그 변화의 내용으로 첫째가 불교와의 관계 속에서 신관이 변하고 있다는 점, 둘째가 여성 신학과 페미니즘에 의해 변하고 있다는 점을 들더라고요. 이렇게 그는 서로 다름을 논의하면서도 종교가 이슬에 옷 젖듯 스스로 변화하는 과정을 겪는다고 생각합니다.

백낙청 종교가 다름을 수용하면서 스스로 바뀌는데, 그 변화의 수준이 어디에 도달해 있는가가 중요하겠죠. 다른 종교들 중에 이미 우리가 수용모형에서 지향하는 높은 변화의 수준에 이른 경우가 있다면, 그걸 벤치마킹해서 배워야 한다는 더 구체적인 논의가 필요할 것 같아요. 빠니까르 역시 '종교 간 대화'(inter-religious dialogue)를 굉장히 강조하지 않았습니까. 그런데 그가 정말로 우리에게 필요하다고 본 것은 종교 간 대화가 아니라 '종교 내적 대화'(intra-religious dialogue)죠. 즉 내 안에서 종교 간 대화를 해서 내 종교가 변화하고, 단순히 변화만 하는 게 아니라 더 진전하며 깨달음이 높아지고 깊어지는 것을 강조한 거예요.

그런데 미국에서 불교가 변화하고 있다고 할 때, 이미 그 변화상이 소태산의 새로운 불교, 또는 새로운 종교관에 들어 있지 않은지 말씀드렸지요. 이제 신학자들은 큰 종교끼리만 대화하지 말고, 동학이나 원불교 같은 종교들이 어떤 경지를 보여주었는지도 연구해야 하지 않나 싶어요.

오강남 제가 전부터 계속 K종교로 동학과 원불교, 성덕도를 이야기했습니다. 최근에 알게 된 성덕도는 재래 종교의 독소조항을 모두 제거한 종교로, 신에게 비는 것을 미신으로 간주하며 미신 타파를 주장하고 있어요. 이런 종교가 세상에 어디 있나요? 그뿐 아니라 남녀평등을 주장하고 유불선에서 배울 건 배워야 한다고 말하는 종교다원주의적 생각을 갖고 있어요. 이런 특징을 가진 종교가 종교다원주의의 현대사회에 필요할 수도 있고, K종교로서 세계에 퍼질 가능성이 있는데 우리가 어떤 태도를 가져야 할지는 생각해봐야겠죠.

라이몬 빠니까르가 가톨릭 에스빠냐인 어머니하고 힌두교인 아버지 사이에서 태어났잖아요. 인도에 가서 힌두교인이 되었다가 불교를 알게 되면서 불교인이 되어 에스빠냐로 돌아갔죠. 그런데 그 사람

한국의 세가지 심층종교: 천도교·원불교·성덕도

　제(오강남)가 아는 여러 종교 중 특히 세계인들에게 내놓을 수 있는 종교 셋을 지적하라고 한다면, 천도교(동학), 원불교, 성덕도를 꼽을 수 있겠다는 생각이 들었습니다. 이 세 종교 모두 한국에서 자생한 민족종교들입니다. 저는 K-pop, K-drama, K-movie, K-food, K-music, K-classic 등이 세계로 뻗어나가고 있는데, 아직 K-religion 혹은 K-thought는 세계화에 미흡한 형편이라는 것을 아쉽게 생각하고 있습니다. 바라건데 이 세 종교가 세계 사람들에게 알려져 그들의 영적 삶을 더욱 풍요롭게 할 수 있는 날이 속히 왔으면 좋겠습니다.

　이 세 종교의 공통점은 첫째, 유불선과 기독교까지를 섭렵한 후에 독립적으로 생겨난 한국의 자생종교라는 것입니다. 둘째, 기독교나 불교 등 재래 종교에서 발견되는 미신적 요소랄까 독소조항이랄까 하는 것이 걸러졌습니다. 셋째, 세계 여러 종교 심층에서 발견되는 긍정적 요소들을 많이 품고 있습니다. 넷째, 구시대의 패러다임에 입각한 초자연적 존재를 찾거나 거기에 의지하려 하지 않습니다. 이 세 종교들의 핵심적 가르침을 간단히 요약하면 다음과 같습니다.

　천도교(天道敎): 가장 중요한 가르침인 내 안에 하늘을 모시고 있다고 하는 시천주(侍天主), 내 안의 그 하늘이 바로 나라고 하는 인내천(人乃天), 나만 그런 것이 아니라 내 이웃도 마찬가지이므로 이웃 섬기기를 하늘을 섬기듯 하라는 사인여천(事人如天)은 심층종교의 진수를 요약한 것이라 볼 수 있습니다. 더욱이 오늘같이 환경파괴와 기후위기의 시대에 경천(敬天), 경인(敬人), 경물(敬物)의 삼경(三敬)이라 하여 하늘과 사람뿐 아니라 물질세계도 공경해야 한다는 거시적 통찰은 놀랍기 그지없습니다. 이 사상은 어느 면에서 '생명경외'를 강조한 슈바이처 박사의 생각보다 한발 더 나아간 사상이라 볼 수도 있을 것입니다.

원불교(圓佛教): "만유가 한 체성이요, 만법이 한 근원"이라는 깨달음을 근본으로 시작된 원불교는 법신불 일원상(○)을 신앙의 대상으로 삼고 있습니다. "물질이 개벽되니 정신을 개벽하자"라고 하여 새 시대에 새로운 정신자세가 필요함을 강조하고 있습니다. 특히 깨달음을 강조하는데, "다른 종교들과 달리 원불교는 교주의 탄생일이 아닌 깨달은 날을 경축한다. 인간은 그가 남자이거나 여자이거나 많이 배웠거나 덜 배웠거나 장애인이나 비장애인이나 할 것 없이 모두가 깨달을 수 있다"(원불교 나상호 교정원장).

'곳곳이 부처님이시니 일마다 불공하세. 언제나 마음공부 어디나 선방(處處佛像 事事佛供 無時禪 無處禪)'이라는 가르침이나 하느님이나 불보살의 은혜가 아니라, 천지, 부모, 동포, 법률의 은혜를 강조하는 사은(四恩)의 가르침, 수양과 연구와 취사의 삼학(三學)을 강조하는 것 등은 생활 종교의 전형적 가르침이라 할 수 있을 것입니다.

성덕도(聖德道): 1952년에 생긴 성덕도의 경전인 『자성반성 성덕명심도덕경』에 보면 놀라운 가르침들이 있습니다. 신이 아니라 사람이 천지지간 만물의 영장이니 사람이 우주만상물을 지배하고 조정할 수 있으니 초월적인 존재에 명복과 소원성취를 비는 것은 사리사욕에 이끌리는 것으로 미신이니 그런 미신은 타파해야 한다고 합니다. 천당 극락 지옥은 어디 있는가. 각자 마음 속에 있기에 심전(心田)을 청정정심하면 그것이 곧 천당 극락이라 합니다. 세상 사람들이 남자는 하늘, 여자는 땅이라 하지만 천은(天恩)과 지혜(地惠)가 일반이니 남녀는 평등하다고 합니다. 성덕도는 유불선 삼교 교합법이라 이웃종교의 가르침 중 중요한 요소를 취합했다고 합니다. 기복사상 배격, 천당 극락 지옥은 내 마음속에 있으

은 자기가 힌두교인이 될 때 천주교를 버리지 않았고, 불교인이 될
때 힌두교와 천주교를 버리지 않았다고 해요. 그러니까 종교에 적
(籍)을 세개나 둔 거죠. 이런 사람들이 많아요. 두개의 종교를 갖고 있
는 사람도 많고요. 저도 제가 어떤 종교를 갖고 있는지 잘 모르겠어
요.

백낙청　그걸 개종(改宗)이라고 안하고 가종(加宗)이라고 하죠?

오강남　네, 종교철학자 황필호(黃弼昊) 선생은 가종이라고 하셨죠.

예수의 부활은 사실인가, 상징인가

백낙청　오교수님의 종교 이해에서 표층종교와 심층종교의 구별이 아
주 핵심적인데, 이에 대해선 이미 많은 말씀을 해주셨어요. 그럼에도
꼭 필요하다고 생각하는 부분이 있다면 부연해주세요. 저는 종교인
개인의 의식에 따라 심층과 표층의 두께가 달라질 수 있지만, 종교마
다 차이도 있지 않나 싶은데요.

오강남　종교마다 표층종교거나 심층종교인 게 아니라 모든 종교에 표
층과 심층이 함께 있죠. 그 두께가 달라서 어떤 종교는 표층이 두껍

고, 어떤 종교는 심층이 더 두꺼울 수 있습니다. 중요한 것은 표층에서 시작해서 심층부로 심화해야 한다는 거죠.

백낙청 제가 이런 말을 하면 정통 기독교인들은 싫어하겠지만 그리스도교가 전반적으로 표층이 굉장히 두꺼운 종교 같아요.

오강남 그렇죠. 특히 한국 기독교의 경우가 그렇지요.

백낙청 「사도신경」은 4세기쯤에 만들어졌지만 예수님이 본디오 빌라도에게 고난을 받으사 십자가에서 죽으신 것 외에는 황당한 이야기의 종합세트 같아요. 예수님이 죽은 후 부활할 뿐 아니라 하늘로 오르고 나중에 재림한다는 얘기까지 그렇죠. 물론 불교에도 온갖 신화가 많이 퇴적되어 있습니다. 하지만 그 근본 교리인 『아함경(阿含經)』이나 『법구경(法句經)』을 보면 표층에 해당하는 이야기가 거의 없는 것 같아요. 깨달음과 수행에 대한 얘기 위주고요. 그리고 이슬람만 해도 그리스도교처럼 그리스도교의 예수님을 포함해 아브라함과 모세 등을 다 선지자로 인정하고 무함마드를 신으로 여기지 않습니다. 유일신교이고 무함마드가 마지막 예언자고 그후엔 없다고 못 박은 점에서 배타적이랄 수 있지만요. 이런 점을 본다면 기독교는 이슬람보다도 표층이 더 두터운 것 같아요.

오강남 그렇게 볼 수도 있는데, 이슬람 역시 예수의 부활을 문자 그대로 믿는다는 점에서 표층적일 수밖에 없다고 봅니다.

백낙청 그건 일종의 관용적인 태도라고 볼 수도 있죠. 문자 그대로 그렇다고 그리스도교에서 고집하니까 그런가보다 생각해주는 거죠. 중요한 건 하나님께서 무함마드한테 직접 가브리엘 천사를 보내어 꾸란의 내용을 전해주셨다는 것이며, 그 이후에 또 새로운 예언자가 나타났다고 하면 가짜라는 겁니다. 물론 여기에도 배타적인 면은 있지만 황당한 얘기라고 하긴 어렵거든요.

오강남 그런데 문자주의자를 근본주의자라고 한다면, 근본주의가 가장 두터운 게 이슬람인 것 같아요. 그러니 이슬람 근본주의자와 기독교 문자주의자가 서로 충돌하는 거죠. 이슬람과 기독교의 충돌은 그 종교들 자체의 충돌이 아니라 이슬람의 근본주의자들과 기독교의 근본주의자들이 서로 부딪치는 겁니다. 각 종교의 심층에 들어가면 서로 충돌할 이유가 없어요.

제가 미국의 신학자 하비 콕스(Harvey Cox)의 일화를 자주 예로 듭니다. 그가 일본에 방문했을 때 한 호텔에서 일본 선불교인들과 거슬릴 것 없이 의기투합하며 이야기를 나눴다고 합니다. 그러다 자기 방으로 돌아와 TV를 켜니 미국의 전도사가 출연해 기독교 이야길 하고 있었다고 해요. 문제는 TV에 나오던 그 전도사와 자신의 이야기가 같은 기독교인이어도 너무 달랐다는 거예요. 심지어 앞서 만난 선불교인들보다도 더 먼 거리감을 느꼈다고 합니다. 같은 종교 내의 표층과 심층의 차이가 다른 종교와의 차이보다 더 클 수 있음을 보여주는 일화죠. 심층으로 들어가면 서로 다른 종교여도 이해가 되는데, 정작 자기 종교의 표층과 심층 사이에선 부딪히는 겁니다.

백낙청 같은 표층에 속하는 기독교의 메시지 중에서도 그것들 사이의 비중, 역사적 의미, 신빙성의 차이도 있지 않나 싶은데요. 대표적으로 예수의 동정녀 잉태라는 얘기는 천주교에서는 대단히 중시하지만 사실 「마가복음」에는 전혀 언급되지 않죠.

오강남 「마가복음」보다 작성 연대가 더 빠른 바울의 서신들에도 그 이야기는 전혀 언급되지 않았어요.

백낙청 「사도행전」을 보더라도 사도들이 동정녀 잉태 이야기를 전파하고 다니지는 않잖아요.

오강남 그렇죠. 동정녀 잉태가 그렇게 중요했다면 바울의 편지 곳곳에 그 이야기를 다 했을 겁니다.

백낙청 반면 십자가의 죽음과 부활이라는 이야기는 「사도신경」을 통해 적극적으로 전파되기도 했지만 그 사건의 소식 또는 기별(奇別), 즉 케리그마(kerygma)는 동정녀 잉태의 메시지보다 더 큰 비중을 차지하는 경우가 아닌가 싶어요. 부활에 대해서 이야기할 때 첫째, 부활했는지 여부는 지금 아무도 확실히 알 수 없잖아요. 현대의 과학적 지식으로는 죽은 사람이 되살아나는 것은 불가능하다고 상정하고 있고요. 뭐, 예수님이 완전히 죽지 않았거나 다른 방식으로 돌아오실 수도 있고요. 또 예수님은 생전에 죽은 사람 몇을 되살렸다고 전해지는데, 하나님 아버지께서 자기 독생자를 되살리는 것쯤은 별일이 아닐 수도 있습니다. 그건 모르는 일이죠.

바울은 예수님을 친견한 제자는 아니지만 다메섹 가는 길에 비전(vision)을 보고 나서 그의 부활에 대한 철석같은 믿음을 갖게 됐고, 그 믿음을 전파하는 데 평생을 바쳤습니다. 그런데 바울뿐 아니라 「사도행전」을 보면 사도들이 모두 그 점에 대해서 완전히 믿고 그 사실을 전파하는 일을 자신들의 주된 사명으로 삼고 있어요. 제가 보기에 중요한 것은 그 사람들이 그렇게 믿었을 뿐 아니라 당시 대중이, 그리고 그후로도 여러 세대에 걸쳐 많은 대중이 그 기별에 열렬히 호응하지 않았다면 오늘의 그리스도교는 존재하지 않았을 거란 사실입니다. 그리스도교라는 역사적인 대사건이 기별이 있었기에 가능했다는 것만은 역사적으로 분명한 사실 같아요. 이 기별의 중요성을 어떻게 평가해야 될까요?

오강남 십자가의 역사적 가능성은 있을 수 있지만 육체적 부활은 꼭 현대과학 때문이 아니라 역사적으로도 타당한 사례가 없잖아요. 기독교는 불교에서 부처님이 부활했냐고 하면서 예수님의 부활을 자

캐나다 연합교회 – 열린 교회의 예

〔…〕캐나다 연합교회는 1925년 3분의 2는 장로교, 거기에 감리교와 회중교회가 연합하고, 1968년에는 복음주의 연합형제교회(Evangelical United Brethren Church)가 가입해서 형성된 캐나다 최대의 개신교 교단입니다. 한국인 이상철 목사님도 1988년 32차 총회에서 2년 임기의 총회장에 선출된 일이 있습니다.

캐나다 연합교회는 성경이 하나님의 영감을 받은 사람들이 쓴 것이지만 노예제도를 허용한 것 등 현 생활과 맞지 않는 것을 그대로 다 받아들일 수 없다는 입장입니다. 성경 문자주의를 배격하고, '역사 비판적' 입장을 취합니다.

캐나다 연합교회는 하느님께로 가는 길이 여럿이라고 믿습니다. 연합교회가 모든 길을 다 안다고 할 수 없으므로 자기들만 진리를 독점하고 있다는 생각을 버리고 이웃종교를 통해서도 하느님의 성령이 역사하신다는 것을 믿습니다. 종교다원주의를 주장하고 오래전에 일년간을 교인들에게 종교다원주의 홍보 기간으로 정하기도 했습니다.

이 교단은 여성들이 유산할 수 있는 권리를 인정합니다. 그러나 유산하지 않을 수도 있음을 알리기 위한 피임 방법, 성교육, 상담 등도 동시에 지원합니다.

1950년대 보편적 건강보험(universal health care)을 도입하고 중공 승인을 촉구하는 성명을 발표했습니다. 1980년에는 동성애자의 성직을 인정하고 혼전 성관계 허용을 제안했습니다. 〔…〕

최근 제가 존경하던 한인 연합교회 장로님이 세상을 떠났습니다. 그 장례식에서 손자 여섯명이 나와서 영국 비틀스 멤버였던 존 레넌의 「이매진」을 합창했습니다. 할아버지가 돌아가시기 전에 부탁하여 부른다고 했습니다. 놀랍게도 그 노래에 보면, "천국이 없다고 상상해봐요. 해보면 쉬운 일이죠. 우리 아래에는 지옥도 없고 우리 위에는 오로지 하늘이 있을 뿐…… 뭘 위해 죽일 일도, 죽을 일도 없고, 종교도 없고, 모든 사람들이 다 평화스럽게 살아가는 삶을 상상해봐요" 하는 노랫말이 나옵니다.

연합교회 장로님이 손자들에게 이런 노래를 부탁했다고 하는 것은 연합교회의 성격 일부를 말해주는 것이라 할 수 있을 것입니다.

—오강남 『오강남의 생각』, 현암사 2022, 74~78면

랑으로 여기는데 그건 자랑할 거리가 못 되는 것 같아요. 앞서 말씀하셨듯이 지중해 연안의 신들이 다 부활을 해요. 예수님도 그중의 한분일 뿐 특별히 부활이 예수님만의 문제는 아닌 것 같아요.

개방적인 개신교 단체인 캐나다 연합교회(United Church of Canada) 목사 빌 핍스(Bill Phipps)도 예수님의 부활이 우리 마음속에 살아 있는 게 중요하다고 했습니다. 이 교회에는 동성애자 목사도 있고 신을 부정하는 무신론자 목사도 있습니다. 이 교회에서는 「사도신경」을 안 외우는 대신 자신들이 만든 신조를 매 예배마다 외웁니다. 마지막에는 "우리는 하나님과 하나다"라는 문구로 마무리하죠. 어떤 사람들은 「사도신경」을 그냥 외워도 좋다고 하면서도 그 표현을 문자적으로 따질 필요없이 노래 부르듯 시적으로 받아들여도 된다고 하기도 하죠.

백낙청 염불처럼 말이죠.

오강남 네, 맞습니다. 아까 말한 하비 콕스가 그러한데, 그는 예수님의 족보가 「마태복음」과 「누가복음」에 나오지만 그 내용이 완전히 다르게 나온다는 점을 지적합니다. 그러니 노래 부르듯 즐기면 되지, 일

일이 그 사실 여부를 따질 필요가 없다는 얘기까지 하죠. 부활이든 뭐든 성경에 나오는 것은 그 상징성이 중요하다고 저는 생각해요. 제가 많이 든 예로 "내 마음은 호수요 그대 노 저어 오오"(김동명 「내 마음은」)라는 시구가 있습니다. 내 마음에 정말 물이 있는 것도 아니고, 그대가 노 저어 올 수도 없잖아요. 하지만 그게 얼마나 아름다운 거예요.

예수님이 동정녀에게서 태어났다, 십자가에서 돌아가셨다, 부활했다, 승천했다는 건 예수님의 위대하심, 우리가 그의 가르침을 따르는 데 도움이 될 상징으로 받아들이면 충분합니다. 그러나 그걸 문자적으로 받아들이고 고집하며 다른 종교와 비교하면서 자기들이 오로지 참된 종교임을 주장한다면 저는 아주 표층적이고 아직 덜된 종교 심성이라 생각합니다.

그리스도교가 현대의 심층종교로 거듭나려면

백낙청 사실 예수의 부활 소식 중에서 제가 제일 황당하게 느끼는 것은 부활보다도 승천이에요. 예수님이 어디로 가셨다는 거예요? 하늘로 쭉 올라가셨다면 산소결핍증으로 다시 돌아가셨을 수도 있고.(웃음) 아까 말한 남태평양의 프럼이라는 사람은 최소한 비행기라도 타고 떠났잖아요? 예수님 승천은 저로서는 납득하기 어려운 대목입니다. 그런데 아까도 얘기했듯이 십자가에서 돌아가셨다가 사흘 만에 되살아나셨다는 얘기는 바울뿐 아니라 모든 사도가 믿었고, 당시에도 후대에도 열렬히 호응하는 사람들이 많았기에 그리스도교가 가능해진 것인데, 이것을 어떻게 해석해야 할지 제게는 아직도 숙제로 남아 있습니다.

그런데 바울이 「갈라디아서」 2장 20절에서 "내가 그리스도와 함께 십자가에 못 박혔나니 그런즉 이제는 내가 사는 것이 아니요 오직 내 안에 그리스도께서 사시는 것이라"라고 말했죠. "내가 그리스도와 함께 못 박혔"다는 건 상징적인 해석이라 볼 수 있지만 바울이 그리스도의 죽음과 부활을 말할 때는 그걸 상징적으로 해석한 게 아니거든요.

오강남 저는 그걸 상징적이라고 보고 싶은데요.

백낙청 『예수는 없다』309면에서 오교수님은 그렇게 보고 계시죠. 하지만 바울이 예수님의 비전을 보고 나서 '아, 내가 좀 이상한 환영을 봤나?' 하고 툭툭 털고 일어났으면 그 사람이 진짜 이상한 사람이죠. 정상적인 인간이 아니죠. 바울은 그날 이후론 추호의 의심도 없이 그 얘기를 계속 전파해서 세상을 바꿔놓은 거 아닙니까?

오강남 그렇죠. 그런데 바울이 예수의 육체적인 부활을 믿었느냐는 게 문제인 것 같아요. 바울은 육체적인 부활을 믿을 수가 없었던 게 아닌가 싶기도 하거든요. 왜냐하면 바울은 예수의 생활 자체를 한번도 언급한 적이 없어요. 예수님과 함께 침례(浸禮)받는 게 옛날 사람이 죽고 우리가 새로운 사람으로 부활하자는 영적인 의미지, 육체적으로 죽고 육체적으로 부활하자는 것이 바울이 얘기한 바는 아니라고 생각합니다.

백낙청 신학자나 종교학자 앞에서 제가 뭐라고 할 말은 아닙니다마는 「고린도전서」 15장에 유명한 구절이 있지 않습니까? "그리스도께서 죽은 자 가운데서 다시 살아나셨다 전파되었거늘 너희 중에서 어떤 이들은 어찌하여 죽은 자 가운데서 부활이 없다 하느냐. (…) 그리스도께서 만일 다시 살지 못하셨으면 우리의 전파하는 것도 헛것이요 또 너희 믿음도 헛것이며."(15:12~14) 이렇게 얘기를 하는데요. 이 대목은 예수께서 부활하셨다는 것을 확신하는 확신범의 발언이지 어떤 비유적인 해석이 들어가 있는 것 같지는 않아요. 우리 입장에서 바울이 말한 그대로 받아들일 게 아니고 비유적으로, 상징적으로 해석하자 이렇게 말할 수는 있습니다. 하지만 바울까지 그랬다고 한다면 바울 본인이 별로 안 좋아할 것 같은데요.

오강남 「고린도전서」15장 31절에선 바울이 이렇게 말하죠. "형제들아 내가 그리스도 예수 우리 주 안에서 가진 바 너희에게 대한 나의 자랑을 두고 단언하노니 나는 날마다 죽노라." 여기선 육체적인 죽음을 말하는 게 아니에요. 우리가 어떻게 육체적으로 매일 죽을 수 있어요?

백낙청 그 말은 우리를 향하여 상징적인 뜻으로 죽고 되살라는 얘기죠. 그런데 예수님이 십자가에 매달려서 죽으셨다가 되살아났고 그 되살아난 예수님의 모습을 계시를 통해 봤다, 이건 바울에겐 그의 인생을 결정짓는 핵심적인 믿음이 아니었을까요?

오강남 중요한 경험이죠. 하지만 그것을 봤다고 해서 진짜 육체적으로 부활한 예수를 봤다고 볼 순 없고 종교적 체험이었겠죠.

백낙청 그러니까 그건 우리가 하는 얘기고요. 바울이 '내가 예수님의 모습을 봤다고 해서 그분이 꼭 육체적으로 부활하셨겠냐' 이렇게 얘기를 했다면 오히려 저는 바울이 이상한 사람이라고 봐요. 우리가 선현들의 믿음을 정리하면서 굳이 근대인의 상식에 맞추려기보다 그 시대 상황에서 어떤 믿음이 더 합리적이었겠는가를 살펴보는 것도 중요하지 싶어요.

과학주의적 합리주의를 경계하며

백낙청 표층과 심층의 구분 자체에 자칫하면 우리가 근대인의 과학적인 합리주의랄까, 도리어 지나친 상식에 매몰될 위험이 있습니다. 철수라는 어린이가 자라면서 배타적인 생각을 점점 덜하게 되는 비유도 많이 하시는데, 일종의 발전사관이 은연중에 나타나거든요. 인지가 점점 더 개발돼왔다고 하니까요. 한편으로는 인지가 엄청 발달하고 특히 과학의 시대에 들어오면서 우리의 알음알이, 지식이 획기적으로 늘어난 건 사실입니다. 이걸 원불교식으로 표현하면 물질개벽의 시대라고 할 수 있죠.

하이데거는 이를 근대기술이 지배하는 기술시대라고 봅니다. 인간의 정신이 과학이나 기술의 주인 노릇을 못하고 오히려 그 노예가 되어서 생각 자체가 납작해지는 것이 물질개벽이나 기술시대의 특징이죠. 하이데거는 그런 기술시대의 언어를 게슈텔(Ge-stell, 늘어세움)의 언어라고 표현을 해요. 그 얘기는 하자면 복잡해지니까 일단 생략하겠습니다만(자세한 논의는 이 책의 262~65면 참고), 인간 정신의 노예화가 소위 인지의 발달과 동시에 진행되고 있다는 시대 인식과 위기의식이 부족한 것이 아닐까 하는 생각이 듭니다.

오강남 좋은 말씀 해주셨습니다. 점진적 계시(progressive revelation)라는 개념이 있습니다. 당시 사람들은 최대로 자신들이 받아들일 수 있는 것까지 받아들이고, 다음 단계로 넘어오면 더 확실하게 받아들이고, 이를 반복하는 방식입니다. 파울 틸리히는 기독교가 가지고 있는 상징체계를 그 시대에 유익이 되는 방향으로 재해석해주는 것이 신학이라고 말했습니다. 오늘 우리가 가지고 있는 한도 내에서는 그것이 가장 훌륭한 해석 방법이라고 얘기하면서요.

또 과학적 합리주의라고 할 때, 저는 과학에 두가지가 있다고 생각합니다. 하나는 과학주의(scientism)로, 과학적인 게 아니면 다 틀렸다는 교조적인 태도예요. 한편 과학적 방법(scientific method)은 결론 도출까지의 과정을 열어놓는 거예요. 지금 우리가 가지고 있는 지식 한도 내에서는 이렇게 볼 수밖에 없으며, 앞으로 더 많은 지식이 쌓이면 새로운 결론을 얻을 수도 있다는 것이죠. 심층과 표층을 나눈 것도 지금 우리가 아는 한도 내에서 어떤 믿음은 덜 성숙하고 다른 부분은 더 성숙하다고 보는 것이지요. 이런 구별도 잠정적으로 나누어 보는 것이지 절대적으로 확정되었다고 여기는 것은 아니라고 봅니다.

백낙청 그런데 과학적 방법을 적용한다면 동정녀 잉태설 같은 경우는 마리아를 두고 다시 실험을 할 수는 없지만 일상적으로 확인할 수 있는 것 아닙니까? 정자 없이 임신되는 일은 없다는 거죠. 하지만 사람이 죽었다가 살아나는 사건은, 특히 과거의 어느 시점에서 그런 사건이 있었는지 없었는지는 과학적으로 말하면 모르는 영역입니다. 즉 그것이 아니라는 과학적인 답변이 존재하지 않는단 말이에요.

오강남 그렇죠. 아니라는 답을 내리기보단 모르는 영역이라 할 수 있겠죠.

백낙청 아니라고 말하면 그건 과학주의에 빠지는 거죠.

예수의 세가지 선물과 '시천주'

백낙청 과학주의를 경계하며 생각해보면 저는 예수께서 우리에게 주고 가신 선물이 몇가지 있다고 봅니다. 하나는 그분의 말씀입니다.

산상수훈을 포함해서 참 귀한 가르침들이죠. 이를 윤리적 계명을 새로 주셨다고 생각하면 안 되는데, 어떤 건 계명이라면 말이 안되잖아요. 원수를 사랑하라느니, 뺨 한쪽을 맞으면 저쪽도 내주라느니, 그런 건 어떤 윤리적 명령이 아니고 오교수님이 강조하듯이 깨치고 살라는 말씀 같아요. 깨치고 살아서 원수도, 좋은 사람도, 나쁜 사람도 다 뛰어넘어서 볼 줄 알아야 한다는 의미의 사랑이지, 깨치지 않은 단계에서 다 사랑한다는 것은 불가능한 일이고, 역효과도 만만치 않다고 봅니다. 깨달음 위주로 예수님 기록을 남긴 것이 「도마복음」아닙니까?

예수님의 십자가 사건이라든가 부활이라는 기별도 예수님이 주고 가신 큰 선물이라고 봐요. 그 선물을 받아서 서양의 기독교 문명이 개척됐고 세계에 퍼지면서, 물론 악행도 있었습니다만, 좋은 역할을 많이 했지요. 위대한 예술도 낳았고요. 천주교라면 또 하나의 선물이 가톨릭교회를 만들고 남겨주신 거라고 하겠지만, 이건 가톨릭 입장에 한정된 주장입니다.

저는 또 하나의 큰 선물이 성령(聖靈)이라고 생각해요. 당신께서도 말씀하셨잖아요. '내가 떠나는 대신에 성령이 올 테니까, 내가 없는 동안에 너희들이 성령을 받아서 성령이 시키는 대로 하고 살아라' 하는 그 말씀요. 그리고 예수님 스스로가 성령이 더 중요한 것처럼 말씀하시는 대목도 있지 않습니까? 「누가복음」에도 있고 「마태복음」에도 있는데, 인자(人子), 즉 예수에게 잘못하는 것은 용서받을 수 있어도 성령에 죄를 지으면 그건 용서받지 못한다는 겁니다. 이 말은 사실 불교 같은 데서 자성(自性)을 해치고 어긋나는 일은 어떻게 해볼 도리가 없다는 말과도 통합니다.

아까 D. H. 로런스 얘기를 하셨는데요. 그는 야훼의 시대, 히브리

성령에 대한 기록들

1. 성령에 대하여

내가 아버지께 구하겠으니 그가 또다른 보혜사를 너희에게 주사 영원토록 너희와 함께 있게 하리니, 저는 진리의 영이라. 세상은 능히 저를 받지 못하나니 이는 저를 보지도 못하고 알지도 못함이라. 그러나 너희는 저를 아나니 저는 너희와 함께 거하심이요, 또 너희 속에 계시겠음이라.

— 「요한복음」 14:16~17

그러하나 진리의 성령이 오시면 그가 너희를 모든 진리 가운데로 인도하시리니, 그가 자의로 말하지 않고 오직 듣는 것을 말하시며 장래 일을 너희에게 알리시리라.

— 「요한복음」 16:13

2. 성령의 중요성

누구든지 말로 인자를 거역하면 사하심을 받으려니와 성령을 모독하는 자는 사하심을 받지 못하리라.

— 「누가복음」 12:10

그러므로 내가 너희에게 이르노니 사람의 모든 죄와 훼방은 사하심을 얻되 성령을 훼방하는 것은 사하심을 얻지 못하겠고. 또 누구든지 말로 인자를 거역하면 사하심을 얻되 누구든지 말로 성령을 거역하면 이 세상과 오는 세상에도 사하심을 얻지 못하리라.

— 「마태복음」 12:31~32

유일신의 시대를 성부(聖父)의 시대라고 합니다. 그다음에 예수님이 오셔서 새로운 시대를 열었는데 그건 성자(聖子)의 시대입니다. 그리고 앞으로는 이 둘을 종합하는 성령의 시대가 있다고 보죠. 로런스는 그 나름으로 자기 역사와 자기 시대를 분석해서 지금이 성령의 시대라고 하는데, 성령, 즉 홀리 스피릿(Holy Spirit)이라는 표현을 쓰지 않고 홀리 고스트(Holy Ghost), 성신(聖神)의 시대라고 해요. 성령이 아니고 성신이 맞는 이유는, 이것이 무엇인지 딱 집어 말할 수 없으니 고스트라고 해야 한다는 거죠.

오강남 옛날에는 기독교에서 다 성신이라고 했어요. 성부·성자·성신의 이름으로…….

백낙청 그렇죠. 로런스는 홀리 스피릿을 예수 시대의 정신주의와 관련지어 일종의 잔재라고 보고, 그래서 그걸 기피하고 고스트라는 말을 선호했던 것 같아요. 성자의 시대에 예수의 말씀과 행적, 기별이 이룩해놓은 성과는 일단 인정하되, 지금은 그 약발이 거의 다 되었고 새로운 걸 찾아나가야 한다는 거죠. 그러려면 예수님의 말씀도 새롭게 해석해야 되고 그 기별에 대해서는 집착을 버리고 모두의 마음속에 감동을 줄 수 있는 성신을 중심으로 패러다임을 바꿔야 하지 않나 생각해봅니다.

오강남 패러다임이 변화한 결과가 K종교가 되겠네요. 아주 좋은 말씀입니다.

백낙청 그렇죠. 하나님을 각자가 자신의 마음속에 모시고 있다는 게 시천주(侍天主)의 개념이죠. 기독교식으로 말하면 성령이나 성신 이야기고요.

오강남 천도교에는 시천주, 인내천, 사인여천 같은 포괄적인 가르침과 주문, 의식, 예식도 있죠. 이렇게 간결하면서도 포괄적인 천도교의 가르침을 보면 저도 영향을 많이 받은 것 같아요. 제 고향이 안동인데, 과거에 제 아버님이 쓰시던 '억조창생(億兆蒼生)' 같은 표현도 알고 보니 천도교 용어더라고요. 당시 경상도 지역에 천도교가 많이 퍼졌습니다.

한신대에 계셨던 김상일(金相日) 교수님은 천도교가 21세기의 대체 종교로서 가장 적당하다고 했습니다. 같은 학교 김경재(金景梓) 교수님은 기독교인이면서도 한국사람에게는 천도교가 가장 적절하다고 했지요. 저도 『세계종교 둘러보기』(초판 현암사 2003, 개정판 2013)라는 책에서 김상일, 김경재 교수님의 말을 인용하고 찬동한다는 얘길 했습니다. 종합적으로 보면 천도교와 원불교 같은 종교가 새로운 시대의 종교로 자리 잡을 가능성이 있다고 생각해요.

'세상을 바꾸는 영성'의 필요성

백낙청 한편으로 김경재 목사님은 예수님의 죽음과 부활이라는 케리그마에 대해서는 여전히 포기 안 하시거든요. 그게 기독교로 하여금 기독교일 수 있게 해주는 핵심이라는 거죠. 자기가 모태신앙이 아니고 뒤늦게 기독교를 받아들여 오늘까지 살아온 것이라 포기하기 어렵다는 말씀도 하시지 않았어요?

오강남 그것까진 기억을 못 하겠어요. 다만 그런 분은 그렇게 믿는 것이 좋다고 봐요. 신앙에 갈등이 없어야 되는데 어떤 사람은 일부러 안 믿어지는 걸 억지로라도 믿어야 된다고 하잖아요. 그럴 때 그런 걸 놔버리면 된다고 하는 거예요. 제 어머님이 부활을 믿고 나중에 천국에 가서 만나자는 말씀을 하시는데, 저는 그걸 반박하는 일이 전혀 없어요. 그렇게 믿고 행복하게 사시다가 돌아가시면 그걸로 된 거죠. 그런데 젊은이들이 안 믿어지는 걸 억지로 믿으려고 막 해석을 갖다 붙이는 경우가 있죠. 그럴 필요가 없다는 거예요. 얼마든지 다양한 해석이 있으니까 다른 해석을 받아들여도 좋다 이런 얘기죠.

백낙청 요즘 젊은이들은 종교를 믿지 않으면서도 일종의 영성을 추구한다는 걸 자랑 삼잖아요. 그 표어가 뭐더라.

오강남 *No Religion But Spirituality*(NRBS, 종교가 아니라 영성을 추구한다).

백낙청 네, 그런 표어를 티셔츠에 써붙이기도 한다고 하더라고요. 그것에 대해선 저는 약간 착잡한 심경을 갖고 있습니다. 젊은이들이 기성종교, 표층적인 신앙을 강요하는 종교들을 배척하면서도 요즘 세상의 풍조인 영성에 대한 무시에는 동의하지 않고 오히려 그걸 추구하는 건 아주 가상하다고 보는데요. 저의 주요 키워드는 영성보다도 개벽이기 때문에, 개벽은 개인적인 영성도 중요하지만 동시에 세상을 바꾸는, 개벽세상을 만들 수 있는 깨달음을 중시해요. 그런데 그런 개념 없이 개인적인 영성만 강조하는 경향은 자칫 *holier than thou* 즉 '너보다 내가 더 거룩하다'는 식의 우월감을 불러일으킬 수 있어 위험한 것 같아요.

오강남 영적 교만이죠.

백낙청 요즘엔 *more spiritual than thou*라고나 할까요. 마치 '너희보다 내가 더 영적이야'라는 식으로 과시하는 경향도 보이는 것 같아서 양가적인 감정을 느끼게 됩니다.

오강남 아주 좋은 지적이라고 생각합니다. 그럴 경우엔 그 사람들을 '세상을 바꾸는 영성'으로 지도해주고 그렇게 인도할 가르침이 필요하겠죠.

백낙청 그런 영성을 처음부터 강조한 게 동학·천도교·원불교고요.

오강남 어떤 사람들은 개인이 바뀌면 결국 세상이 다 바뀐다고 얘기하기도 합니다.

백낙청 개인이 바뀔 때까지 기다릴 수밖에 없다고 변화의 선후관계를 두는 건 좀 속임수 같아요. 유교에서도 수신제가치국평천하를 말한다고 해서 순차적으로 수신이 다 끝나야 제가를 하고 제가가 다 끝나야 치국하고 치국을 다한 다음에 평천하한다는 게 아니잖아요. 물론 수신이 기본이지만 어느 수준에 가면 평천하하려는 노력을 하는 것 자체가 수신의 일부가 되는 거니까요. 저는 개인이 바뀌는 게 먼저라는 관점에는 동조하지 않습니다.

교수님이 지향하시는 심층적 그리스도교는 특정 교리에 대한 믿음보다 깨침 내지 메타노이아가 핵심입니다. 공관복음(共觀福音, 사복음서 중에서 「요한복음」을 제외하고 관점이 유사한 나머지 복음서들을 일컫는 말)도 사실은 「도마복음」과 상통한다고 해석하셨죠?

오강남 「도마복음」의 절반 정도는 공관복음과 일치해요. 나머지 절반 정도가 「도마복음」에만 있고요. 둘의 가장 중요한 차이는 「도마복음」엔 믿으라는 말이 한번도 없다는 겁니다. 전부 깨치라고 할 뿐이죠.

백낙청 공관복음뿐 아니라 「요한복음」의 거듭나라는 말씀이 깨닫고 새로운 삶을 시작하라는 「도마복음」의 메시지와 통하는 말 같아요.

오강남 그렇죠. 통하는 말인데 「요한복음」에는 도마를 폄훼하는 내용이 몇번 나와요. '의심하는 도마'라고 해서 그처럼 해서는 안 된다고 하죠.

백낙청 『종교공부』 제4장에서 기독교 신학자들을 모시고 그런 얘기를 일부 했는데요, 「도마복음」 또는 이와 상통하는 복음서들에 수운이나 소태산의 관점을 적용해본다면 어떤 장단점을 말할 수 있을까요?

오강남 예수님의 기본 미션에서는 우리 죄를 대신해서 십자가에 못

박히는 게 아니고 세상을 바꾸는 것이 가장 중요했죠. 슈바이처는 예수님이 세상을 바꾸려고 했는데 그게 안되니까 자기 생명을 희생했다, 그게 예수님의 실수라고 하죠. 그런데 그 실수가 지극한 인류에 대한 사랑에서 비롯되었기 때문에 슈바이처는 예수를 그대로 따른다고 했어요.

지금 우리 기독교가 유효기간이 지나서 새로운 약을 처방받아야 한다면 죄를 사하는 예수 대신 세상을 바꾸려 했던 예수로 돌아가야 한다고 생각해요. 마커스 보그(Marcus J. Borg) 같은 미국 신학자는 전통적 기독교를 '재래식 종교'(conventional religion)로 보고, 완전히 다른 패러다임을 제시합니다. 과거의 삼층우주론을 바탕으로 한 천당-지옥 개념의 기독교는 현대에 맞지 않고, 지금은 '새롭게 등장하는 기독교'(newly emerging Christianity)가 필요하다는 거죠. 여기서 핵심은 트랜스포메이션입니다. 개인의 변화, 사회의 변화, 궁극적으로 세상의 변화가 가장 중요한 목표가 되죠. 그러면서 죄 사함을 주는 기독교가 아닌 트랜스포메이션을 강조하는 기독교로 메타모르포시스(metamorphosis), 그러니까 탈바꿈해야 한다는 겁니다. 그러면 수운 선생이나 소태산 선생이 말하는 개벽과 상당히 가까운 기독교가 될 수 있겠지요.

세상을 바꾸려 했던 싸움꾼 예수와 개벽종교

백낙청 동학이나 원불교 얘기는 잠시 접어두고 역사상의 다른 종교들과 기독교를 비교해보면 세상을 바꾸기 위해 싸우는 종교라는 점이 상당히 특이한 것 같아요. 지금은 기독교가 배타적인 태도로 자기들

싸움꾼 예수, 성전을 깨끗하게 하다

유대인의 유월절이 가까운지라 예수께서 예루살렘으로 올라가셨더니. 성전 안에서 소와 양과 비둘기 파는 사람들과 돈 바꾸는 사람들이 앉은 것을 보시고, 노끈으로 채찍을 만드사 양이나 소를 다 성전에서 내어쫓으시고 돈 바꾸는 사람들의 돈을 쏟으시며 상을 엎으시고, 비둘기 파는 사람들에게 이르시되 이것을 여기서 가져가라, 내 아버지의 집으로 장사하는 집을 만들지 말라 하시니. 제자들이 성경 말씀에 주의 전을 사모하는 열심이 나를 삼키리라 한 것을 기억하더라. 이에 유대인들이 대답하여 예수께 말하기를 네가 이런 일을 행하니 무슨 표적을 우리에게 보이겠느뇨. 예수께서 대답하여 가라사대 너희가 이 성전을 헐라 내가 사흘 동안에 일으키리라. 유대인들이 가로되 이 성전은 사십륙년 동안에 지었거늘 네가 삼일 동안에 일으키겠느뇨 하더라. 그러나 예수는 성전된 자기 육체를 가리켜 말씀하신 것이라. 죽은 자 가운데서 살아나신 후에야 제자들이 이 말씀하신 것을 기억하고 성경과 및 예수의 하신 말씀을 믿었더라.

— 「요한복음」 2:13~22

끼리도 싸우고 남들과도 다투는 모습이 있는 게 사실이고, 오교수님께서는 초월적인 종교체험을 통해 인간의 한계를 극복하고 절대 자유를 누린 분이라는 의미에서 "성불(成佛)하신 예수님"(『예수는 없다』 224면)이라고도 강조하셨는데, 성불하면서도 싸울 줄 알았던 점이 예수님의 장점 같아요.

물론 다른 종교에서도 정의와 불의를 말하고 싸워야 한다고 주장하지만 예수님처럼 직접 채찍을 들고 환전상을 쫓아내는 싸움꾼의 모습은 없잖아요. 이런 싸움꾼의 모습을 우리가 잘못 배우면 큰일 나지만 이건 분명 기독교의 특징이고, 이에 비해 기존의 불교나 유교는 그런 싸움의 요소가 부족하다는 게 문제인 것 같아요.

수운 선생은 안 그렇죠. 수운 선생은 나설 기회도 없이 참수를 당하셨지만 근본적으로 혁명가 아닙니까? 그래서 처형을 당했고요. 소태산은 일제강점기에 활동을 했기 때문에, 그가 만든 불법연구회(佛法研究會)라는 조직을 일제가 언제라도 유사종교로 몰아서 해산해버릴 수 있었어요. 하지만 소태산을 수운이나 해월처럼 잡아서 사형시키기는 쉽지 않았을 거예요. 소태산은 그야말로 자기 본색을 감추고, 또 불법연구회라는 위장 간판을 달고 활동을 했으니까요. 그런데 오히려 그래서 엄청나게 불온한 사람 아닙니까? 저는 후천개벽운동에 이르면 그리스도교에서 찾아볼 수 있었던 싸움꾼의 모습이 나타난다고 봐요. 이제 와서 기독교에서 그런 요소를 완전히 제거하자고 하는 것은 좀 안이한 처세가 아닌가 싶고요.

오강남 제가 얘기한 거는 싸워야 된다는 거예요. 진리를 지키기 위해서라면 바울도 전신 갑옷을 입으라 했죠.

백낙청 바울은 물론이고요.

오강남 그런데 「마태복음」을 보면 예수님이 이런 말씀을 해요. "내가 세상에 화평을 주러 온 줄로 생각하지 말라 화평이 아니요 검을 주러 왔노라."(10:34) 이 땅에 분쟁과 전쟁을 주러 왔다면서요. 이는 단순히 우리끼리 싸우라는 의미가 아닙니다. 당시 로마의 식민지 정책 아래에서 형성된 '차가운 평화', 즉 다른 사람을 억압하고 자기 혼자만의 세력을 누리는 평화는 진정한 평화가 아니라는 거죠. 이런 평화를 무찌르기 위해 내가 주는 평화, 진정한 평화를 위해 칼과 불을 가지고 싸우라는 의미로 해석할 수 있습니다.

진정한 평화는 좋은 평화를 진작하는 것이지 가짜 평화를 그냥 받아들이는 게 아닌 것 같아요. 그러니까 이거 아님 말고 식의 *either/or*의 평화가 아니라 갈등과 싸움 속에서도 함께 만들어가는 *both/and*의 평화. 이것이 예수님의 가르침이 아닌가, 이건 제 나름의 해석입니다.

백낙청 네, 좋은 말씀 잘 들었습니다. 이야기를 더 듣고 싶은데 시간이 너무 많이 지났으니 마무리 말씀 부탁드립니다.

오강남 이렇게 백교수님을 만나뵙게 되어 영광스럽고 기뻤습니다. 이런 기회를 통해서 제가 천도교·동학·천도교·원불교에 대해서 좀더 알게 된 게 참 다행이라고 생각합니다. 또 개벽사상의 중요성을 새롭게 깨닫게 해주셔서 감사하고, 이를 좀더 천착하는 기회로 삼도록 하겠습니다.

백낙청 교수님 같은 석학께서 이렇게 응원해주셔서 감사하고 흥이 납니다. 아까 대충 말씀드렸지만 예수님이 주고 가신 선물 중에 '말씀'은 이제 우리가 새로 해석할 필요가 있고, 새로 해석해서 귀중하게 간직해야 된다고 봅니다. 예수님이 행적을 통해서 남겨주신 기별, 케리그마를 단순 부정하기보다는 일단 그것이 얼마나 엄청난 역사적 사건을 만들어냈는지를 인정하면서, 지금은 약발이 거의 다했고 오히려 그 부작용에 해당하는 것들이 더 많지 않나 하는 인식이 필요한 대목인데, 그리스도인 보고 하나님 아버지나 예수님에 대한 집착을 좀 털어버리라고 말하는 건 무리한 주문이 될지 모르겠습니다.

사실 야훼 하느님에 대한 신앙은 예수가 오시면서 많이 약화됐죠. 왜냐하면 하나님 말고 예수라는 인간도 하나님이다, 이렇게 됐으니까요. 그런데 지금 기독교인들을 보면 하나님뿐 아니라 예수에 대해서 어떻게든지 다시 해석해서 현대식으로 살려볼까 하는데 물론 그것도 필요한 일이죠. 그러나 저는 예수님 스스로 성령을 선물로 주고 가셨으니까, 성령으로 패러다임 전환을 하면 수운 선생의 시천주 개념하고 바로 직결이 되고 소태산의 경우는 불교를 수용하니까 자성불(自性佛) 개념이 있지 않습니까? 그와 맞붙여서 종교 간의 대화나 종교 간의 협동을 시도하면 세상을 바꾸고 건지기 더 쉬워지는 게 아닌가 하는 생각이 들어요. 그래서 성자에서 성령으로의 패러다임 전환이 지금 시점에서 중요할 듯합니다.

오강남 온고지신(溫故知新)이라는 말처럼, 옛것을 소중히 여기되 새로운 시대에 새로운 기별을 찾아야겠지요. 그것이 절대적인 진리가 아니라 하더라도, 또 다음 세대에는 뭐가 될지는 모르지만 열어놓고 다음 시대를 기다려야겠지요. 그러나 지금 시대에는 말씀하신 대로 성령이 우리 속에 거한다는 것을 인정하는 것이 중요하다고 봅니다. 그러면 자존감도 생기잖아요. 제가 언제나 얘기하지만, 우리는 든든한 '빽'이 있으면 좋다고 그러는데 내가 바로 신이라고 하는 것보다 더 큰 빽이 어디 있냐 이거예요. 그러면 떳떳하고 늠름하고 당당하고 의연하게 살아갈 수 있는 힘이 생긴다는 거죠. 제가 이걸 언제나 강조하는데 선생님 말씀을 들어보니까 정말 더 맞는 것 같은 생각이 듭니다.

백낙청 그럼 이쯤에서 마무리할까 합니다. 감사합니다.

물질개벽 시대,
유교의 현대화는 어떻게 가능한가

| 백민정 백낙청 대담 |

2024년 2월 29일 창비서교빌딩 스튜디오

*이 대담은 유튜브 채널 백낙청TV에 공개된 '백낙청 공부길' 102편(2024년 4월 19일),
103편(2024년 4월 26일), 104편(2024년 5월 3일), 105편(2024년 5월 10일)을 글로 옮긴 것이다.

대화를 시작하며

백낙청 백낙청TV에 오신 시청자 여러분 반갑습니다. 이번에는 『개벽사상과 종교공부』에서 다루지 않은 유교사상을 이야기해보려고 합니다. 사실 조직된 종교 교단으로서 유교는 지금 한국에서 그렇게 중요하지는 않지만 유교사상이나 전통은 굉장히 중요하지요. 그래서 오늘은 유학 전공자이신 백민정 교수를 모셨습니다. 백민정 교수는 학부에서 러시아문학을 공부하셨고, 미국 교환교수로 가서 영어로 강의도 하신 분입니다. 그러면서도 한국유학을 전공해서 우리시대에 유학을 어떻게 활용할지 고민을 많이 하시지요. 다른 사상도 넓게 섭렵을 하시고요. 그래서 이번에 모셨습니다. 와주셔서 감사합니다. 간단히 자기소개를 부탁드립니다.

백민정 안녕하세요. 저는 한국사상, 특히 조선시대 유학사상을 공부하고 있는 백민정이라고 합니다. 지금 가톨릭대학교 철학과에서 근무하고 있고요. 백낙청TV에서 백선생님을 만나 뵙고 대화를 나눌

수 있는 기회가 생겨 대단히 기쁩니다.

『종교공부』는 여러 선생님들과의 좌담집인데요. 동학부터 천도교, 원불교, 한국 기독교에 이르기까지 우리 역사의 위기 그리고 가능성을 진단했던 여러 사상적 원천을 잘 보여주고 있습니다. 그래서 독서하는 것만으로도 저에게는 큰 즐거움이었고요. 또 제가 전통학문, 유학을 공부하는 사람이다 보니 저에게는 남다른 과제도 준 책입니다. 백낙청 선생님께서는 20세기 이후 한국의 파란의 역사와 시대의 위기들, 실천적 문제의식을 항상 고민해오셨는데 선생님의 그런 지적여정과 열정에 깊은 존경과 응원의 마음을 표합니다.

『종교공부』가 담고 있는 문제의식처럼, 사실 저도 K사상, K담론이란 무엇인가, 또 세계적인 보편성을 갖는 우리 사상이란 무엇일지 고민을 해왔습니다. 하지만 돌이켜보면 전통학문, 유학의 한계 내에 머물렀던 것은 아닌지 반성하게 됩니다. 우리시대의 긴박한 문제가 무엇일지, 그리고 동료 이웃들과 함께 살 수 있는 길은 무엇일지 모색하려면 유학의 울타리 너머로 시야를 넓혀야 할 필요성도 느낍니다. 『종교공부』를 읽은 것은 좋은 성찰의 계기가 되었습니다. 이렇게 뵙고 함께 말씀 나누게 되어 기쁩니다.

왜 '귀신의 공공성'인가

백민정 『종교공부』 2장의 대화 「동학의 확장, 개벽의 운동」에 재미있는 주제가 하나 나옵니다. 바로 귀신 이야기인데요. 사실 유학에서도 귀신 이야기는 역사가 오래됐습니다. 신유학자들도 귀신 이야기를 참 많이 하지요. 귀신(鬼神)이란 음(陰)과 양(陽), 이 두가지 기(氣)의 작용이고 천지조화의 자취라고 이야기하고요, 펼쳐지고 확장되는 영묘한 기운을 신(神)이라고 하고 움츠러들고 수축되는 기운을 귀(鬼)라고 했습니다. 그래서 자연물뿐 아니라 인간의 혼백도 이런 음양 두 기의 작용에 의해서 만들어지고, 시간의 흐름에 따른 차이만 있을 뿐 모두 흩어지고 소멸되는 산멸(散滅)의 과정을 겪는다고 보았죠.

이게 일반적으로 유학자들이 가지고 있던 귀신에 대한 생각인데, 18~19세기에 이르면 많은 분들이 잘 알고 계실 다산(茶山) 정약용(丁若鏞) 같은 인물들은 다른 생각을 표현하기 시작합니다. 『천주실의(天主實義)』 같은 서양의 서적을 읽은 분들이죠. 정약용은 선배 유학자들과 달리 어떤 주재성(主宰性), 인격성을 강하게 띤 상제(上帝)의 존재를 주장했습니다. 또 하늘과 땅에 널리 퍼져 있는 여러 귀신들, 천신(天神)이라고도 하죠, 이런 천신과 인간의 혼인 인귀(人鬼), 조상의 혼(魂) 같은 혼령도 믿었습니다. 그러면서 귀신이란 존재가 절대 음양의 두 기가 만들어낸 결과나 작용은 아니라고 보았습니다. 당시로서는 특이하게도 인간이 죽고 나면 사후에 혼이 계속 존재한다고 믿었던 것 같아요.

정약용이라는 인물은 18세기 경기도 지역의 남인(南人)이자 성호학파(星湖學派)로 불리는 지식인입니다. 사실 성호학파가 퇴계(退溪) 이황(李滉)의 학문을 계승한다고 표방했는데요. 퇴계 이황부터 한강(寒岡) 정구(鄭逑), 미수(眉叟) 허목(許穆), 성호 이익(李瀷)에 이르기까지 학풍이 이어진다는 사실을 자부하기도 했습니다. 성호에서 다산에 이르는 시기까지 많은 지적 변화가 있었음을 엿볼 수 있습니다.

백낙청 다산의 귀신론에 대해선 『창작과비평』 2024년 봄호에 글을 한 편 쓰셨죠? 'K-담론을 모색한다' 시리즈의 첫번째 글로 제목이 '왜 귀신의 공공성인가?'입니다. 상당히 쎅시한 제목인데요, 어떻게 이

런 제목을 붙이셨습니까?(웃음)

백민정 사실 귀신과 공공성(公共性)이 서로 어울리지 않는다는 점을 노리고 그런 제목을 붙였습니다.(웃음) 정약용이 아주 합리적이고 실용주의적인, 과학적 이성을 갖춘 실학자 이미지가 강하니까 일부러 귀신 이야기를 더 했고요. 간단히 말해 그 글의 요점은 다산이 염두에 둔 귀신은 개인적 신앙의 대상이라기보다 국가의 제사의례에서 섬김과 공경을 받는 대상이라는 겁니다. 즉 공적인 존재이자 공공성이 있는 귀신이어야 존경하고 본받을 만하다는 거죠.

백낙청 그런데 귀신의 공적가치를 언급하실 때 공공성이란 현대적 표현이고, 글에선 주로 귀신의 공(功)과 덕(德), 공덕(功德)을 말하고 있죠?

백민정 네, 맞습니다.

백낙청 나는 공공성보다는 공덕이라는 말이 더 좋아요. 공공성은 기본적으로 서양의 개념인데 어떤 분들은 동양 고전에도 공공이란 말이 있고 '공공하다'라는 동사로 쓰였다고 강변하기도 하지요. 하지만 그건 서구 담론을 향한 집착에서 비롯된 견해인 것 같습니다. 그러나 잡지에 실은 글의 제목으로서 '왜 귀신의 공공성인가?'가 참 멋진 게 사실이에요.

백민정 네, 앞에서 선생님이 지적하셨듯이 공덕의 오늘날 용법이 공과 덕을 나누어 생각하던 과거의 공덕 용법과 달라 불거질 수 있는 문제를 고려할 수밖에 없었습니다. 공덕이라고 하면 어색하거나 옛날 말투 같아서 거리감을 느낄 수 있으니까요.

백낙청 아무튼 제목을 참 잘 지으셨다고 생각합니다.(웃음)

다산의 귀신, 수운의 상제

백민정 귀신론을 말할 때 특히 흥미로운 점은 19세기 중반, 1860년대의 상황입니다. 당시 영남 지역에서 발생한 수운 최제우의 동학이 전통 유학이라 할 수 있는 퇴계 이황의 상제관과 어떤 면에선 접목되는 지점을 보여주지 않나 싶거든요.

퇴계 이황의 제자 중에 대산(大山) 이상정(李象靖)이라는 유명한 영남 유학자가 있습니다. 남한조(南漢朝), 조술도(趙述道), 정종로(鄭宗魯) 같은 유학자들도 유명했지요. 물론 이들은 이(理)나 태극(太極)이라는 말을 주로 썼지만 상제라는 말도 썼습니다. 그들이 생각한 상제는 어떤 무위성(無爲性)과 유위성(有爲性), 비인격성과 인격성을 균형있게 갖춘 존재였거든요. 예를 들어 조술도는 「운교문답(雲橋問答)」이란 글에서 이런 질문도 던집니다. '상제가 사람에게 기대하는 것인가, 사람이 상제에게 기대하는 것인가?' 그러면서 인간이 있어야 상제도 운신할 수 있다는 맥락의 이야기를 했거든요.

그런데 바로 그다음 세대에, 비슷한 지역에서 등장해 동학을 창도한 수운도 논리적으로 보면 유위(有爲)하면서도 무위(無爲)하는 어떤 신령한 기운으로서 상제를 체험하죠. 수운이 종교체험으로 만난 상제는 대화를 나누는 인격적 존재이자 인격적 절대자의 면모를 가진 한편, 우주의 천지에 퍼진 영험한 신령, 신령한 기운, 조화작용으로도 나타났으니까요. 그래서 『동경대전』에서 "안에 신령이 있고 밖에 기화가 있다[內有神靈 外有氣化]"라는 표현을 쓴 거고요. 사실 수운이 만난 상제가 첫 만남에서는 외재적인 절대자의 이미지, 인격적 이미지를 보여주었다고 생각해요. 나중에는 결과적으로 수운이 그 천주가 내 마음에 있다고 말하더라도요.

상제는 수운에게 이렇게 얘기했다고도 하지요. "내 마음이 바로 네 마음이다. [···] 귀신이 바로 나다(吾心卽汝心也···鬼神者吾也)." 그래서 이 상제는 수운에게 '내 마음이 바로 너의 마음이다'라고도 말하고 또 '귀신이 바로 나다'라고도 얘기를 해서 앞에서 신유학자들과 정약용 이야기를 할 때 나왔던 귀신의 표현이 여기서도 중요하게 등장하죠. 귀신이 무엇인가 참 궁금해지는 대목인데요. 기존 논의에서 다른 학자 분들은 동학의 귀신을 설명할 때 신적인 영이 세계에 편만해 있다는 범재신론의 관점에서 동학의 상제와 귀신을 설명하기도 했습니다. 그런데 이미 선생님께서 책에서 짚으신 것처럼 이런 범재신론도 유(有)에 기반한 서양의 형이상학과 신학을 토대로 동학을 설명했다는 문제점을 안고 있다고 봅니다. 그렇다면 "지천지 이무지귀신 귀신 자오야"(知天地 而无知鬼神 鬼神者吾也), 즉 "사람들이 천지만 알지 귀신을 모른다. 내가 바로 귀신이다"라고 수운이 말한 동학의 귀신, 그 자체로 귀신인 상제란 무엇일지 다시 따져보고 싶습니다.

백낙청 중요한 얘기가 많이 나왔는데요. 우선 백민정 교수는 박사논문을 정약용으로 쓰셨고 그야말로 다산 전문가시잖아요. 그런데 저는 다산에 관해 읽은 게 많지 않습니다. 다산은 엄청나게 글을 많이 쓰신 분인데 저는 극히 일부밖에 못 읽었고요. 그것도 번역으로 읽었기 때문에 함부로 뭐라 말할 수준은 아닙니다만, 늘 이런 의문을 가지고 있었어요. 다산 선생이 참 훌륭한 점이 많지만 서양 천주학을 접하고 거기에 충격을 받아서 아주 옛날 유교, 다시 말해 주나라 이전의 상나라, 은나라 때나 중요시했던 인격신으로서의 상제 개념을 끌어들인 시도가 과연 잘한 일이었을까요?

가령 다산은 상제가 왜 있어야 하는지를 말할 때 유교의 신독(愼獨, 홀로 있을 때도 도리에 어그러지는 일을 하지 않고 삼가는 것)을 얘기하죠. 홀로 있을 때도 상제가 나를 보고 있다는 걸 알아야 사람들이 제대로 할 거 아니냐고 하면서요. 사실은 유교가 몇천년에 달하는 오랜 세월에 걸쳐서 은나라 때의 상제 개념에서 점점 멀어졌지요. 그러면서 혼자 있을 때라도 조심하고, 누가 보든 아니든 상관없이 나는 나대로 조심하고 올바르게 생각하고 행동한다는 게 어떻게 보면 유교인의 자부심이거든요. 하느님이 다 알고 있다고, 하느님이 벌을 주거나 상을 줄 수 있다고 생각하는 서양 사람들하고는 다른 겁니다. 누가 보지 않아도 사람답게 행동해야 한다는 거니까요. 그게 다산 선생에 이르러서는 좀 이상하게 됐다는 생각이 들었습니다.

그런데 이번에 백민정 선생이 쓴 「왜 귀신의 공공성인가?」를 읽어보면 다산 선생의 귀신론하고 서양 천주학의 상제론은 아주 많이 다르더군요. 말하자면 다산은 서양식 분류로는 다신론자 아니에요? 상제가 하시는 일도 다르고요. 그런데 수운은 천주학의 영향을 받습니다. 당시 천주학 하는 사람들이 인격신 얘기를 하도 많이 하니까 수운이 그분 좀 만나게 해달라고 기도해서 상제를 만난 거잖아요. 처음에는 그렇게 기도에 부응해서 인격신의 모습으로 나타났는데 이후에 점검하고 성찰하는 과정에서 결국은 귀신에 대한 생각이 내 속에 모신 하늘님, 시천주(侍天主)로 정리가 됐죠.

그런데 "사람들이 천지만 알고 귀신을 모른다. 내가 바로 귀신이다."라는 말을 둘러싼 맥락을 우리가 정확히 읽을 필요가 있을 것 같아요. 이 문구에서 앞의 문장을 보면, 당시로선 서양의 과학이 발달돼 있었으니 서양 사람들이 모르는 게 없는 것 같고, 그 과학의 위력으로 지금도 온갖 일에 성공하고 있다. 그런 천지의 일에는 밝지만 귀신은 모른다, 이런 맥락에서 이해해야 할 것 같아요.

그러면 어떤 귀신을 모르느냐. 이어서 수운이 '귀신은 나다'라는

다산의 귀신론

〔…〕 다산이 말한 귀신에는 가장 높고 존귀한 상제와 상제가 하늘과 땅에서 부리는 수많은 신들이 있다. 그중에서도 중요한 것은 사람 귀신, 즉 인귀다. 사람 귀신이란 누군가의 조상이므로, 다산이 말한 인귀란 곧 조상의 혼령을 뜻한다. 그의 귀신론을 살펴보려면 우선『춘추고징』과 『상서고훈』을 들여다볼 필요가 있다. 다산은『춘추』라는 경전이 주나라 제도와 의례가 춘추시대에 실제로 구현된 역사적 증거라고 보았다.『주례』「춘관」에는 다섯종류의 국가례〔五禮, 길례(吉禮), 흉례(凶禮), 빈례(賓禮), 군례(軍禮), 가례(嘉禮)〕가 나온다. 다산은『춘추고징』에서 길례와 흉례를 집중적으로 분석했다. 특히 길례는 신들에게 제물을 바치는 의식이므로, 길례를 살펴보면 다산이 생각한 귀신들의 성격과 의미, 역할을 이해할 수 있다. 중요한 것은 그가 염두에 둔 상제와 귀신은 단순히 개인적 신앙의 대상이라기보다 국가의 제사의례에서 섬김과 공경을 받는 대상이라는 점이다. 그의 귀신설은 왕조의 정치적 기획 및 운영과 밀접한 관련이 있다.

〔…〕 성인 군주들이 공적일 수 있는 것은 우선 그들이 명을 따르는 세상의 천신들 그리고 명령의 근원인 하늘〔상제〕 자체가 공적인 존재이기 때문이다. 다산은 하늘을 지공무사(至公無私)한 존재로 묘사한다. 다산은 목목(穆穆)한 상제가 위에 있고 명신들이 사방을 비추며 배열하고 있는데, 그들의 위엄은 귀신의 완전한 덕에서 나온다는 것을 분명히 했다. 또한 하늘의 상과 벌은 귀천을 가리지 않고 지위와 신분에 구애받지 않는다는 점도 강조한다. 천신과 인귀가 천명을 따르는 것은 상제의 완전한 덕과 공적인 가치 때문이지 위압적 명령 때문은 아니다. 제사는 가장 공적인 존재인 천, 즉 상제와 상제의 명령을 수행하는 천신들 그리고 인

귀들의 덕성과 공로를 공적으로 기리는 의례이다. 인간에게 제사는 가장 공적이고 덕스러운 귀신의 능력을 본받는 것이며, 후손에게 이런 공적 존재의 가치를 잊지 않게 교육하는 일이다. 일상 속 제사의례는 모범이 되는 귀신의 공공성을 계승하는 자발적 행위다.

〔…〕 여기서 나는 두가지 점을 강조하고 싶다. 하나는 섬길 만한 귀신이라야 섬길 수 있다고 본 점이다. 어떤 이유로든 공덕이 있는 귀신이라야 인간에게 존경받을 수 있다. 존경할 만한 공덕이 없으면 귀신은 제사에서 흠향할 자격이 없다. 다른 하나는 제사의 주관자들, 즉 군목과 후손들이 스스로 공덕을 쌓아야 제사에 임할 수 있다고 본 점이다. 체제사의 대상이 되는 인귀도 그의 덕이 상제와 천신에 짝할 만해야 배향이 되고, 제사를 지내는 후손도 그의 덕이 귀신과 같아야 조상에게 유효한 제물을 바칠 수 있다. 따라서 천상의 신들 사이에도, 귀신과 인간 사이에도 공덕의 수행이 빠지면 의미있게 논할 만한 가치가 없다.

—백민정 「왜 귀신의 공공성인가?」, 『창작과비평』 2024년 봄호, 323~27면.

말을 할 때는 귀신에 대한 일반론을 편 것은 아닌 듯해요. 서구에선 야훼를 섬기기도 하고, 화이트헤드(Alfred N. Whitehead) 같은 철학자는 초월신이 아닌, 실재 속의 신에 대한 아주 명확한 개념을 제시한 바 있으니까요. 서양 사람들이 모르는 귀신이 있는데 그게 바로 나다, 이렇게 읽어야겠죠.

어쨌든 여기 나온 상제는 잡귀도 아니고, 서양 사람들이 말하는 초월신도 아니고, 천주교 신자들의 말을 듣고 수운이 만나고 싶어 기도했던 그 하느님도 아니지요. 그러면서도 서양 사람은 귀신을 모른다고 말씀하시니까 서양철학이나 신학에 없는 귀신이 과연 뭘까 싶죠.

수운의 '귀신은 나다'에 대한 백낙청의 해석

서양 사람들이 천지는 아는데 귀신을 모른다는 이 말은 우리가 좀 음미해볼 말이에요. 왜냐면 서양 사람들이 왜 귀신을 모릅니까? 지고의 귀신 야훼를 섬기는 사람들이 서양 사람들이고, 화이트헤드만 해도 『과정과 실재』(Process and Reality, 1929)라는 책에서 실재를 얘기할 때, 초월신은 아니고 그 실재 속에서 작용하는 신에 대해서 자기 나름의 상당히 명확한 개념이 있잖아요. 또 잡귀들로 말하면 동양에만 있는 게 아니고 서양에도 많고요. 그러니까 그 사람들이 귀신을 모른다면 어떤 귀신을 모른다는 말인가? 상제께서 '귀신자오야'라 했다는데, 나는 이걸 번역할 때 '귀신자오야'만 따로 떼어내서 귀신이라는 것도 나다 또는 내가 귀신이다, 이렇게만 하면 좀 미흡하다고 봐요. 귀신이란 것도 나다, 여러 귀신 있는데 나도 귀신이다, 이렇게 해석하는 사람이 있어요. 나는 이 '귀신자오야'가 '지천지 이무지귀신'에 이어지는 말이기 때문에 그 맥락에서 봐야 된다는 거죠. 서양 사람들이 모르는 그 귀신이 바로 나다, 이렇게 봐야지, 무슨 귀신에 대한 일반론을 펴신 건 아닌 것 같아요.

—『종교공부』 144~45면

이 점이 음미할 대목이에요.

나중에 수운의 상제 개념이 시천주 개념으로 바뀌는데 이를 두고 서양의 신학에서 말하는 범재신론과 같다는 의견도 있죠? 하지만 상제를 범재신론의 신이라고 하면 결국 서양 사람들이 모른다는 말이 성립하기 어렵습니다. 우주만유(宇宙萬有) 속에서 작용하는 어떤 신령한 기운이기는 한데 범재신론하고 다르다 하는 점이 중요한 포인트 같아요. 이 얘기는 나중에 기회가 되면 또 해보죠.

백민정 맞습니다. 수운의 상제를 유적인 측면, 존재하는 측면에서만 말할 수가 없죠. 그리고 선생님도 말씀하셨듯이 무위와 유위의 성격을 동시에 가지고 있기 때문에 포착하기가 좀 어려운 개념인 것 같아요. 그런 신령을 서양 사람들의 신학적 입장에서 보면 유위적인 측면, 주재성이나 인격성, 이런 것만 이야기하게 돼서 한계가 있죠.

인격적 상제 개념의 변천

백민정 『종교공부』 4장에서 이은선 교수님, 이정배 목사님과 한국 기독교와 개벽사상의 가능성에 대해 논의를 하셨지요. 이은선 교수님이 열정적으로 소신을 말씀하셨는데 한 대목이 눈에 띄어서 잠깐 인용을 해보고 싶습니다. "저는 한국 여성들 내지는 한국인들에게 어떤 동아시아 종교체계도 마련해주지 못했던 경험, 다시 말해 슐라이어마허가 말한 궁극적인 초월자와 직접적으로, 인격적으로 만나는 경험을 가장 보편적이고도 폭넓게 일으킨 것이 기독교라고 생각합니다. (…) 한국 기독교가 아주 구체적인 일반 대중의 삶 속에 정해진 시간과 또 규칙적인 활동을 통해서 초월자와 만날 수 있는 기회를 많이 주었다는 것, 그런 힘은 정말 대단하다고 봐요."(293면) 이렇게 말씀하셨는데, 요약하자면 지금까지 한국 기독교에 여러 부정적인 면모도 있었지만 절대적 근원자와 만나는 인격적 체험의 가능성을 한국인에게 준 것은 진짜 소중하다는 주장이죠.

동아시아 종교체계에서는 이런 경험이 없었다는 발언이라 당연히 눈에 띄었습니다. 사실 유교는 절대자의 인격성을 희석하고 지워온 역사가 있긴 합니다. 하지만 불교, 노장사상, 선도(仙道) 등에서는 유한한 개체를 초월하는 경험을 진지하게 설명합니다. 그리고 동학 역시 말할 것도 없죠. 시천주를 말한다고 해도 상제와의 인격적 체험이 같이 있으니까요. 나라는 개체를 초월한 어떤 영적인 존재와의 만남을 동아시아 사유에서도 분명히 이야기했다고 생각합니다.

백낙청 서양의 그리스도교에서 말하는 그런 초월적인 인격신처럼 그야말로 주재하면서 일일이 다 챙겨주시는 아버지 하느님 또는 어머니 같은 존재는 아니더라도, 우리 동아시아 사상에도 초월적인 차원이 늘 있어왔다는 지적에는 동의합니다. 기독교가 처음 우리나라에 들어와서 대중의 열렬한 호응을 받았지요. 나는 이은선 교수님 말씀을, 기독교 선교사들이 돈과 권세가 있어서만은 아니고 민중이 허기를 느끼던 부분을 달래주는 힘이 있었기 때문에 기독교가 국내에 퍼질 수 있었다는 취지로 이해합니다. 다만 기독교 자랑으로만 들어가지 말아야겠죠. 우선 민중에게 그런 허기가 있었다고 하더라도 그걸 그리스도교회의 초월자, 전지전능한 유일신이 채워준다고 가르쳐서 호응을 얻었을 때 이에 따르는 부작용도 있지 않았나 싶어요. 도올 선생 같은 분은 그 점에 대해 아주 부정적으로 얘기하시잖아요.

백민정 맹렬히 비판을 하시죠.

백낙청 그런 부작용도 따져봐야 하는 거죠. 역사적으로 생각해보면, 만약 동학이 탄압을 받지 않았더라면 수운이 체험한 그 상제 같은 분, 즉 나중에 자기 속에 모신 하늘님으로 확인되는 분을 통해서 민중의 허기를 얼마든지 달래줄 수 있었을 것이고 그게 더 원만한 교법일 수 있지 않았을까 합니다. 하지만 당시의 현실은 그렇지 못했고 동학을 비롯한 경쟁자들이 강제로 퇴출당한 상황에서 그리스도교의 독무대가 벌어진 면도 있지 않나, 이런 측면도 같이 고려했으면 좋겠어요.

아까도 말씀드렸지만 유교가 아주 고대에, 상대(商代)에는 인격적인 상제를 설정했다가 주나라 때부터는 바뀌죠. 공자가 원래 은나라(상나라) 사람인데 자기는 은의 예를 따르지 않고 주나라의 예를 따르겠다고 했고요. 그런데 상제가 주재를 하더라도 무위이화(無爲以化)로 주재한다는 게 공자님 말씀이기도 하고 수운 선생 말씀이기도 합니다. 이렇게 상제 개념이 발전을 거듭해서 신유학에 이르러 그 과정이 일단 완성됐다고 봐야겠죠.

인류사에서 참 드문 업적이라고 봐요. 인류가 어른이 되는 과정이 엄마 아빠의 품안에서 벗어나 자립하는 인간이 되는 길과 같지요. 서양에서는 그 과정이 계몽주의 시대의 무신론 내지 이성숭배로 이어지지만 상제 개념의 변천은 그것보다도 훨씬 더 원만한 길이 아니었을까 싶어요. 그런데 한편으론 노장사상도 그렇고 유교도 그렇고, 이미 어느정도 어른이 된 사람을 상대로 하는 거니까 어른이 되지 못했거나 될 처지에 있지 않은 다수 민중의 입장에서 볼 때는 뭔가 허전한 거죠. 불교가 중국에 들어왔을 때 확 퍼진 것도 그런 이유 때문이 아닐까요? 불교에는 아미타불, 정토사상이 있고 미륵불도 있지요. 그러면서 민중의 호응을 얻은 거죠. 신유학이 그 도전에 부응해서 다시 원래 유교의 취지를 되살려놨지만, 이건 사실 어떻게 보면 강자의 논리예요. 노장사상도 그렇고, 유교도 그렇죠. 도인이나 군자라야 수용할 수 있는 논리고요.

백민정 도덕군자, 도인 정도 수준에서 이해할 수 있죠.

백낙청 예, 그런데 일반 민중으로서는 이게 성에 안 차는 거죠. 그래서 여전히 허기가 있었던 건 사실인데, 그걸 채우는 최선의 방법이 그리스도교 신앙이었는지는 잘 모르겠어요. 그리스도교의 공적을 내가 부인하려는 건 아니지만 너무 일방적으로 평가할 문제는 아니겠다는 생각이에요.

백민정 사실 정약용도 엘리트고 유학자 관료였지만 선생님이 말씀하신 그런 아쉬움, 부족함을 느꼈을지도 모르죠. 신유학은 동아시아적인 방식으로 굉장히 합리적이고 이성적인 논리로서 이기론(理氣論)을 얘기했는데, 그런 게 이미 구심력을 잃어버린 시대가 된 거죠. 다산의 시대만 봐도 그렇고요. 그러나 어떤 면에서는 선생님께서 말씀하신 것처럼 상제의 유위성과 무위성의 균형을 굉장히 잘 유지하고 있었고, 퇴계의 제자들을 봐도 주재하면서도 주재하지 않는 절대자, 그리고 무위하면서도 유위하는 이나 태극의 균형을 딱 잡고 있었거든요. 이와 비교해보면 19세기에 다산 같은 유학자뿐 아니라 일반 서민들 사이에서 절대자에 대한 인식의 변화 양상이 나타난 것 같아요.

영적 체험의 갈망을 채워준 법신불 '사은'의 의미

백민정 동학뿐 아니라 원불교의 이야기도 『종교공부』 3장에 들어 있는데요. 선생님께서는 유학이 인격적 신 관념이 없는 이기론만 너무 이야기하니까 인격적 존재와의 만남과 유대를 갈망했던 백성, 대중의 열망에 부합하지 못한 아쉬운 면이 있다고 짚으셨지요. 그런데 원불교 역시 소태산 박중빈 대종사가 인격적 상제 이야기를 거의 하지 않으셨던 것 같아요. 소태산은 불법을 주체로 원불교를 일으켰죠. 일원상의 진리를 상징적으로 표현한 법신불(法身佛)도 깨달은 자의 시선에서 보면 은혜의 모습으로 나타난다고 얘기를 하셨고요. 그러면 영적 체험에 대한 대중의 열망을 원불교에서는 어떤 식으로 이야기했는지, 그 종교적 열망에 어떻게 대처했는지 질문을 드려봅니다.

백낙청 그러니까 법신불이라는 건, 석가모니 부처나 다른 부처하고 달라서 인격적인 요소가 완전히 탈각된 부처님이거든요. 원래 일원상의 진리 그 자체니까요. 그런 점에서는 전통 유학, 특히 백민정 선생이 논문으로도 쓰신 19세기 영남의 유학자들이 퇴계 이래로 이기론을 고수하면서 무위이화로 주재하는 상제 정도까지는 인정하지만 인격적인 요소는 여전히 안 받아들였단 말이에요. 어떻게 보면 소태산이 수운 선생보다 인격신을 부정하는 사상에 더 가까이 다가간 면도 있습니다. 물론 소태산은 유교를 통해서가 아니라 불교를 수용하면서 우리가 말하던 대중의 허기랄까, 인격신에 대한 갈망 같은 것을 어떻게 채워줄까 고민했지만 문명의 현 단계에서 완전히 채워주는 길은 없다고 봐요.

볼떼르(Voltaire)가 한 유명한 말이 있죠. "만약에 신이 없다면 우리는 신을 발명해야 했을 것이다." 그런데 이건 일종의 재담이죠. 왜냐하면 볼떼르는 인격신을 믿지 않았거든요. 뉴턴 이래 이신론(理神論)이 부상했잖아요. 영어로는 *deism*이라고 하고요. 볼떼르는 신이 이 세상을 만들긴 만드셨는데 그후에는 간섭 안 하신다, 자연과학의 법칙에 의해서 저절로 잘 돌아가게 내버려두고 계신다는 계몽주의 신학인 이신론을 믿는 사람이었죠. 만약에 신이 없다면 우리가 신을 발명해야 할 것이라는 그의 말은, 사실 인격신 같은 신은 없는데 우리가 만들어놓은 것이라는 점을 넌지시 짚은 거죠.

이것이 계몽주의 사상가의 입장이고, 나중에 기독교 연구자들 중에서 포이어바흐(Ludwig Feuerbach) 같은 사람에 와서는 신이라는 게 인간이 자기 필요에 의해 발명한 어떤 개념, 가상적 존재라는 생각으로 이어집니다. 그럼에도 인격신을 향한 갈구는 동서고금을 통틀어 완전히 없어지는 게 아니기 때문에 원불교라고 해서 그걸 무시할 수는 없다고 봅니다. 다만 그 인격신의 불합리한 측면, 또 그로 인한 여러가지 폐해 등을 사람들이 점점 깨달을수록 그것이 아닌 다른 방법으로 우리의 영적인 욕구를 채우고자 할 거예요.

원불교에서는 법신불 일원상을 깨달은 자리에서 보면 법신불 자체가 곧 은혜다, 소위 사은(四恩)이라는 네가지 은혜를 구체화하잖아요. 그런데 그게 따로따로 있는 네가지의 은혜(Four Graces)라기보다는 네겹의 은혜(Fourfold Grace)라고 보는 게 맞겠죠. 그래서 사실 천지은을 잘 들여다보면 거기에 부모은도 있고 동포은도 있고 법률은도 있어요. 또 부모은을 잘 들여다보면 천지은, 동포은, 법률은도 다 따라오지요. 은혜라는 것은 사람과 다른 중생들과의 관계를 말하긴 하지만 주로 사람과 사람 사이의 관계에 주목합니다. 완전히 이기의 작용만 있고 아무런 인간적인 온기가 없는 세계관보다는 원불교의 사은이 좀더 친근감을 주지 않나 생각합니다.

백민정 선생님 말씀대로 원불교는 여러가지 은혜를 말했어도 인간과 인간 사이의 어떤 인연(因緣)에 주목을 했고, 친밀감이나 유대감을 거기서 느낄 수 있는 것 같은데요. 방금 말씀하신 사은과 관련해서 제가 『종교공부』에서 재미있게 본 구절이 있습니다. 방길튼 교무님께서 부모은을 설명하신 대목인데요. 일원상의 자리에서 깨달은 자의 안목으로 보면 우주만유, 이 천지가 모두 은혜의 모습으로 나타난다고 원불교적 관점에서 설명하시더라고요. 또 과거 전통적인 불교의 공(空) 개념을 은(恩), 은혜라는 개념으로 전개한 게 소태산 박중빈 대종사의 큰 깨달음의 특징이라고 이야기를 하셨어요(224~28면).

제게는 선악의 분별심을 내려놓은 공의 경지, 공의 자리에서 보면 오히려 모든 선악의 가르침이 은혜로 드러난다는 걸 '정면교사(正面

教師)' '반면교사(反面教師)'의 지혜로 설명한 점이 마음에 와닿았습니다. 이런 대목에서 원불교가 참 불교적이구나, 불법을 주체로 했구나 하고 느꼈습니다. 결국 선인도 악인도 모두 나에게 삶의 교훈을 주는 존재인 거죠. 모두가 선인이라면 좋겠지만 악인을 만나거나 나를 모욕하고 상처 주는 사람도 만날 수밖에 없는데 반면교사의 관계 속에서 악인도 깨달음을 얻게 한다는 점에서 다른 의미의 조력자가 될 수 있겠다는 점을 생각하게 했습니다.

또 제가 유학 연구자니까, 부모은에 대한 원불교의 설명을 유학에서 강조한 인(仁) 개념과 관련해서 보면요, 인에 대한 번역이나 해석이 참 많습니다. 측은지심, 공감, 동정심, 배려 같은 여러가지 용어로 설명하는데, 저는 생명을 살리려는 마음, 천지생물지심(天地生物之心)이라고 해석합니다. 신유학자들에 따르면 천지생물지심이란 단순히 뭔가를 만들어내고 태어나게 하는 것보다 천지가 만물을 살게 해주는 마음이라고 하거든요. 그래서 상대도 살게 하고 나도 더불어 살수 있게 하려는 마음가짐이라고 봅니다. 북송시대 유학자들은 이런 마음 상태를 가장 넓고 확대된 큰마음이란 뜻에서 확연대공(廓然大公)이라고 표현했는데 이게 바로 인의 마음입니다. 나와 너를 차별하거나 편 나누지 않고 상대도 살려주고 나도 살 수 있게 해주는 공심(公心)이라고도 했지요. 나아가 그 마음대로 가장 잘 실현된 경지를 만물일체(萬物一體)의 상태라고 이야기했습니다.

이런 면에서 원불교에서 무자력자(無自力者)가 자기 자력을 갖고 성장할 수 있게 자극을 주는 모든 선악의 계기를 부모은으로 설명하는 것이 유학적 가치와 맞닿아 있구나 싶어요. 어떤 존재를 살 수 있게 해주려는 다양한 인연과 은혜들이 그렇죠. 법률은도 마찬가지입니다. 유학자들이 제도나 규범, 관습을 다 중시하는데 그런 것들을 모아서 인간 문명과 문화를 구성하려는 그런 지혜가 법률은이잖아요. 법률은과 유학이 연계되는 측면도 생각해보게 됐습니다.

백낙청 사실 원불교와 유학이 제일 닮은 점 중의 하나가 법률은 개념인 것 같아요. 전통 불교에서도 석가모니가 주신 법이 소중하고 큰 은혜지만 이 세상은 우리가 넘어서야 하고 떠나야 할 그런 사바세계니까, 그 사바세계를 잘 다스리는 법률 같은 건 그렇게 중시하지 않잖아요. 반면 원불교에선 그런 사바세계의 법률을 인도(人道)·정의의 대도(大道)라고 말하기도 하는데요.

백민정 맞습니다.

백낙청 그리고 유대교나 이슬람은 하느님이 주신 율법을 굉장히 중시해요. 그것을 절대화해서 다른 성인들이 가르친 것에 대해선 그냥 수용하거나 아주 배척하죠. 슈바이처 같은 분이 연구한, 상당히 유력한 학설에 의하면 예수는 세상이 곧 끝날 거라고 생각했기 때문에 이 세상의 문물제도에 대해선 큰 관심이 없었고 심지어는 교회 만들 생각도 안 했다고 해요. 그런데 세상이 안 끝났죠. 그러니까 바울이 교회를 만들었고 나중에 아우구스티누스가 중세 문명의 기틀을 놓으면서 천주교에서는 법률에 해당하는 것을 중시하게 되죠. 유교에서는 삼황오제 때부터 성인들이 만들어놓은 문물제도, 그리고 공자, 맹자 이후로 발전시킨 사상과 제도가 우리 삶을 정말 인간답게 만들어주는 핵심이라고 보니까 '법률'이 대단히 중요하죠. 원불교에서는 그걸 법률은이라고 하면서 더욱 일반화했습니다. 그러니까 나는 이 점도 또 하나의 진전이 아닌가 생각해요.

왜냐하면 공자나 맹자 같은 유학자들은 그들 나름의 법률은을 구현한 사람들이고, 예수·바울·아우구스티누스 모두 그들 나름의 법률은을 베푼 분들이죠. 히브리성서나 예언자 무함마드도 다 그들 나름의 법률은을 베푼 분이라 일단 다 법률은임을 인정할 수 있고요. 따라서 어느 법률은이 어느 시대에 어떤 역할과 기여를 했는지, 지금 우리 시대의 입장에서 보면 무엇이 가장 원만한지, 이것을 합리적으로 토론할 근거를 마련한 것 같아요. 그래서 법률은과 유학이 특히 통한다고 생각합니다.

이제 부모은으로 되돌아가서 얘기하면, 나는 부모은의 의미가 들여다볼수록 아주 깊다고 봐요. 부모은이라는 그 말 자체가 먼저 유교를 생각하게 되잖아요.

백민정 그렇죠.

백낙청 유교에서는 효(孝)가 아주 중요한데, 부모은과의 차이는, 가장 큰 차이인지는 몰라도, 하여간 내가 느끼기에 중요한 차이는 유교에서 효 사상은 윤리의 일부이고 예(禮)의 일부죠. 아주 중요한 일부고요. 그런데 원불교는 일원상의 진리를 깨달으면 저절로 그것이 곧 은이라는 걸 깨닫게 되고 그 은의 일부로서 부모은을 깨닫게 된다는 거니까, 이 점에선 유교적이라기보다 불교적인 측면이 더 강하고, 어떤 점에서는 도교적인 측면도 있다고 볼 수 있어요. 유교에서도 나를 낳아주신 은혜가 굉장히 크지만, 사실은 낳아준 뒤에 부모와 자식이 서로 예에 따라서 부모는 자식을 사랑하고 보살펴주고, 자식은 부모를 공경하고 보은하는 윤리로서 예(禮)의 문제가 되죠. 그런데 부모 중에서는 낳아주기만 하고 아무것도 안 하는 사람들도 있지요? 자식을 갖다 버리는 부모도 있고요.

백민정 그렇죠. 아주 냉혹한 부모도 있죠.

백낙청 그런데 원불교에서는 이 동물적인 생명을 주었다는 것 자체가 부모의 은혜 첫째 조목이에요. 그렇게 몸을 주었다는 점을 중시하는 면이 몸과 몸의 수련을 중시하는 도교와 닮아 있어요.

백민정 양생(養生) 개념과 통하지요.

백낙청 예, 서로 통하는 개념이죠. 『정전(正典)』에 나오는 '부모 피은의 조목' 첫 항목이 이렇게 돼 있어요. "부모가 있으므로 만사 만리의 근본되는 이 몸을 얻게 됨이요."(교의편 2) 요즘 세상에는 자식들이 부모한테 대들 때, 누가 나 낳아달라고 그랬냐, 이렇게 반항하죠.(웃음)

백민정 그렇죠, 사춘기 때 그렇게 반항하죠.(웃음)

백낙청 그런데 왜 나를 낳아줬냐, 당신 책임이라고 묻는 자식인 나 자체도 내 몸이 있기 때문에 그런 생각을 하고 이치를 따지게 되는 거예요. 이런 점에서 부모은의 첫 조목이 몸을 주었음을 강조한다는 것은 유교하고 조금 다른 면인 것 같아요.

그다음에 불교와 통하는 점은, 유교에서도 내 부모와 부모의 부모들이 있고, 점점 거슬러 올라가다보면 조상들이 기하급수적으로 늘어나서 얼마나 그 수가 많은지 계산하기 어렵게 되죠. 그런데 원불교에서는 불교와 마찬가지로 윤회라는 걸 믿기 때문에 내 부모의 윤회 덕분에 원래 조상이 아닌 사람도 환생한 부모의 조상들도 전부 다 내 조상이 되는 셈이에요.

결국 부모은의 요점은 내가 자력이 없을 때, 무자력할 때 나를 돌봐주신 은혜니까, 나를 낳아준 부모든 길러준 부모나 가르쳐준 어른이든 모두에게 해당되고, 세상에 자력 없는 사람들을 도와주는 게 보은(報恩)으로서 확대가 되어버리죠. 물론 유교에도 그런 개념이 있지만 불교나 원불교에서는 이게 무한대로 확대됩니다. 이걸 현대식으로 해석하면 하나하나 무자력한 자를 찾아다니면서 보은하는 것보다는, 물론 그런 분을 만나면 도와드려야 되지만, 그보다는 무자력한 자를 국가나 사회에서 돌보도록 하는 것 자체가 보은 행위다, 이렇게 되거든요. 그게 바로 부모보은인 동시에 동포보은이 되는 거죠. 물론 윤회설이 타당한지 여부에 대한 문제가 남는데, 나중에 기회가 있으면 더 얘기해보도록 합시다.

백민정 네, 윤회 문제는 조금 더 두고 생각을 해봐야 할 주제지만 원불교가 불교를 주체로 삼으니까 그 은혜 관념을 무한대로 확장해서 사유한 건 맞는 것 같아요. 사실 신유학자들도 초기에는 불교의 영향을 많이 받았는데, 초기 불교 영향을 많이 받은 중국 송대의 신유학자들은 우리가 현실적으로 보는 부모 자식 관계의 효제(孝悌)는 인을 실현하는 하나의 작은 방편이라고 봤어요. 그래서 혈연으로 맺어진 부모 자식 관계에 아주 큰 의미를 부여하지 않았던 것 같아요. 그게 바로 불교의 영향이었고요. 한참 후대로 내려가면 어떤 신유학자들은 내 부모에게 공경하고 효도하는 게 가장 중요하다고도 얘기하죠. 그런 점에서 봤을 때 불교와 연이 깊은 원불교에서처럼 부모은을 무한대로 확장해서 무자력자에게 영향을 주고받는 모든 인연의 계기를 폭넓게 사유하지는 못했던 것 같습니다.

소태산의 「최초법어」와 유교의 '수신제가치국평천하'

백민정 이렇게 유학과의 관련성을 생각하며 말씀 나누다 보니까 원불교 「최초법어(最初法語)」로 알려진 소태산 대종사의 초기 가르침, 최초의 설법에 나오는 이야기에 대해 한번 여쭤보고 싶습니다. 그 최초 설법의 내용을 보니까 유학 경전인 『대학(大學)』에 나오는 수신제가치국평천하, 그런 유학적인 삶의 방향성과 비슷한 내용이 나오더라고요. '수신의 요법' '제가의 요법'뿐 아니라 치국의 단위에 해당될 '강자·약자의 진화상 요법'이 바로 그겁니다. 강자와 약자로 만나서 서로 진화·공생하는 요법이 무엇인가, 약자도 강자 될 수 있고 강자도 약자를 돌볼 수 있는 관계를 말한 소태산 대종사의 발언이 매우 매력적으로 보였습니다. 그래서 이것을 유교와의 관계에서, 수신제가치국평천하의 논리와는 어떻게 다른지 생각해봤으면 좋겠습니다.

백낙청 『대학』, '큰 공부'죠. 그 프레임 속에서 수신의 요법, 제가의 요법은 유학의 용어를 그대로 수용해서 사용하고 있고. 치국이 들어갈 자리에 강자·약자 진화상의 요법이 들어갑니다. 어떤 면에선 그게 하나의 방편이기도 했어요. 소태산이 그걸 말할 당시는 식민지시대였잖아요. 그런데 치국을 말하면 식민지 조선 사람이 일본 제국을 다스리는 셈이 되잖아요.

백민정 당시 맥락에선 그렇게 되었겠죠?

백낙청 네, 또 우리가 조선을 독립하자고 드러내놓고 주장할 처지였나요? 그러니까 그걸 살짝 비튼 것도 있죠. 하지만 그보다도, 유학에서 치국이라는 건 원래 천자나 제후가 하는 일이고 그다음에 군자, 사(士) 계급이 같이 참여하는 건데, 강자·약자의 진화상 요법이라고 하면 치국의 주체가 더 일반화되고 보편화되는 면이 있다고 봅니다. 그래서 치국 자리에 강자·약자 진화상 요법이 들어간 게, 소태산의 참 독창적인 면모라고 봐요. 나아가서 원불교에서 평천하 대목은 '지도인으로서 준비할 요법'으로 바뀌잖아요. 그 대목은 어떻게 보셨습니까?

백민정 사실 치국 다음이 평천하라, 평천하의 수위에서는 소태산 대종사가 어떤 발언을 하셨을까 이런 의문이 있었는데, 지도인으로서 준비할 요법이 그에 해당되는 것이었군요. 일단 원불교 교무님들이 떠오르기도 하고, 아니면 자력자가 무자력자를 도울 때 자력자의 위치가 지도인일 수 있을 것 같은데, 사실 정확히 감이 오지는 않았습니다. 이것을 어떻게 설명해야 『대학』 맥락의 유교적 평천하와 비슷한 역할이 될까요? 오히려 선생님께 한번 여쭤보고 싶은데요.

백낙청 원래 치국이라 할 때 나라 국(國) 자는 천하 전부를 말하는 게 아니라 왕이나 제후의 영역이고, 평천하를 제대로 할 수 있는 사람은 천자죠. 천자나 천자를 대신하는 주공(周公) 같은 분의 일이었기에, 심지어는 그 위치에 있지 않았던 공자님 자신도 평천하를 할 수 없었죠.

백민정 예, 그런 지위를 얻지 못했죠.

백낙청 지위를 얻지 못했기 때문에 『논어(論語)』에서 술이부작(述而不作, 옛 성현의 말을 정리해서 기록할 뿐 스스로 짓지는 않는다)한다고 그랬잖아요. 그건 그저 겸손이 아니었어요. 엄밀한 의미에서 제도를 만들고 예법을 만드는, 작(作)하는 일은 성인을 겸한 왕만이 할 수 있었죠.

백민정 네, 성왕(聖王)만이 할 수 있었죠.

백낙청 네, 당시에는 누구에게나 설득력이 있는 말이었겠지만 지금 와서 평천하를 그렇게 해석하는 사람은 없잖아요. 그러니 지도인으로서 준비할 요법 역시 평천하 개념을 더 보편화했다고나 할까요. 이 세상을 고르게, 평화롭게 하기 위해서 지도적인 위치에 나서는 사람은 누구나 이러저러해야 된다 하는 식으로 평천하 개념을 민주화한 결과로 보이네요.

백민정 아, 갑자기 떠오른 표현이 있네요. 원래 군신공치(君臣共治)라 해서 군주나 사대부들만 정치에 참여했어요. 그런데 유학자들 중에서도 고염무(顧炎武)를 비롯한 명청교체기 때 유학자들은 필부도 나라의 운영에 책임이 있다고 하면서 난세에는 정치의 책무를 함께 져야 한다고 말합니다. 물론 현실적으로 그런 상황이 생기진 않았죠. 선생님께서 말씀하신 것처럼 일반 대중이 능력과 지혜를 갖추면 지도인으로서 역할을 할 수 있게끔 구체적으로 제시했다는 점에서는 평천하 개념의 민주적 표현이라고 볼 수 있겠습니다.

백낙청 네. 그러니까 길을 제시했는데 그 길을 따라서 평천하가 실현되느냐는 건 또 전혀 별개의 문제고요.

백민정 그렇죠. 그런 결과가 이어서 나왔느냐는 달리 볼 문제죠.

백낙청 특히 일제 치하에서 요원한 일이었죠. 그럼에도 원불교나 서양의 근대사상이나, 지도계급이 따로 있고 피지도계급이 따로 있다는 식으로 신분을 가르는 건 아니고, 누구나 경우에 따라서 지도인이 될 수 있다고 한 거죠. 현실을 감안하면서 그날그날, 또 그때그때 경우에 따라서 지도인으로서 제 할 일을 잘하는 것이 평천하라는 겁니다.

유학과 원불교 공부론의 비교

백민정 유학의 공부법과 비교할 만한 원불교 공부론에 대해서도 여쭤보고 싶습니다. 『종교공부』 3장을 보면 원불교 교무님들께서 원불교 공부론의 삼학팔조(三學八條)에 대한 설명을 자세히 해주셨지요. 팔조의 진행조목 가운데 네개의 한자어로 표현되는 신(信)·분(忿)·의(疑)·성(誠) 공부가 나오는데요. 믿을 신(信) 자를 확고한 결심, 신념이라 표현하셨고, 분치(忿懥), 고군분투하다 할 때의 분발하는 마음인 분(忿) 자를 설명하셨습니다. 그다음에 의심할 의(疑) 자, 이건 의심하고 묻고 질문하는 탐구정신이고요, 정성스러울 성(誠) 자는 정성을 다하는 공부로 풀이하셨습니다. 정신수양(精神修養)하고 사리연구(事理研究)하고 작업취사(作業取捨)하는 삼학을 위해서도 방금 이야기한 네가지의 마음 상태, 즉 진행조목을 먼저 잘 연마해야 한다고 설명하셨는데요, 저는 이 대목의 원불교 공부론이 유학의 공부 전통과 겹치

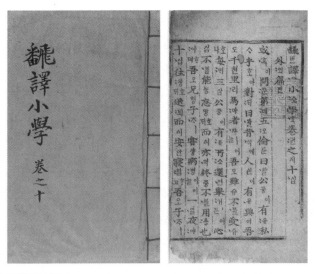

| 『번역소학(飜譯小學)』 | 『소학(小學)』은 8세 전후의 아이들에게 유교 윤리를 가르치기 위해 여러 경전에서 필요한 내용을 뽑아 펴낸 책이었다. 1518년에 『번역소학』이라는 이름으로 처음 번역되었고 1,300부가 인쇄되어 전국 각지에 배포되었다.

는 부분이 있는 것 같아요.

유학에서는 전통적으로 경(敬) 공부가 있습니다. 공경스러운 태도를 연마하는 거죠. 『중용(中庸)』에서 계신공구(戒愼恐懼, 매사 끊임없이 경계하고 삼가며 두려워하는 마음을 갖는다)라고 하는데, 계신공구를 이루는 네 글자가 다 두려워하고 삼가는 태도를 뜻하잖아요. 간단히 경 공부라고 할 수 있고요. 선생님께서 아까 말씀하신 신독도 홀로 있을 때 삼가고 누가 보지 않아도 조심하는 태도라는 점에서 경 공부와 관련이 있습니다. 유학의 심법(心法), 마음의 공부는 대체로 사람 마음이 한쪽에 치우치거나 편중되지 않고, 그러니까 불편불의(不偏不倚), 즉 한쪽에 기울지 않고, 무과불급(無過不及), 즉 지나침이 없는 중정한 마음을 유지하는 것을 중시했습니다. 그리고 이러한 마음을 기르기 위해 구체적으로 어렸을 때부터 『소학(小學)』 공부의 실천을 중시했지요. 그렇게 비질하고 물 뿌리고 청소하고 손님 오면 응대하는 태도인 쇄소응대(灑掃應對)나 몸과 마음을 방만하게 하지 않는 정제엄숙(整齊嚴肅)한 태도를 어렸을 때부터 훈련해서 몸에 체화해야 나이 들었을 때 경 공부나 계신공구도 자연스럽게 할 수 있다고 보았습니다.

함양(涵養) 공부라는 말도 많이 하는데, 이건 선한 본바탕, 생명을 살리려는 어진 마음을 회복하도록 하는 공부입니다. 이 함양 공부도 기본적으로 앞서 말한 중정한 마음을 키우는 경 공부가 다 바탕이 돼야 가능하다고 봤던 거죠. 원불교의 진행조목들과 『원불교교전』의 수행법을 보니, 거기에도 정기훈련(定期訓練), 상시훈련(常時訓練) 같은 표현들이 나오더라고요. 이런 훈련법도 그렇고 방금 말씀 나눈 그 팔조목의 훈련도 그렇고, 유학의 공부와 대비했을 때는 어떤 유사점이나 차이점이 있는지 이야기해보고 싶습니다.

백낙청 일상적인 수행과 공부를 중요시했다는 점에서 유교하고 참 닮았죠. 물론 불교도 계문이 많고 수양을 중요시하는 종교지만요, 뭐 처음부터 석가모니의 의도가 그랬는지 후대에 그렇게 발전했는지는 모르겠습니다만. 비구의 계명이 다르고 비구니의 계명이 다르니까요.

백민정 계율도 엄청 복잡하죠.

백낙청 예, 일반 대중의 그것도 다르고, 그 목표가 원불교나 유교하고도 다르지요. 유교에서 수신제가치국평천하의 큰 공부로 나아가기 위해선 기초를 닦는 소학, 작은 공부가 돼야 했어요. 그런 점에선 개인의 수행과 깨달음에 치중한 불교와 많이 다른 점이 있고요. 그런데 유학에서는, 원불교도 시간이 오래 흐르면 어떻게 될지 모르지만, 유학은 세월이 지나면서 원래 공부법의 취지는 약해지고 그 하나하나가 절대적인 계명처럼 되잖아요.

백민정 네, 계율화하고 예를 통해 타율적으로 학습하는 현상도 나타나죠.

백낙청 그렇죠. 제대로 안 하면 불학무식한 놈이 되고요.(웃음) 원불교도 그렇게 표현할 소지가 없는 건 아니에요. 하지만 원불교에 계문(戒文)이라는 게 있고 공부인의 수행 정도에 따라 여섯개의 법위등급(法位等級)이 있는데, 기초 단계의 세 등급에는 보통급(普通級)·특신급(特信級)·법마상전급(法魔相戰級)의 3급이 있고 그다음 등급인 성위(聖位) 단계부터는 위(位)라는 말을 씁니다. 법강항마위(法强降魔位)·출가위(出家位)·대각여래위(大覺如來位)의 3위가 있죠. 그런데 처음 3급을 졸업하면 계문이 없어요. 솔성요론(率性要論)이라고 해서 우리 성품을 어떻게 다스리고 활용할 것인가 하는 일반적인 가르침이 남아 있고요. '일상수행의 요법'이라는 게 있는데 남녀노소에게 다 해당이 되는 거고 『소학』의 세세한 가르침에 비하면 훨씬 더 일반화되어 있고 느슨하다 싶은 면이 있습니다.

삼학과 팔조는 또 성격이 서로 다르죠. 삼학은 공부의 내용이고, 팔조는 무슨 공부를 하든지 거기에 적용해서 진행시켜야 할 네가지 진행사조(進行四條)와 버려야 할 네가지 사연사조(捨捐四條)를 합친 여덟가지인데, 진행사조인 신·분·의·성 공부에서 신·분·의는 사실 불교에서 그대로 가져온 겁니다. 분 자는 분발한다는 건데 우리가 보통 분발한다고 표현할 때의 분(奮) 자를 안 쓰고 분노한다는 분(忿) 자를 쓰거든요. 이게 불교의 유산이랄까요. 뜻은 화낸다는 게 아니라 분발하는 건데 말이죠.

게다가 특히 불교에서 중시하는 게 의심공부 아니에요? 원불교에서도 큰 의심을 제대로 가져야지 큰 깨달음을 얻는다고 말합니다. 이 점이 그리스도교, 적어도 주류 그리스도교와 아주 다른 점이죠. 그리

원불교의 법위등급

공부인의 수행 정도를 따라 여섯가지 등급의 법위가 있나니 곧 보통급·특신급·법마상전급·법강항마위·출가위·대각여래위니라.

1. 보통급은 유무식·남녀·노소·선악·귀천을 막론하고 처음으로 불문에 귀의하여 보통급 십계를 받은 사람의 급이요,

2. 특신급은 보통급 십계를 일일이 실행하고, 예비 특신급에 승급하여 특신급 십계를 받아 지키며, 우리의 교리와 법규를 대강 이해하며, 모든 사업이나 생각이나 신앙이나 정성이 다른 세상에 흐르지 않는 사람의 급이요,

3. 법마상전급은 보통급 십계와 특신급 십계를 일일이 실행하고 예비 법마상전급에 승급하여 법마상전급 십계를 받아 지키며, 법과 마를 일일이 분석하고 우리의 경전 해석에 과히 착오가 없으며, 천만 경계 중에서 사심을 제거하는 데 재미를 붙이고 무관사(無關事)에 동하지 않으며, 법마상전의 뜻을 알아 법마상전을 하되 인생의 요도와 공부의 요도에 대기사(大忌事)는 아니하고, 세밀한 일이라도 반수 이상 법의 승(勝)을 얻는 사람의 급이요,

4. 법강항마위는 법마상전급 승급 조항을 일일이 실행하고 예비 법강항마위에 승급하여, 육근을 응용하여 법마상전을 하되 법이 백전 백승하며, 우리 경전의 뜻을 일일이 해석하고 대소 유무의 이치에 걸림이 없으며, 생·로·병·사에 해탈을 얻은 사람의 위요,

5. 출가위는 법강항마위 승급 조항을 일일이 실행하고 예비 출가위에 승급하여, 대소 유무의 이치를 따라 인간의 시비 이해를 건설하며, 현재 모든 종교의 교리를 정통하며, 원근 친소와 자타의 국한을 벗어나서 일

체 생령을 위하여 천신 만고와 함지 사지를 당하여도 여한이 없는 사람
의 위요,

　6. 대각여래위는 출가위 승급 조항을 일일이 실행하고 예비 대각여래
위에 승급하여, 대자 대비로 일체 생령을 제도하되 만능(萬能)이 겸비하
며, 천만 방편으로 수기응변(隨機應變)하여 교화하되 대의에 어긋남이
없고 교화받는 사람으로서 그 방편을 알지 못하게 하며, 동하여도 분별
에 착이 없고 정하여도 분별이 절도에 맞는 사람의 위니라.

—「정전」 수행편 17

스도교에서는 성경 말씀이나 하나님 말씀이나 또는 목사나 신부님
의 말씀을 너무 의심하면 자기 잘났다는 자만심으로 큰 죄 짓는 게
되죠. 사탄이 제1천사였는데 하느님이 사탄을 지옥불에 던진 가장
큰 이유가 그분 앞에서 너무 잘난 척했기 때문이잖아요.

백민정　의심을 많이 품고 질문도 많이 하고요.

백낙청　그래서 의심은 오히려 죄하고 통하는 걸로 보는 게 그리스도
교 입장이고 불교에서는 의심을 잘해야지 공부가 되는 거예요. 전통
불교에서는 되게 의심을 하다가 그 의심이 확 뚫리면서 깨달으면 그
걸로 이제 공부는 일단 완성됐다고 보니까요. 물론 돈오점수(頓悟漸
修)라는 표현이 있듯이, 확연히 문득 깨치고 나서도 점점 더 닦아내는
과정도 있지만 성철 스님 같은 분은 그건 제대로 깨닫지 못한 놈들이
하는 소리라고 하죠.

백민정　돈오돈수(頓悟頓修)라고 하면서 단박에 깨쳐 일시에 완성되어
버리는 경지를 주장하죠.

백낙청　원불교는 아주 철저한 점수주의죠. 그래서 '의', 의심을 공부해

서 깨달아도 계속 노력해야 합니다. 원불교에선 '성'에 정성스럽다는 뜻도 있지만 간단(間斷)없다고도 해석을 합니다. 그래서 계속 노력을 해나가면서 돈오해야 한다는 거죠. 그런데 그 깨달음 자체도 자꾸 등급이 높아지고 전체적으로 진급해야 된다는 생각이니까, 이런 점에서 불교 용어를 갖다 썼지만 발상은 유학하고 가까운 것 같기도 해요.

백민정 그러게요, 선생님. 그 정성스러울 성 자를 간단없는, 끊어지지 않고 정진하는 모습으로 해석하는 점이 불교와도 연관이 되지만 당연히 제가 볼 때는 『중용』에서 강조했던 유학적인 의미의 정성스러울 성 자로도 이해가 됩니다.

백낙청 그건 우리가 요즘 현대어로 말하는 성실성하고는 다르죠. 요즘 성실성이라고 하면 그 사람의 개인적이고 주관적인 진정성을 얘기하잖아요. 근데 여기선 그게 아니고, 『중용』 20장을 보면 천지가 성하다(誠者天之道也, 성은 하늘의 도이다)고 했으니까요.

백민정 사실 『중용』에도 귀신 이야기가 나오는데 그것도 천지만물의 어떤 영험한 기운이랄까요, 그런 우주의 간단없는 신령한 기운을 배경으로 하는 차원의 공경함과 성실함이죠. 요즘 흔히 말하는 개인의 성실함과는 다른 맥락의 이야기인 것이 맞습니다.

유학 연구자인 제 입장에서 봤을 때, 원불교 공부론에서 팔조의 진행조목으로 나오는 공부 태도뿐만 아니라 삼학에 나오는 작업취사라는 항목도 중요해 보였습니다. 그러니까 혼자 고요하게 있을 때 내면적으로 자기 마음공부, 정신수양하는 것도 중요하지만, 공동체의 인륜관계에서 사람과 더불어 살아갈 때 드러나는 수행력(修行力), 실천력의 측면도 강조했던 것 같아요. 아까 언급한 정기훈련, 상시훈련의 자세한 내용은 제가 모르지만, 고요할 때를 말하는 '정(靜)할 때

공부', 움직일 때를 말하는 '동(動)할 때 공부', 이런 표현들도 나오더
라고요(『정전』 수행편 2). 여하튼 이런 정기나 상시의 훈련과 수행, 그리
고 삼학에 나오는 작업취사, 이런 대목들을 봤을 때 원불교도 역시
공동체에서의 수행력과 실천력의 효험, 그 효과를 중시하지 않았을
까 싶습니다.

한편 소태산 대종사 본인도 수운의 동학 정신을 계승했다는 걸 제
자와의 문답에서 인정하시잖아요. 동학을 굉장히 중요한 기반으로
삼고 있었지만 그렇다고 동학 자체를 무상대도(無上大道), 무극대도
(無極大道)로 온전하게 인정하고 또 그것에만 의지하진 않은 것 같아
요. 그래서 원불교를 창도한 소태산 대종사 입장에서 동학과 원불교
의 차이랄까요, 그런 점도 염두에 두신 것 같아요. 이 점에 대해서 말
씀을 나눠보고 싶습니다.

백낙청 소태산이 당신의 말로도 수운 선생을 굉장히 높이 평가한 사

실이 『대종경』에 나오잖아요. 또 "물질이 개벽되니 정신을 개벽하자"라는 개벽표어는 불교에 없는 말이거든요. 불교는 그런 사상 자체가 없습니다. 그런 점에서는 분명히 소태산이 후천개벽의 흐름을 계승했는데, 동학과 가장 큰 차이는 불법을 주체로 삼아서 새 회상(會上)을 열겠다는 생각을 했던 거고 불교는 '무상대도'(『정전』 총서편 '교법의 총설', 『대종경』 서품 16)라는 말도 해요. 그런데 무상대도라는 건, 지금까지 나온 여러 전통적인 가르침 중에서 가장 높은 도라는 뜻이에요. 그러니까 소태산 자신이 새로 만들고자 하는 광대하고 원만한 새 종교에는 못 미친다고 보는 거죠.

그래서 전통 불교와 뭐가 제일 다른지를 내가 한마디로 한다면, 원불교는 한반도의 후천개벽사상을 계승해서 불교와 융합한 것이다, 이렇게 말할 수 있겠어요. 그리고 동학 같은 후천개벽사상과 뭐가 제일 다른지를 말하자면 원불교는 불법을 수용한 것이다, 이렇게 말할 수 있을 것 같고요. 하이데거가 주장하듯이 서양의 모든 형이상학과 신학이 결국은 유(有)를 전제로 하죠. 하이데거식 표현으로는 '존재자에 대한 연구'고요. 존재론은 결국 모든 존재자가 공유하는 그 존재성이라는 게 무엇일까에 대한 토론이거든요, 존재자들의 가장 일반적인 특징에 대해서요. 그러다 보니까 서양철학에서 이런저런 존재 논의가 많이 나왔지만 니체(Friedrich Nietzsche)에 오면 존재라는 말은 가장 공허한 개념으로 규정되죠. 존재한다는 것, 있다는 것 외에는 공통점이 없는 거 아니냐, 이렇게까지 나아가기도 하고요. 수운 선생과 같은 차원의 생각은 아니지만, 그런 식으로 존재자만 가지고 생각하다 보면 '귀신자오야'라고 할 때 그 귀신에 해당한다고 할 수 있는, 존재 속에 스며들어 작동하는 신령스러운 기운을 놓치게 되죠. 그래서 하이데거는 존재자(Seindes)와 존재 자체(das Sein selbst)를 구별하면서, 이게 굉장히 중요한데, 서양의 3천년 철학이 그걸 망각해왔다고 주장합니다.

불법을 수용하면서 원불교가 거둔 성과 중의 하나는, 서양철학뿐 아니라 동양에도 그런 사상이 많습니다마는, 존재자만 생각하고 '귀신자오야' 할 때 그 귀신을 잊어버리는 습관적 사고에서 탈각했다는 점입니다. '귀신자오야' 할 때 그 귀신을 또 하나의 존재자로 설정하면 다른 걸 다 떠나서 현대 담론에선 대접을 못 받아요. 아시다시피 현대에 오면 해체론(deconstruction)이니 하는 포스트모더니즘(postmodernism) 또는 '탈근대 담론'에서 이전까지의 서양철학을 뭐든지 자꾸 본질화하려는 시도로 이해하죠.

백민정 구성된 개념을 하나의 '본질'이나 '실체'로 실체화하려는 시도로 이해하죠.

백낙청 네, 실체화하고, 현전(現前)하는 무언가로만 자꾸 생각하죠. 해체주의의 창시자로 꼽히는 자끄 데리다가 전통적으로 서양철학을 지배해온 사유 방식을 비판하고 해체하기 위해 '메타피직스 오브 프레즌스'(metaphysics of presence), 즉 '현전의 형이상학'이라는 말을 쓰잖아요. 하이데거와 데리다뿐 아니라 많은 현대철학자들이 타깃으로 삼고 거부하는 소위 본질주의란 말이에요. 그래서 아까 범재신론이 잠깐 나왔지만, 범재신론도 신론이자 신학이고, 그 신이 존재자인 한에서는 동아시아 사상이 아니라 서양 자체에서 위력있는 최신의 담론으로써 현전의 형이상학론을 해체하자는 이들의 눈에 딱 걸리게 돼 있단 말이죠. 이런 점에서 다시 생각해보면, 유무초월의 경지를 전제로 한다든지, 진공묘유라는 개념이 서양 사람들에겐 이해는 잘 안 갈 테지만, 아리송하고 그런 게 어디 있냐 할 수도 있지만, 사실 이런 사유를 해야 앞서 말한 서양의 최신 담론에 저촉이 안 돼요.

그런 면에서 유를 중심으로 계속 생각할 것이 아니라, 유에 대한 집념도 떨쳐버리고 무에 대한 집념도 없으며 유도 무도 아닌 다른 경지를 생각하자는 것이 서양인들의 공감을 얼마나 얻어낼지 모르겠습니다. 하지만 우리 담론이 그야말로 근대성이 아닌 현대성, 최첨단의 담론이 될 현대성을 확보하는 데 이런 점이 필요하지 않을까, 도움이 되지 않을까 하는 생각이 있습니다.

윤회론의 확장성

백낙청 우리 대화에서 윤회 얘기를 몇번 하다가 말았죠. 불교의 윤회론이 힌두교의 윤회론하고 근본적으로 다른 게, 힌두교에서는 불멸의 개령, 개인적인 영혼이 있다고 그러잖아요. 그게 끊임없이 다시 윤회하고 환생하고 하는 건데 불교는 원래 그런 게 없다고 하죠. 개령이라는 실체가 없다는 거죠. 그럼 실체가 없는데 뭐가 윤회하느냐, 이런 질문이 떠오르는데 불교는 거기에 대해서 무아론적 윤회라고 하죠.

백민정 네, 무아윤회라고 하죠.

백낙청 네, 무아윤회라고 해서 개령은 아니더라도 우리가 살면서 뭉친 기운 같은 게 다음 생에도 전달이 된다고 하죠. 어떤 의미에서는 그것도 유교적인 발상하고 통해요. 조상이 죽었다고 해서 갑자기 다 혼이 흩어져버리는 건 아니고 대개 평균적으로 4대까지는 이어진다고 해서 사대봉사(四代奉祀)를 하잖아요.

백민정 네, 한 60여년 혼령이 존재한다고 하죠.

백낙청 그런데 4대를 넘기는 혼령도 있다는 걸 인정하거든요. 가령 공자를 모시는 사당인 문묘(文廟)에 어떤 사람의 신주를 모신다고 하면 큰 공훈이 있어 나라에서 영원히 사당에 모시기를 허락한 신위(神位)로서 불천위(不遷位)라고 하죠.

백민정 네, 공덕을 많이 쌓은 훌륭한 조상의 신위는 불천위로 해서 옮기지 않고 계속 제사 지내고, 그런 혼령도 존재한다고 믿었죠.

백낙청 로런스는 불교를 중심으로 사유한 사람은 아니에요. 내 저서인 『서양의 개벽사상가 D. H. 로런스』의 마지막 장에서 죽음에 관한 로런스의 시 「죽음의 배」를 가지고 내세관이랄까 환생관을 검토한 적이 있는데, 그 시에 잘 살고 잘 죽은 영혼이 좋은 '죽음의 배'를 마련해서 완전한 망각으로 가서 없어지지 않고 되돌아온다는 내용이 있거든요(503~15면). 그러면 되돌아온 영혼은 흩어지지 않고 계속 그다음 생으로도 이어지느냐 하면 꼭 그렇다는 얘기는 아닐 것 같아요. 그래서 그대로 놔두면 그 기운이 흩어진다는 불교적 발상하고도 통하는데, 그렇게 돌아온 영혼이 새로 공덕을 쌓고, 새로 더 잘 살고, 더 잘 공부하고, 더 잘 죽으면, 그다음에 더 오래가는 기운이 거기서 생성되고. 부처가 되는 분들은 세세생생(世世生生) 그런 공덕을 쌓으면서 점점 더 굳어져가지고 흩어지지 않는 영혼, 불천위가 되는 거예요. 유교의 불천위하고 다른 개념이지만 생사거래(生死去來)를 자유롭게 한다는데, 사실 윤회의 유무는 '팩트'(fact)의 문제죠. 내가 윤회란 걸 믿는다고 해서 반드시 내가 윤회하는 것도 아니고, 윤회라는 걸 안 믿더라도 윤회가 있으면 윤회하게 돼 있는 거고요. 불교의 무아윤회나 로런스 같은 사람이 독자적으로 도달한 어떤 내세관이 저는 영혼과 내세의 문제를 이해할 때 훨씬 합리적인 사유가 아닌가 싶어요. 만약 그 합리성이 인정된다면 아까 말했듯이 부모은의 개념도 확 넓어지는 거예요. 어떻게 생각하세요?

백민정 부모은도 그렇고, 또 저희 대화의 첫 주제가 귀신이었는데, 이성적 판단으로 알 수 없는, 그러니까 인간 사유의 상상력을 동원해야 이해할 만한 주제들인 것 같아요. 사실 윤회 문제는 선생님도 그렇고 저도 그렇고, 그것이 어떤 팩트의 일종이라고 한다면 단박에 뭐라고 이야기할 수는 없을 것 같고요. 다만 그것을 사유할 만한 좀더 풍성한 상상력과 사유의 폭이 필요하지 않을까 합니다. 저는 귀신 이야기뿐 아니라 윤회 이야기도 그런 점에서는 충분히 논의해볼 만한 주제라고 생각합니다.

백낙청 그걸 상상력이라고 표현하면 보통의 상식을 가진 일반인들에게 잘 먹히는 단어이긴 한데, 불교에서도 그렇고 원불교에서도 그렇고 진짜 중요시하는 건 그냥 상상력이 아니고 유에도 무에도 집착하지 않는, 공부를 쭉 계속하다가 도달하는……

백민정 어떤 경지겠네요.

백낙청 네, 깨달음의 경지입니다.

다시, 근대와 근대성의 문제

백민정 『종교공부』 1장에선 근대와 근대성 문제를 둘러싸고 도올 선생님과 논쟁을 벌이셨는데요. 독자 입장에서는 굉장히 흥미롭고 생각해볼 만한 주제였습니다. 도올 선생께서는 우리에게는 우리 삶의 양식의 통시적 변화가 있을 뿐인데 왜 우리가 근대니 전근대니 포스트모던이니 이런 소모적 개념들을 가지고 와서 논쟁을 해야 되냐고 강하게 비판을 하셨죠. 근대라는 개념 자체가 가치론적으로 매우 강압성을 띤 아주 조작적이고 인위적인 개념이다, 이렇게 보셨고요. 그러면서 도올 선생님은, 백선생님이 서양의 근대를 방편적으로 인정하고 또 그것을 극복하는 근대 극복의 길을 모색하신다면 그런 의미의 근대에 대해 단호히 거부하겠다는 표현도 쓰셨어요.

그런데 백선생님께서는 근대라는 개념을 범범하게 쓰신 게 아니라 세계를 전일적으로 지배하는 자본주의 근대를 명확하게 가리키셨죠. 우리가 지금도 그 엄청난 영향 아래 있으니까 회피할 수 없는 문제라고 보신 것 같아요. 수운 최제우와 그 이전 시대의 유학자, 영남 유학자들의 중요한 차이점은, 수운은 19세기 중반 이후에 자본과 결탁된 서구 제국주의 침략과 아편전쟁을 목도하면서 중국이 깨지는 걸 보고 순망치한의 화가 우리에게도 미치겠구나 하고 우려하셨다는 점이죠. 서양 제국주의, 식민지 정책을 체험하면서 본인의 사유를 했던 거고요. 또 소태산 대종사의 경우에도 원불교의 불법이 특이한 건 20세기 초 자본주의 근대의 횡포를 진지하게 고민하면서 물질개벽과 정신개벽을 이야기하기 때문이잖아요. 그런 점에서는 제가 봐도 서구 근대든, 아니면 근대의 어떤 특징으로서 근대성이든, 이런 문제는 우회할 수 없다는 생각이 들거든요.

백낙청 근대성이라는 건 학자마다 가장 중요하게 생각하는 특징이 다다르고, 그래서 이런저런 근대성을 열거하죠. 그건 좋은데 그러다 보면 중구난방으로 논의가 퍼져서 생산적이 되기 어려워요. 다행히 우리말에는, 동아시아 언어에는 근대(近代)라는 시대 구분 용어와 근대성(近代性)이라는, 그 시대의 어떤 성격을 규정하는 용어가 다 있잖아요. 그런데 서양의 모더니티(modernity)는 이게 한 단어에 다 들어가 있거든요. 그런 점에서는 미개한 언어인데.

백민정 미분화된 언어죠.

백낙청 저개발된 언어죠. 그런데 우리가 오히려 거기에 끌려다니고 있어요. 나는 도올 선생의 비판 취지는 이해합니다. 근대를 비판한다고 하면서 이런 근대성, 저런 근대성 얘기하는 사람들이 가만히 보면 전부 근대주의에 물들어 있으니까요. 그리고 근대의 폭력적인 속성에 대한 근본적인 반성을 한다고는 하지만 서구적 근대성이라든가, 결국 기존 근대주의 언어의 일부를 쓰면서 자기는 그렇지 않은, 더 좋은 근대성 또는 근대를 지향한다고 주장하죠. 그런데 백민정 선생도 이번 글에서 비판을 했지만 그분들이야말로 사실은 근대주의에 굉장히 깊이 물들어 있단 말이에요.

백민정 연루된 분들이죠.

백낙청 그러니까 도올은 이런 거 싹 쓸어버리고 그 얘기 안 했으면 좋겠다고 하죠. 하지만 우리가 그 얘기를 안 한다고 해서 근대가 어디 가는 건 아니잖아요. 특히 자본주의라는 게 그렇죠. 이런 점이 도올 선생과 나의 차이인데요. 어쨌든 자본주의는 피할 수 없는 문제라는 인식을 갖고 이에 대해 깊이 분석하고 대응책을 마련하는 건 누군가 해야 할 과제 같습니다.

백민정 맞습니다. 선생님께서 『근대의 이중과제와 한반도식 나라만들기』(창비 2021) 앞부분에서도 말씀을 하셨지만 모더니티라는 말이 우리말로 치면 근대, 현대, 근대성, 현대성 이렇게 다양하게 번역이 되죠. 그런데 이걸 엄격하게 정의하지 않다 보니까 오히려 혼선이 발생하는 것 같아요.

또 하나의 문제는 시기로서의 근대나 특정 시기의 특성으로서의 근대성을 각자 어떻게 본다고 명시하지 않으니까 여러 심각한 문제들을 비판하지 않고 은폐하는 폐단도 발생하는 것 같습니다. 예를 들면 식민지 경제 수탈, 환경오염, 기후위기 등 자본주의 근대가 초래한 여러가지 위험들을 간과하게 되는 거죠. 그 점에서는 저도 선생님 입장에 공감을 합니다.

제가 「왜 귀신의 공공성인가?」에서 방금 말씀하신 것의 예라고 할 수 있는 유교적 근대성론을 거론했지요. 그것을 주장하는 분들의 논의에는 초월과 현실세계, 성과 속의 세계, 가족과 국가·사회의 이분법적인 관점 같은 문제점도 몇가지 있지만, 저는 모더니티 개념에 대한 엄밀하고 명확한 정의를 밝히지 않는 것이 가장 밑바탕에 놓인 문제인 것 같아요. 일단 모더니티를 근대성이라고 번역하기는 하지만요. 그래서 유교 근대성론을 주장하는 분들은 대개, 정확히 입장을 밝히지는 않았지만, 저의 짐작으로는 자본주의의 경쟁논리 같은 것들이 인류 문명·문화를 발전시키는 동력이라는 주장에 찬성하는 입장인 것 같아요. 무엇이 되었든 사실 내가 좋아하는 근대성, 근대의 속성이 이런 거고 그게 바로 자본주의라면 자신이 동의하고 추구하는 것에 대한 연구자로서의 양심고백이 우선해야 하지 않을까 싶습니다.

백낙청 양심고백이라는 말씀을 하셨는데, 그런 고백도 필요하고 그다음에는 철저하고 냉철한 검증과정을 통과해야죠. 근대가 한 일 중에서 좋은 일도 있다는 점을 믿는 것 자체는 나쁘지 않다고 봐요. 사실이 그러니까요. 그러나 자본주의 중에서 내 마음에 맞는 것만 쏙쏙 뽑아 배합해서 유교적 근대성 같은 대안적 근대성을 얼마든지 만들 수 있다는 게 착각이고 망상일 수 있잖아요. 아니면 정말 근거가 있는 생각일 수도 있고요. 이 점은 이제부터 철저히 검증해야 되는데 양심고백조차 안 하는 사람이 많고, 고백한 뒤에도 나는 이제 고백했으니까 이걸로 끝이다, 너희들 내 말 따라와라 하는 식으로 주장하는 분들도 꽤 있지 않나 싶어요.

또 근대성과 현대성이 각각 다른 거라고 제가 얘기했는데, 어떤 사람은 그걸 같은 뜻으로 쓰기도 하죠. 그건 그의 자유인데, 두 용어를 분별해 쓰는 사람들 중에는 자본주의 근대에 철저히 반대하고 그걸 비판하면서도 그것과는 다른, 현대인으로서 우리가 현대인의 삶에 충실해야 된다는 뜻으로 현대성을 쓰는 사람이 있거든요. 시인 김수영(金洙暎) 같은 분이 그랬고, 프랑스의 시인 아르뛰르 랭보(Arthur Rimbaud)가 "우리는 철저히 현대적이어야 된다"(Il faut être absolument moderne)라고 할 때는 철저히 자본주의적이 돼야 된다는 얘기는 아니거든요. 자본주의의 그런 폐해를 인정하고 그걸 넘어서려는 노력을 포함해서 현대인답게 살아야 한다는 얘기란 말입니다. 유교적 근대성이라는 말을 놓고도, 근대가 자본주의 시대라는 전제를 그대로 두고 그 말을 쓴다고 하면 결국 유교자본주의론으로 가는 수밖에 없어요. 그러나 자본주의는 자본주의인데 서구의 자본주의하고 다르게 우리는 유교적인 덕목을 가미한 대안적인 자본주의를 만들어보겠다는 것이 과연 가능한 일일까요. 한때는 유행하는 담론이었죠. 그런데 지금은 그렇지도 않은 것 같아요.

그게 아니라면 근대성과 현대성을 구별해서, 자본주의에서 벗어나야 할 절실한 과제를 안고 있는 우리 현대인의 현대성이 있다고 하고, 그것을 유교인의 현대성, 유교적 현대성이라고 부를 수 있는데 그게 가능한 일인가 하는 의심이 들지 않겠어요?

물질개벽 시대의 유교적 현대성이란

백민정 유교적 현대성이라는 게 뭘까, 저도 좀 주저되는 바가 있는데요. 제가 유교 근대성론을 비판했는데 사실 비판보다 더 어려운 순간이, 그럼 본인의 입장에서 유교에 대해 현대적으로 어떻게, 무엇을 말할 수 있는가 하는 질문을 받을 때인 것 같습니다. 저는 다산 연구자이니 유교 현대성론, 이 문제와 관련해 정약용의 사례로 한번 이야기를 해볼게요.

정약용은 실학자로 유명하지요. 물론 그런 면모가 있지만 깊이 들어가 보면 저는 오히려 그의 정체성은 예학자라는 말을 하고 싶습니다. 그건 그의 저작이 보여줍니다. 『경세유표(經世遺表)』같은 국가례(國家禮), 왕실 의례, 지방 마을공동체의 운영과 관련된 향례(鄕禮), 사대부 집안의 관혼상제를 다루는 사가례(士家禮) 등 예학에 관련된 책이 굉장히 많습니다. 아주 번다하고 복잡한 의례 시스템을 소개한 책들을 굉장히 많이 썼죠. 도올 선생님이 동학은 유교적 민본주의의 완성이자 극치라고 표현하신 적이 있는데요. 이렇게 동학과 유교의 연관성을 얘기하는 분들이 여전히 계시고 사실 그런 면도 있습니다. 동학이 이처럼 유교적 가치, 민본성을 구현했지만 그럼에도 결국 동학의 세계관과 유학의 큰 차이점이 있다면 그것은 바로 유학에 예나 예를 구현한 예치(禮治) 질서가 강하게 자리 잡고 있다는 점입니다.

예학은 중국 고대로 올라가면 『예기(禮記)』『주례(周禮)』같은 책에 근원을 두고 있습니다. 사실 예라는 건 나와 타인의 인륜관계, 특히 갈등·쟁탈·분쟁을 겪는 인륜관계를 원만하게 해소하기 위해서 유학자들이 오랜 숙고 끝에 선택한 수단이었거든요. 그런데 더 좋은 사회적 관계를 구현하기 위한 수단으로서의 예, 그 예가 지향해온 목적과 수단이 전도되는 현상이 발생했죠. 오히려 예와 예치 시스템이 신분차별이나 부정적인 의미의 위계질서를 정당화하는 도구가 돼버렸거든요. 그래서 나중에 동학에서 해월 최시형 같은 분이 예의 문식(文飾), 다시 말해 번다하고 화려하게 꾸며진 예를 걷어치우고 '향아설위(向我設位)'를 주장하잖아요. 향아설위는 벽에다 상 차리고 번다하게 제사 의례를 지내는 게 아니라 천지부모의 신령이 깃든 나를 돌보고 보살피라는 의미였죠. 그리고 해월이 부모의 상(喪) 역시 형식적으로 갖춰진 삼년상에 그치는 것이 아니라 마음에서 하는 심상백년(心喪百年)의 상임을 강조했던 점도 예의 근본정신을 돌이키는 중요한 계기였다고 생각합니다.

　개벽사상의 흐름을 논하는 자리에서 전통 유학을 발본적으로 다시 반성해본다면, 유학의 두가지 핵심 키워드인 인과 예에 대해 생각해볼 필요가 있겠어요. 특히 예의 측면에서 여러가지 문제가 있다고 봐요. 제가 얼마 전에 서우(曙宇) 전병훈(全秉薰)이라는 인물에 대해서 글을 썼는데요. 「전병훈『정신철학통편』의 예치론과 정치사상」(『한국철학논집』 79권, 2023, 115~59면)이라는 글입니다. 잘 안 알려진 인물이지만 고종 때 관료를 했던 유교적 인물이었고 고종이 폐위되고 나서 1907년에 중국으로 망명을 해서 도교 수련도 경험하는 등 특이한 삶의 이력을 가진 분이에요. 이분이 예치, 예에 관한 글을 썼는데요. 이미 당시만 해도 19세기 말, 20세기의 서양 문물과 서양 학문을 학습할 수밖에 없었거든요. 그러니까 전병훈은 이전 시대에 활동한 정약용과는 또다른 성격의 예를 말할 수밖에 없었어요. 시대가 바뀌었으니까요. 예를 들어 정약용은 목민관, 치자들이 백성을 계몽하는 행위, 치자의 통치행위라는 측면에서 향례를 설명했거든요. 그런데 급변하는 20세기에 서구문명을 의식했던 전병훈은 지방 향촌의 향약(鄉約), 그러니까 향례의 하나로서 향약을 민중들의 의지에 기반한 민약론(民約論)으로 해석합니다.

백낙청　루쏘(Jean-Jacques Rousseau)의 『사회계약론』(*Du Contract Social ou Principes du droit politique*)이 먼저는 『민약론』이라는 제목

마음으로는 백년상이 옳다고 말한 해월

　방시학이 묻기를 "제사 지낼 때에 절하는 예는 어떻게 합니까".

　신사 대답하시기를 "마음으로써 절하는 것이 옳으니라".

　또 묻기를 "제물 차리는 것과 상복은 어떻게 하는 것이 옳습니까". 신사 대답하시기를 "만가지를 차리어 벌여놓는 것이 정성이 되는 것이 아니요, 다만 청수 한그릇이라도 지극한 정성을 다하는 것이 옳으니라. 제물을 차릴 때에 값이 비싸고 싼 것을 말하지 말고, 물품이 많고 적은 것을 말하지 말라. 제사 지낼 시기에 이르러 흉한 빛을 보지 말고, 음란한 소리를 듣지 말고, 나쁜 말을 하지 말고, 서로 다투고 물건 빼앗기를 하지 말라. 만일 그렇게 하면 제사를 지내지 않는 것이 옳으니라. 굴건과 제복이 필요치 않고 평상시에 입던 옷을 입더라도 지극한 정성이 옳으니라. 부모가 돌아가신 뒤에 굴건을 쓰고 제복을 입고라도, 그 부모의 뜻을 잊어버리고 주색과 잡기판에 나들면, 어찌 가히 정성을 다했다고 말하겠는가".

　조재벽이 묻기를 "상기는 어떻게 하는 것이 옳습니까". 신사 대답하시기를 "마음으로 백년상(心喪百年)이 옳으니라. 천지부모를 위하는 식고가 마음의 백년상이니, 사람이 살아 있을 때에 부모의 생각을 잊지 않는 것이 영세불망이요, 천지부모 네 글자를 지키는 것이 만고사적 분명하다고 말하는 것이니라".

—해월 최시형 「향아설위」 일부, 『해월신사법설』

으로 번역이 되었을 거예요.

백민정 네, 맞습니다.『사회계약론』이 한문으로『민약론』이라고 번역됐는데 당연히 이분도 중국에 가서 그런 책들을 봤죠. 그러면서 민(民)의 지위가 굉장히 중요하고 민중이 주인이 되는 새로운 시대라는 걸 직감적으로 느낀 거예요. 그래서 유학자 관료였지만 향례나 향약을 설명할 때도 이것을 목민관 같은 통치자의 통치행위가 아니라 민의 의지와 도덕적인 기대를 모아서, 민약의 전통에 기초하여 만들어낸 유교적 방식의 지방자치제도라고 향례를 새롭게 해석하거든요. 전병훈의 안목도 있었겠지만 민중의 역량이랄까요, 그런 것에 대한 시대적 인식의 변화를 보여주는 것 같습니다. 이 점을 보더라도 유학의 전통적인 예치사상, 예치질서를 근본부터 다시 반성해야 하지 않나 생각합니다.

백낙청 법치(法治), 그러니까 국가의 강제력을 전제로 한 다스림이 아닌, 덕과 교육을 통한 자발적인 협조를 끌어내는 예치가 참 바람직하다는 점에는 나도 동의해요. 전병훈 선생은 내가 전혀 모르는 인물인데 백민정 교수가 두편의 논문을 쓰셨더군요. 하나는「'철학'과 조우한 조선 지식인의 자기 이해와 변화」(『개념과 소통』33권, 2024, 49~95면)라는 논문으로, 그분의 주저라고 할 수 있는『정신철학통편(精神哲學通編)』에 대한 전반적인 이야기이고 다른 하나는 지금 말씀하신 전병훈의 예치를 정약용의 예치론하고 대비하신 결과물인데요. 전병훈은 다산보다 꽤 후대 사람이고 중국에 망명해서 서양 서적도 많이 읽었기 때문에 당연히 서양사상에 대해서도 개방적인 태도를 가졌죠. 그런데 다산은 철저히 유교적인 분이고, 유교문명권 안에서 어떻게 이걸 바로잡아볼까 하고 고민을 하신 분이잖아요. 그래서 말씀하신 차이가 눈에 띄고 여러가지 흥미로운 차이점도 보입니다. 그러나 근본

乘薰謹按三政之論可謂歐西今日之治制開基者而孟德斯鳩氏出乃益闡明而精備焉惟亞氏於當時創立民主共和之政論比吾孟子之唱明民權主義愈精切而條暢誠可謂命世亞聖之才也東亞則未有繼孟者而西則後出者恢拓而廓大之為世東用何其成美之如是也

第三十二章 二節

歐西民約政治哲理

盧梭七法人四千二百生氏曰民約之為物不獨有益於人人之自由權而已且為平等主義之根本也何以言之天之生人也有強弱之別有智愚之差一旦教日民約者易事勢之所更無強弱更無智愚惟覩其正與不正如何天然之智愚強弱是也道德之平不平等而為道德之平等者何由法律條款所生之義理者也又曰民約未立以前人人皆自有主

| 전병훈과 『정신철학통편』의 제32장 「구서민약정치철리(歐西民約政治哲理)」 | 서우 전병훈은 『정신철학통편』을 통해 루쏘의 사회계약론에 입각한 정치이론을 소개했다.

적으로는 전병훈도 예치를 법치보다 중시하고, 또 유교 전래의 심학(心學)을 따랐다는 점은 역시 다산과 연속성이 있는 것 같기도 해요. 물론 전병훈은 심학에 도교적 수련을 가미했지만요.

하지만 전병훈 같은 분조차 이미 자본주의 시대 한복판에 살면서도 자본주의 자체에 대한 공부는 별로 없었던 것 같아요. 서양철학자를 주로 공부했지만 맑스(Karl Marx)에 대한 언급도 없고요. 그래서 소태산이 말하는 물질개벽 시대라는 개념이 없어요. 그렇다 보니까 다산과 어떤 공통점이 드러나느냐 하면, 예치라는 게 중요하지만 안될 때는 강제력을 행사해야 한다는 전제가 깔려 있잖아요. 다산 선생도 향약, 향례 얘기할 때는 주민들이 자발적으로 따라오게 내버려둬야지 정부가 관여하면 안 된다, 이런 걱정을 하시고 정조대왕도 그런 생각을 했다고 하죠. 그런데 『경세유표』 같은 책에서 굉장히 강력한 국가를 구축하기 위해 규칙을 정했는데 이를 안 따르는 사람이 있으면 처벌해야 한다고 했습니다.

백민정 맞습니다. 『경세유표』를 보면 금제사(禁制司)나 제례감(齊禮監)이라는 기구를 만들어서 예의 규정에 어긋나는 행위를 한 사람을 잡아다가 강제력으로 처벌하고 교화해야 한다는 내용이 있습니다.

백낙청 전병훈이라는 분도 결국 안 되면 강제력을 쓸 수밖에 없다고 했죠. 서양사상의 영향을 받아서 아래에서 위로 올라가는 지방자치를 강조한 사람인데도요. 어쨌든 이 물질개벽 시대에는 다산의 생각이든 전병훈의 생각이든 전부 다 안 통하게 돼 있어요. 유교적 또는 동아시아적 사상하고는 거의 상극관계에 있는 게 자본주의의 현실이거든요. 그러니 자본주의 논리에서 벗어나는 이상을 실현하려고 하면 강권을 동원할 수밖에 없죠. 다산과 전병훈의 사상에선 그런 혼란도 읽힙니다. 그리고 물질개벽 시대가 어떤 시대인지 통찰하고 거기에 상응하는 정신개벽을 이룩하자는 게 원불교의 사상인데, 그런 물질개벽에 대한 공부가 빠지면 결국 고담준론(高談峻論)으로 그칠 수밖에 없지 않겠냐는 것이 중요한 지적 아니겠어요. 그걸 그냥 담론 차원에 남겨두지 않고 실현하려고 한다면 결국 국가의 강제력에 호소하는 수밖에 없지 않나 하는 생각이 들어요.

그런데 물질개벽이 됐다는 개벽시대에 대한 통찰을 바탕으로, "물질이 개벽되니 정신을 개벽하자"라는 소태산의 표어를 충분히 수용하면서 소위 치교(治敎)의 도라고 해야 할까, 사람을 다스리는 도에 대해서 구체적인 생각을 한 분이 원불교 2대 종법사이신 정산(鼎山) 송규(宋奎) 선생이거든요. 그이는 도치(道治)·덕치(德治)·정치(政治) 이 세가지 다스림이 같이 가야 한다고 주장해요. 사실은 도치와 덕치를 유교식으로 겸한 것이 예치죠. 예치라는 건 지도자의 덕치에 더해 일반 대중도 예를 익혀서 자발적으로 따라오라는 것이고요. 그리고 정산이 정치라고 말하는 건 법가사상 같은 거죠.

이 세가지를 제대로 겸해야 한다는 정산의 뜻은, 왕이나 지도자가 모범을 보이는 덕치만으로는 안 된다는 거죠. 물론 그것도 필요한데 대중의 호응 또한 위에서 가르쳐서 따라오도록 만드는 게 아니라 한 사람 한 사람이 시대를 통찰하고 도인으로 거듭날 때만 진정한 민주정치, 민중자치가 가능해진다는 개념이에요. 그야말로 물질이 개벽되니 정신을 개벽하지 않고는 안 되는 경지죠. 또 중요한 것은 정산이 이런 얘길 한다는 겁니다. 과거에는 이 세가지 중 하나가 빠져도 됐는데 오늘날에는 이 세가지가 다 있어야만 한다고요. 물론 과거에 어느 한 국가 단위로 세가지가 완전히 이루어진 적은 없죠. 그런데 조금 단위가 작은 도인 집단에선 도치가 이루어지기도 했고, 덕치도 결국 유교 국가가 지향해서 부분적으로 이루어진 사례가 있고, 정치도 그것대로 잘 작동한 적이 있죠. 그런데 이제 와서 덕치나 정치의 시대는 갔고 도치의 시대가 왔다, 이런 식으로 이야기하면 좀 허황된 유토피아론이 되는 게 아닌가 합니다. 세가지가 다 있어야 한다고 말할 때는 그 세가지의 비중이 그때그때 상황에 따라 달라지는 걸 허용하는 거고요. 이 점은 굉장히 현실적이면서도 물질개벽 시대에 맞는 치교론이 아닌가 하는 생각이 들었어요.

다산은 한국이 자본주의 세계시장에 편입되기 이전 시대를 사신 건 물론이고 아편전쟁도 겪지 않았으니 어떻게든 유교적인 이상국가를 복원해볼까 하는 생각을 했던 건 당연합니다. 전병훈 선생은 아편전쟁 이후의 사람이고 자본주의가 왕성할 때, 조선이 이미 그 영향권 안에 들어간 시대를 살았는데 서양철학을 얘기하면서도 오히려 서양의 경제체제, 자본주의에 대해서는 별 얘기가 없어요. 아까 우리는 자본주의를 절대 빼놓고 얘기할 수 없다는 이야기를 나눴는데, 이것도 아주 좋은 예 같아요. 다산이든 서우 전병훈이든, 그들이 물질개벽의 시대에 부응하는 가르침을 남겼는가, 그걸 우리가 좀 따져봐야 할 때가 아닌가 하는 생각이에요.

개벽사상으로 유교의 한계를 극복한다면

백민정 물질개벽과 관련된 자본주의 시대에 대한 깊은 성찰이 없었던 건 맞는 것 같고요. 전병훈 선생만 해도 중국에서 고대 그리스 철학에 관한 책이나 루쏘의 『민약론』을 봤지만 최신의 서적이라면 서양 심리학, 생리학, 의학 책 같은 것들을 주로 봤던 것 같아요. 도덕성, 국가, 통치, 권력 같은 문제에 관심이 있었고, 1차 세계대전도 목격했지만 쟁탈과 힘겨루기의 문제보다는 평화로운 세계 공동체에 대한 구상을 넓게 하셨는데요. 다시 생각해보면 자본주의 근대로서 근대의 속성에 대한 고민에는 이르지 못했다는 아쉬움이 있습니다. 그런 점에서 유학자들이 유교의 전통을 개벽적 사유로 무장할 필요도 있고요.
　한편으론 아까 정산 종사의 세가지 치교론을 말씀하셨죠. 그것은 사실 유교 전통과 유사한 점도 있고 당연히 달라지는 점도 있죠. 20세기 현대를 고민한 거니까요. 그럼에도 제가 유학 연구자로서 한두가지 말씀을 드려보겠습니다. 유교에서도 당연히 교육, 배움을 굉장히 중시했죠. 아까 위에서부터 시켜서 하는 교육이 아니라 각자가 도인된 마음으로 자기 공부를 해야 한다는 의미의 새로운 도치를 말해야 한다고 하셨는데요. 그 말씀도 맞지만, 유교 역시 공자 이래로 수천년간 교육을 강조하면서, 자발적이지 않으면 배움이 자기 것이 될 수 없다는 점을 말했는데 그건 굉장히 중요한 전통이었던 것 같아요. 수운 선생이 처형되기 전 공판 기록 자료를 보면 그를 최복술(崔福述, 수운의 아명)이라고 이르죠. 최복술을 훈학(訓學)을 업으로 하는 자, 다시 말해 당시 시골의 가난한 훈장 선생 같은 사람으로 묘사했지요. 전봉준(全琫準)도 역시 마찬가지였고요. 이분들이 유교사회의 흐름 속에서 알게 모르게 교육의 영향을 많이 받으면서 서민적인, 민중적인 지성으로 성장하고 동학도 창도할 수 있게 되지 않았을까 싶어요. 사실 유교에서 교육과 배움을 중시하고 그게 가능했던 밑바탕에는 맹자 이래의 성선설(性善說), 아까 인도(人道) 이야기에서도 나왔는데 사람과 생명을 살리고자 하는 선한 마음의 본성에 대한 믿음이 있었죠. 오늘날의 자본주의 근대도 냉혹하고 살벌한 위력을 갖고 있지만 맹자나 제자백가가 살았던 고대의 춘추전국시대도 수백년의 전란·전쟁이 계속된 참혹한 시대였잖아요. 그런 시대였음에도 인간에 대한 믿음과 신뢰, 선한 가능성과 배움의 가능성을 유학이 살려왔다는 점은 오늘날 중요한 가치가 있다고 봅니다.

다만 오늘 우리 주제가 개벽사상과 종교를 두루 아우르는 공부라는 점에서 보면, 유교가 가진 자산과 가능성도 많지만 역시 한계도 있었던 것 같아요. 도올 선생님도 지적하셨지만 동학이 유교의 민본성을 대중적으로 실제 구현한 셈이죠. 대중 한 사람 한 사람, 시민 한 사람 한 사람이 주인 되는 의식, 그건 유교의 경우 가능성만 말했지 실제적으로 구현하지 못했는데 그것이 동학에 이르러서 가능했다 봐야 할 것 같아요.

제가 『대종경』을 살펴보니 원불교에서도 '처처불상 사사불공(處處

佛像 事事佛供)', 즉 모든 집마다 부처 생불이 있고 가는 자리 어디든 회상이 아닌 곳이 없다, 이렇게 말하더군요(전망품 18). 부처의 마음이 모든 존재에 현현된, 내재된 법신불의 의미를 살펴보면 종교적인 영적 평등을 구현한 것이라는 생각이 듭니다. 이런 의미에서 동학이나 원불교 등 여러 흐름으로 이어지는 그런 개벽사상의 정신을 근본적으로 숙고해야 오래된 유학 전통도 유교적 현대성의 맥락에서 이 시대의 새로운 역할을 찾을 수 있지 않을까, 이런 소회를 갖게 됩니다.

백낙청 좋은 말씀이에요. 특히 교육에 관해서 정산 종사의 『건국론(建國論)』을 보면, 그분이 구상하는 새로운 국가는 삼권분립이 아니고 일종의 사권분립이에요. 현대 한국도 지방자치단체 수준으로 가면 교육자치라는 걸 하는데, 정산은 여타 행정부에서 분리된 교육부를 따로 두는 구상을 했어요.

백민정 아 그래요?

백낙청 그분이 원래 유학자 집안이라서 그런 영향도 있겠지만, 하여간 교육이 굉장히 중요한 부분이었죠. 그런데 지금 우리 현실에서 제일 안되고 있는 분야가 교육 아닌가요? 그런 점에서 고려할 만하고요. 동학과 원불교에 와서 드디어 지난날의 그런 불균등한 사회질서에 얽매이지 않는 새로운 세상의 비전이 나왔다는 건 맞는 말씀인데 거기서 중요한 건 비전을 실행하려면 개인의 실력은 물론 국가·사회의 실력이 있어야 한다는 겁니다. 우리가 80년대, 90년대에 흔히 쓰던 표현으론 '물적 토대'가 있어야 되거든요. 생산력 증대, 물질개벽이라는 측면의 폐해만 볼 게 아니라 물질개벽을 통해 드디어 누구나 골고루 잘살 수 있는 물질적인 토대가 마련이 됐다는 장점도 생각해야죠. 한편으론 그걸 적당히 잘 조절해서 빈부격차를 줄이는 동시에 골고루 잘살도록 해야겠고요. 지금 미국 사람들처럼 흥청망청 쓰다가 완전히 지구가 멸망하는 결말이 오지 않도록 조절하는 능력도 필요하거든요.

생산력을 조절하려는 능력은 유교사회에서 상당히 강했던 것 같아요. 사실은 자본주의로 발전할 수 있는 그런 가능성이 충분히 있는데 그런 싹이 보이면 국가에서 잘라버렸잖아요. 콜럼버스(Christopher Columbus)가 나서기 훨씬 전에 명나라가 정화(鄭和) 같은 사람을 몇번 해외 탐험 보낸 다음에는 다시 보내지 않잖아요. 여러가지 이유가 있었지만 괜히 그렇게 해서 해외 식민지 개척을 하다보면 유교의 안민(安民)을 표방하는 이 나라가 망한다는 의식도 작용했지 싶은데, 유교사회가 너무 잘살지도 않고 너무 못살지도 않는 사회를 지향했던 건 사실이에요. 다만 수운이나 소태산이 생각한, 더 발전된 평등사회가 되려면 사상적인 연마나 정신공부는 물론 과거보다 조금 더 생산력 수준이 올라가야 하는데, 지금은 물질개벽을 통해 충분히 그 수준을 이루었다고 보거든요. 이제는 증대된 생산력의 과실을 어떻게 잘 나눠 갖느냐, 또 어떻게 생태환경을 파괴하지 않는 선에서 물질 생산을 잘 조절하느냐 하는 지혜가 필요한 시대이지 절대적 생산력이 부족한 때는 아닌 것 같아요. 그래서 유학의 굉장히 중요한 유산들이 수운이나 소태산이 깨달음을 통해 도달한 어떤 경지와 합쳐져야 제대로 그 진가를 발휘하게 되지 않을까 생각합니다.

백민정 물질개벽, 그것의 의미를 다시 한번 생각해보게 되네요. 선생님 말씀대로 사실 물적 토대, 생산력이 부족하지 않은 시대인데 이 지구라는 유한한 생태환경에서 어떻게 균형을 맞추며 지혜롭게 살 수 있을까, 이게 굉장히 중요한 문제라는 생각이 듭니다. 제가 얼마 전에 봤던 해외 뉴스 중에 이런 게 있었어요. 희토류 자원이 부족해져서 몇십년 쓸 것밖에 남아 있지 않은데 이걸 다 쓰면 지구를 버리겠다, 지구를 버리고 새로운 우주 행성을 개척해나가면 된다는 발상을 아주 당당하게 이야기하는 기사였어요.

백낙청 물질개벽만 알고 거기에 부응할 수 있는 정신개벽을 못해서, 자기들은 굉장히 똑똑하고 신선한 발상을 한다고 하지만 사실은 물질문명의 노예가 된 노예적인 발상이죠.

백민정 『종교공부』의 내용을 주제로 오늘 선생님과 긴 대화를 나누고 토론할 수 있는 기회가 있었는데요. 저한테는 굉장히 개발이 되는 흥미로운 내용이 많았습니다. 우리 시대의 긴박한 문제들을 고민하고 그걸 어떻게 헤쳐나갈 수 있는가의 문제, 그리고 동료, 이웃과 함께 사는 길을 모색한다는 것, 이게 말은 쉽지만 참 어려운 일인 것 같아요. 선생님도 말씀하셨듯이 아무도 가보지 못한 전대미문의 새로운 길을 개척해야 하는 것일 수도 있고요. 온갖 지혜를 모아야 하는 상황에서 저는 유학 연구자로서 좀더 개방적인 태도로 유학을 새롭게 해석해야 할 것 같아요. 또 선생님이 동학과 원불교, 한국 기독교에 관한 토론도 심도있게 하셨는데 그런 모든 지적 자원을 지혜롭게 잘 활용해야 할 것 같고요. 이렇게 우리 시대의 긴요한 문제와 한반도의 당면한 문제를 해결할 돌파구를 마련하는 일이 지구상의 모든 이들과 공유할 만한 보편적 가치, 세계적인 보편성을 만들어가는 지름길이기도 한 것 같습니다.

오늘 백낙청TV에 출연한 경험은 개인적으로 저에게 큰 즐거움입니다. 또한 백낙청TV의 토론과 지적 모색이 앞으로 새로운 삶의 전망을 여는 매우 중요한 역할을 할 수 있으리라 기대해봅니다. 초대해주셔서 감사합니다.

백낙청 예, 고맙습니다. 백민정 선생은 아직 나이는 많지 않은데 논저목록만 봐도 엄청 길고 내가 안 읽은 책들도 잔뜩 많더라고요.(웃음)

그렇게 전문지식을 갖춘 분이 나같이 불학무식한 놈과 함께 대화해 주시고 마지막에 백낙청TV에 대한 덕담까지 해주시니까 정말 감사합니다. 그럼 이걸로 마치겠습니다.

백민정 네, 고맙습니다.

3장

백낙청 · 전도연

K사상의 세계화를 모색하는
원불교

| 전도연 백낙청 대담 |

2024년 3월 28일 창비서교빌딩 스튜디오

─────

*이 좌담은 유튜브 채널 백낙청TV에 공개된 '백낙청 공부길' 106편(2024년 5월 24일), 107편(2024년 5월 31일), 108편(2024년 6월 7일), 109편(2024년 6월 14일)을 글로 옮긴 것이다.

대화를 시작하며

백낙청 여러분 반갑습니다. 그 사이에 『개벽사상과 종교공부』라는 책을 내고 후속 기획으로 서평도 듣고 보충 논의도 하는 좌담을 연속으로 하고 있는데, 오늘은 원불교대학원대학교 총장이신 전도연 교무님을 모셨습니다.

제가 여기서 여러분께 조금 설명을 드려야겠다고 생각하는 점은, 이 책에서 사실 천주교나 불교 같은, 우리 사회에서 굉장히 중요한 종교를 따로 다루지 못했으면서도 원불교는 책의 제3장에 한 챕터를 차지하고 있습니다. 그러니까 어떤 분들은 원불교가 그리 크지도 않은 종교인데 오늘의 대담을 포함해 두번씩이나 다루는 것이냐, 이렇게 의아해하실 수 있습니다. 또 백아무개의 개인적인 편향이 작용했다고 생각하실 수도 있는데, 그게 맞을 수도 있죠.

이 책의 제목에 '종교공부'라는 말을 넣었지만 애초에 여기에 들어간 좌담을 기획할 때 종교학 공부를 골고루 하자는 건 아니었어요. 오히려 첫째 목표는 개벽사상 공부이고 그 개벽사상을 발전시키고 세계화하기 위해서 종교공부도 해보자 했던 거니까 현재 종단이 얼마나 세를 가지고 있느냐 하는 것은 부차적인 문제입니다. 이 책을 보신 분들이나 그동안 백낙청TV를 쭉 따라오신 분들은 아시겠지만, 저는 우리의 후천개벽사상이 동학에서 시작해서 원불교까지 이르는 하나의 큰 전통을 이루었다고 생각합니다. 그리고 그 전통 속에서 원불교가 가장 원만한 진전을 이룬 사상이라고 생각하는데, 그렇다면 그 사상의 관점에서 다른 종교, 또는 이전 시대의 다른 종교를 되짚어보는 것도 중요한 종교공부라고 봅니다.

『종교공부』 3장에서 '원불교, 자본주의 시대의 절실하고 원만한 공부법'이라는 제목으로 원불교를 다룬 바 있습니다. 원불교에 대해 모르는 분이 워낙 많으니까 거기서는 기초적인 소개에 몰두한 면이 있습니다. 다른 장에서 동학, 천도교, 기독교 분야의 전문가로 참여하신 좌담자들께는 원불교가 조금 생소해서 제가 가진 문제의식을 펼쳐놓고 제대로 토론을 못 해봤는데요. 그래서 오늘은 모자란 대화를 보충하기 위해 전도연 교무님을 모셨습니다. 전총장님 간단히 자기소개 부탁드립니다.

전도연 저는 원불교대학원대학교라는 학교의 총장을 맡고 있는데요. 원불교 성직자들을 양성하는 학교입니다. 그곳의 책임자를 맡아서 학생들 지도를 하고 『개벽사상과 종교공부』라는 책이 창비에서 나오기 전에 도올 김용옥 선생님과 박맹수 교수님이 함께 나오셔서 대담하는 유튜브 동영상을 우연히 보게 됐어요. 굉장히 재미있게 봤고 그후로 몇분 더 초청해서 책까지 내신 것을 보고 정독했는데 이렇게 후속 대담에 초청해주셔서 기쁩니다. 저도 궁금한 것을 여쭤보고 원불교에 대해 더 해야 할 이야기가 있다면 보태고자 합니다.

백낙청 예, 제가 정식으로 소개는 안 했습니다마는 전총장님 법호가 공훈 훈(勳)자를 쓴 훈산(勳山)이에요. 제가 전총장님을 훈산님이라고 부를 테니까 헷갈리지 마시기 바랍니다.(웃음) '훈산은 누구고 전도연은 누구야' 하고 어리둥절하실 분들도 계실 것 같아 미리 말씀드려요.

원래 백낙청TV의 공부길에서는 찾아오시는 분이 질문도 만들고 토론을 주도하도록 하는데, 오늘은 서평을 부탁드린 셈이니 제가 먼저 훈산님께 주문을 하려고 합니다. 일단은 이 책의 각 장마다 특별히 인상적이었던 대목을 한가지씩 짚어주시고, 또 미흡했다고 보시는 대목도 짚어주시면 어떨까요. 그러면 집중할 만한 이야기가 나오지 않을까 합니다.

원불교에서 물질과 정신, 초월적 유일신의 문제

전도연 전체적으로 좌담에 나오신 분들이 모두 그 분야의 굉장한 전문가들이시니 많은 걸 배울 수 있어 좋았습니다. 우선 1장 「다시 동학을 찾아 오늘의 길을 묻다」에서 저한테 많이 와닿고 각인된 내용으로 두가지 정도를 말씀드릴 수 있겠습니다. 첫째로 계속 강조되며 논의됐던 주제가 서양 중심의 근대 개념, 민주주의가 마치 절대선인 양 여겨져서 미개한 우리 동양을 서양이 와서 깨우쳐주어야 했다는 관념 자체에 대한 반성이었죠. 이 점이 제게는 굉장히 중요하게 와닿았고 사실상 책 전체에 흐르고 있는 주제인 것 같아요.

두번째로 서양의 유일신 신앙과 그 배경이 되는 서양의 이원론적 철학을 극복할 단초가 동양의 종합적 사유에 있다는 주제가 반복적으로 나오더라고요. 그래서 이 책이 재미있었어요. 각자 자기 분야에서 열심히 공부하던 분들이 하나씩 의견을 내놓고 있는 점도 좋았고요.

백낙청 덕담을 해주시니까 그걸 기회로 제가 홍보를 하나 해야겠어요.(웃음) 『종교공부』가 나온 것이 올해(2024) 2월 2일입니다. 그런데 3월 27일에 2쇄를 찍었어요. 그러니까 이런 책 치고는 굉장히 빠른 속도죠. 그리고 한가지 더 말씀드리자면, 이 책의 초판을 서둘러 내면서 색인이 빠졌습니다. 책을 한번 읽고 치울 거면 상관 없지만 두고두고 참고를 한다면 사실 색인이 굉장히 중요하거든요. 2쇄에서는 색인을 보완해서 삽입했습니다. 여기까지 홍보하고 이어서 계속해보죠. 좋은 점을 두가지 말씀해주셨는데 미흡한 점도 말씀해주시죠.

전도연 제가 미흡한 점을 말씀드릴 처지는 아닙니다만, 『종교공부』에서 딱 하나 저한테 걸렸던 것은 "물질이 개벽되니 정신을 개벽하자"라는 원불교 「개교표어」가 이분법적 사고방식에 사로잡힌 발상이라는 지적이었어요(61~62면). 사실 기초적인 얘기예요. 세상 무엇이든지 양면이 있고, 둘이 아닌 그 양면이 계속 반복되면서 우리가 새로운 길을 찾아나간다는 뜻이죠. 사람으로 치면 육신의 영역과 정신의 영역이 있듯이, 물질의 영역과 정신의 영역이 당연히 있잖아요. 육신에서 생긴 문제가 아주 크게 작용할 때도 있고, 또 육신의 문제는 그리 중대하지 않은데 정신적인 문제가 상당할 때도 있죠. 그렇다고 해서 정신과 육신이 별개인 것은 아니고 양자가 혼연일체가 되어 움직이고 있지 않습니까.

백낙청 그 얘기는 도올 김용옥 박사가 주로 하셨죠. 원불교 「개교표어」가 사실은 서양의 정신과 물질의 이분법에 갇혀 있다고 비판하셨는데. 물론 데까르뜨(René Descartes) 이후로 서양의 이분법적 철학이 더 강조가 됩니다만, 사실 플라톤이 이데아(idea)와 같은 초감각적인 영원불변의 세계를 설정했죠. 그 사유가 팔레스타인 지역에서 발생한 그리스도교와 합쳐지면서 유일신 사상을 더 초월적이고 우리 육신과는 무관한 정신의 세계로 설정하게 됐고요. 아시겠지만 도올 선생이 여기에 대해서 굉장히 비판적이에요. 어디에서든 거듭 강조하시는 얘긴데, 저는 완전히 동의합니다.

그런데 원불교에서 물질과 정신을 말할 때는, 원불교뿐 아니라 전통적으로 우리 동양에서는 그런 식의 서양적인 이분법에 기초해 말한 게 아니거든요. 다만 그동안 우리가 이분법에 많이 물들었죠. 도올 선생이 그 이분법에 물든 근대인의 사유에 대한 당신의 비판을 강하게 하시다 보니까 원불교에도 전이가 된 것 같아요. 사실 원불교의 『정전』에 따르면 정신(精神)은 주착심(住着心)과 분별성(分別性)이 없는 경지죠(교의편 4).

전도연 마음이 두렷하고 고요한 경지고요.

백낙청 네, 실체가 아닌 그런 '경지'인 정신 개념은 결코 서양에는 없죠. 그래서 훈산님께서 원불교 「개교표어」를 둘러싼 이분법의 문제제기를 아쉬운 점으로 지적해주신 건 저도 동감합니다. 그다음 이야기를 또 해볼까요.

전도연 네, 그리고 동양에서는 유도 아니고 무도 아닌 우주의 궁극적 실재 또는 근원적 진리에 대해 논할 때가 많은데 저는 이것이 서양의 유일신 사상을 부정하고 배척하는 건 아니라는 말을 좀더 명확히 해야겠다 싶었습니다. 배척하는 게 아니라, 오히려 바꿔 말하면 유일신의 정체를 더 정확하게 잘 이해하자는 노력임을 설득해야 서로 싸우지 않고 얘기가 되겠다는 생각이 들었어요. 신이라고 하는 그 우주의 궁극적인 실재는 우리 인간들이 생각하는 것보다 훨씬 더 공정하고 완벽하며 인간적 사고로 신은 이 정도겠지, 하고 대충 생각하다간 정

원불교에서 '정신'이란

1. 정신 수양의 요지

정신이라 함은 마음이 두렷하고 고요하여 분별성과 주착심이 없는 경지를 이름이요, 수양이라 함은 안으로 분별성과 주착심을 없이하며 밖으로 산란하게 하는 경계에 끌리지 아니하여 두렷하고 고요한 정신을 양성함을 이름이니라.

2. 정신 수양의 목적

유정물(有情物)은 배우지 아니하되 근본적으로 알아지는 것과 하고자 하는 욕심이 있는데, 최령(最靈)한 사람은 보고 듣고 배우고 하여 아는 것과 하고자 하는 것이 다른 동물의 몇배 이상이 되므로 그 아는 것과 하고자 하는 것을 취하자면 예의 염치와 공정한 법칙은 생각할 여유도 없이 자기에게 있는 권리와 기능과 무력을 다하여 욕심만 채우려 하다가 결국은 가패 신망도 하며, 번민 망상과 분심 초려로 자포 자기의 염세증도 나며, 혹은 신경 쇠약자도 되며, 혹은 실진자도 되며, 혹은 극도에 들어가 자살하는 사람까지도 있게 되나니, 그런 고로 천지 만엽으로 벌여가는 이 욕심을 제거하고 온전한 정신을 얻어 자주력(自主力)을 양성하기 위하여 수양을 하자는 것이니라.

3. 정신 수양의 결과

우리가 정신 수양 공부를 오래오래 계속하면 정신이 철석같이 견고하여, 천만 경계를 응용할 때에 마음에 자주(自主)의 힘이 생겨 결국 수양력(修養力)을 얻을 것이니라.

—『정전』 교의편 4

말 큰코다칠 수 있으니까요.

백낙청 원불교나 불교의 입장에서는 그렇게 해석할 여지가 많은데 그리스도교, 특히 주류 그리스도교인들은 절대로 동의 안 하죠. 최고의 유일한 신이니까 그분의 뜻에 따라서 다른 걸 해석해야지 다른 사람들의 뜻으로 그분을 해석해서는 안 된다고 생각하니까요. 실제로 히브리성서의 하나님을 보면 그분이 정말 그렇게 공정한 분인가 의문이 갈 때가 많잖아요. 어떤 의미에서 그분은 제 식구 감싸기의 대가입니다. 이스라엘 민족한테 잘하기 위해서 다른 민족은 가차없이 죽이기도 하고요.

그게 예수님 시대에 오면 확 바뀌죠. 물론 히브리성서 내에서도 후대로 올수록 다른 사상이 있습니다마는, 예수 시대에 오면 그게 완전히 바뀌어서 정말 모든 이웃과 사람들을 다 사랑하라는 메시지로 바뀝니다. 그런데 이런 가르침을 종합적으로 이해하는 데 딱 맞는 개념이 원불교에서 말하는 법률은의 개념 같아요. 사은 중에 천지은, 부모은, 동포은, 법률은이라는 게 있지 않습니까?

법률은은 역대 성인들이 내놓으신 인도정의의 공정한 법칙이고 문명·제도에 의해서 우리가 은혜를 입고 살고 있다는 건데 그렇게 보면 히브리성서의 하나님은 하나님대로 법률은을 베푸신 거고 예수님은 예수님대로 하셨지요. 다른 신이나 성자들도 그렇게 한 거니까 누구의 법률은이 우리에게 더 좋은가 하는 건 따져볼 문제지만 그분들이 각자의 시대와 조건에서 인류에게 법률은을 베푸셨다는 걸 부정할 필요는 없는 거거든요.

전도연 종교의 발달에 대해서 말씀하신 점은 이렇게 받아들이면 될 것 같습니다. 아이가 어릴 때는 장난감으로 달래서 말을 듣게 하고 조금 크면 "아빠 오면 이놈 한다!"라는 식으로 어른의 이름을 빙자해

인류의 발달에 따른 종교의 변화

　말씀하시기를 "신앙을 하는 데 세가지 구분이 있나니, 하근기는 우치하여 무슨 형상 있는 것이라야 믿고, 좀 지각이 난 이는 우상은 배척하고 어떠한 명상에 의지하여 믿으며, 좀더 깨치면 명상도 떠난 진리 당체를 믿나니라. 어린아이는 과자나 노리개로 달래고, 좀더 자라면 어른의 이름을 빙자하여 이해시키고, 어른이 되면 경위로 일러주어야 자각하는 것이 각각 지각 나기에 있는 것 같나니라. 지금 시대의 일반 정도는 어른의 이름을 빙자하여 달래야 하는 정도나 앞으로 차차 모든 사람의 지각이 장년기에 드나니 멀지 아니하여 천하의 인심이 일원대도에 돌아오리라".
—『정산종사법어』 법어 6.2.

서 가르치죠. 그런데 애가 다 크고 나면 어떤 행위를 왜 해야 하는지, 경위를 일러줘서 지도해야 하죠. 종교도 마찬가지입니다. 이제는 인류가 인지 발달을 했으니 더이상은 과거의 방식으로 지도할 수는 없는 거죠. 다만 과거에는 과거의 방식이 있었다고 이해하면 어떨까 합니다.

백낙청　종교학자 오강남 선생님은 최근에 『종교공부』를 두고 한 대담에서 표층종교와 심층종교를 구분하셨어요. 그분이 말씀하시는 표층종교란 이런 거죠. 오늘날 성숙한 우리 입장에서 보면, 인지가 덜 발달되고 수준이 미달했던 과거에는 종교가 미신적으로 사람들을 구제했다는 거예요. 불교 표현으론 '방편(方便)'으로요. 그리고 더 성숙하면 깊은 바닥에 있는 더 큰 진리를 점점 알아보게 되어 표층종교는 필요 없어지고 심층종교로 갈 수 있다는 말씀도 하셨죠. 오박사님의 이런 얘기는 나중에 좀더 할 기회가 있을 것 같아요.

'일원상'에 담긴 동아시아의 종합적 사유

백낙청 다시 원불교 얘기로 돌아가자면, 원불교에서 핵심이 되는 게 아까 말한 마음이 두렷하고 고요하고 분별성과 주착심이 없는 경지, 일원상(一圓相) 아니에요. 교리의 핵심인 만큼 아주 중요한데 처음부터 몰두하면 어려울 수 있으니까, 간단히 몇마디로 정리해주시면 어떨까요.

전도연 참 어려운 논의인데요, 우주의 궁극적 진리라고 부르는 일원상이 논리로는 다다를 수 없는 영역이기 때문이에요. 「일원상서원문」을 보면 "일원(一圓)은 언어도단(言語道斷)의 입정처(入定處)"라고 하거든요(『정전』 교의편 1). 다시 말해 말로도 글로도 다다를 수 없는 진리라는 거죠. 우리가 가진 두뇌로 논리를 펼쳐서는 거기에 닿을 수 없어요. 그러니까 다른 능력, 말하자면 직관 능력을 발휘해야 하는데 그걸 개발하는 방법이 불교에선 화두(話頭)를 드는 것이거든요. 화두라는 건 논리로 말이 안되는 걸 주제로 붙들고 있는 거예요. 그것을 붙들고 씨름하다 보면 우리의 직관 능력이 개발되면서 점점 진리에 근접한다는 것이죠. 어떤 화두가 필요한지에 대해선 거의 모든 성자들, 특히 동양의 깨달은 자들이 하는 얘기가 비슷해요. 공(空)이고 무(無). 철저하게 없다는 거예요. 철저하게 비었다. 그런데 없으면 없는 거지, 이런 말도 덧붙여요. 없는 동시에 철저하게 있다, 있어도 보통 있는 게 아니라 이 세상에 없는 곳이 없을 정도로 모든 곳에 다 있다. 그러니까 이게 화두인 거예요. 서구의 학자들은 이 점을 말할 때 적당히 설명하는 실수를 해요. 이게 뭔가를 상징한다고 설명하죠. 하지만 상징이라고 해버리면 화두가 깨지는 거예요. 그러면 진짜 궁극적 자리에는 갈 수가 없죠. 이런 어려움이 있다는 정도를 말씀드릴 수 있을 것 같습니다.

백낙청 예, 그 얘기는 일단 그렇게 정리하고, 또 질문을 드려보겠습니다. 그리스도교나 이슬람에서는 유일하고 지고한 존재인 인격신을 설정하잖아요. 거기에 극단적으로 대립되는 게 근대인들의 무신론일 겁니다. 원불교나 불교는 서양식 무신론은 아니죠. 오히려 원불교는 유일신을 더 잘 이해하는 하나의 방식이라고 아까 주장하셨는데, 어쨌든 원불교에서는 최고의 신이자 지고의 존재로서의 인격신을 부정 안하지 않습니까?

사실 우리 유학의 전통에서도 원래는 인격신인 상제가 있었죠. 그런데 주나라 때부터 그런 인격적인 요소는 희석돼서 송대 신유학이 나왔을 때는 이와 기의 문제로 인격신이 사라지거든요. 그래서 그렇게 대비되기도 하지만, 또 우리 전통에서 보면 다산 정약용 선생만 하더라도 서학의 천주학에서 굉장한 자극을 받았고 그 결과 자기 나름대로 원래 유교가 가지고 있던 인격적 상제 개념을 부활시키잖아요. 그분의 숙형이신 셋째 형님 정약종(丁若鍾) 선생은 아예 천주교 신도가 돼서 순교하셨죠. 다산은 천주교에서 제사도 안 지내니까 손을 떼버리긴 했지만요. 또 다산은 유일신론을 따르지 않고 천신(天神), 지신(地神), 사람의 귀신, 그러니까 인귀(人鬼)라고도 하고 조상신이라고도 하는 귀신 개념을 부활시켰죠. 마침 『창작과비평』 2024년 봄호에 백민정 교수가 쓴 「왜 귀신의 공공성인가」에서 다산 선생 특유의 신관, 귀신관을 다루고 있는데 그 글을 어떻게 보셨어요?

전도연 다산 선생이 귀신을 이렇게 자세하게 묘사하고 설명했다는 걸 그 글을 통해 처음 알았습니다. 참 재미있게 봤어요. 다산이 말한 귀신에는 가장 높고 존귀한 상제가 있고 그 아래로 일월성신(日月星辰)을 담당하는 천신들이 있으며 토곡과 산천을 담당하는 땅의 신들이 있죠. 이것을 원불교식으로 해석하면 상제는 세상 모든 이치를 총섭하는 일원상의 진리를 상징하고, 하늘의 신은 하늘의 이치, 땅의 신은 땅의 이치를 상징하고, 기타 수많은 신들은 세상을 다스리는 크고 작은 수많은 이치를 상징하는 것으로 받아들일 수 있겠다는 생각을 했습니다.

이 글에서 백민정 교수는 이런 말씀도 하셨어요. "성인 군주들이 공적일 수 있는 것은 우선 그들이 명을 따르는 세상의 천신들 그리고 명령의 근원인 하늘(상제) 자체가 공적인 존재이기 때문이다. 다산은 하늘을 지공무사(至公無私)한 존재로 묘사한다."(325면) 다시 말해 신에게 잘 보이면 잘해주고 못해주면 저버리기도 하는 최고권력자 수준의 인격신이 아니라 '지공무사한 존재'라고 하죠. 원불교에서도 일원상의 진리를 표현할 때 원만구족하고 지공무사하다고 말하는 만큼 상당히 접점을 찾을 수 있는 논의를 펼치고 있다고 봤습니다.

그러면서 "상제는 오직 무형한 덕의 향기와 악의 더럽고 역한 악취만 판단할 따름이다. 오직 공덕만이 귀신이 흠향하는 무형의 제물이다"(326면)라고 하셨죠. 즉 오직 덕만이 제물이 되고, 형체 있는 것의 좋은 냄새나 악취는 상제에게 의미가 없단 얘기를 봤을 때 다산이 수준 낮은 인격신이 아니라 정말 공정무사하게 세상을 다스리는 존재를 말하고 있다는 생각이 들었습니다. 사실은 이 점이 가장 와닿은 부분이었습니다.

백낙청 이견을 가지신 대목은 없으세요?

전도연 간단한 것 하나만 말씀드리면, 이 글에서 백교수님이 이렇게 쓰셨어요. "다산은 (…) 상제와 천신·혼령을 대동하여 귀신들의 궁전(帝庭)을 만들고, 초월과 세속, 우주와 지상을 긴밀하게 연결하였다."(324면) 저는 여기에서 조금 생각이 다릅니다. 원불교 관점에서 귀신세계는 초월세계가 아닙니다. 특히 불교의 입장에서 보면 귀신이 특별한 존재가 아니죠. 사람에게 정신과 육신이 다 있으면 사람이고, 육신만 있고 정신이 없으면 송장, 시체죠. 육신은 없고 정신만 있으면 그냥 귀신이에요. 그러니까 귀신도 하나의 변화하는 존재양식일 뿐이지 귀신세계도 현상세계인 거죠. 다산이 초월과 세속을 연결했다기보단 현상세계를 이렇게 설명했다는 정도로 저는 받아들이고 있습니다.

백낙청 도올 선생이 지적했듯이 우리 언어가 서양의 이분법적 사고에 굉장히 오염돼 있어요. 자기도 모르게 그런 언어를 씁니다. 백민정 교수는 그런 이분법에 동의하는 분은 아닌데 자기도 모르는 사이에 초월과 세속이라는 표현을 썼다가 우리 훈산님의 지적을 받으신 것 같아요. 서양의 초월신과 무신론 사이에 여러가지 중간 형태가 있다고 했는데 그중 하나가 그리스에도 있고 힌두교에도 있는 다신교, 다신론 아닙니까. 가령 그리스신화의 신들과 불교의 신들, 천(天)들은 죽지 않아요. 안 죽는 게 신의 특징이고 죽는 게 사람의 특징입니다. 근데 불교에서는 신들도 육도윤회(六道輪廻)의 와중에 있어서 지어놓은 복이 많으면 천상에 올라갔다가 복이 다하면 내려오잖아요. 이 육도윤회에서 벗어나는 길은 천상보다는 낮지만 사람 사는 이 세계, 인도불교에서 말하는 사바세계에서 부대끼면서 깨달음을 얻어야 하는 거죠. 이게 우리 동양 신관의 특징인데요, 이와 관련해 제가 평소에 궁금하던 걸 여쭤보려고 합니다. 「일원상서원문」의 마지막 구절이 "일원의 위력을 얻도록까지 서원하고 일원의 체성(體性)에 합하도록까지 서원함"이잖아요. 그런데 왜 '체성'이라고 부를까요. 가령 「원불교 교리도」에도 일원에 대한 설명이 있어요. "일원은 법신불이니 우주만유의 본원이요. 제불제성의 심인이요 일체중생의 본성이다." 그런데 여기는 '체성'이란 말은 없거든요. 그렇다면 「일원상서원문」의 체성은 무슨 뜻이며, 왜 몸 체(體) 자가 들어갑니까?

전도연 근원 진리의 속성을 세가지로 말할 때 공(空)·원(圓)·정(正)이라고 하거든요. '공'이라는 건 텅 비었다는 뜻이고 '원'이라는 건 가득 찼다는 거예요. 모든 가능성을 가득 채우고 있는 것이니 비었으면서도 가득 차 있다고 말하는 거죠. '정'은 가득 찬 그 무한 가능성을 무한 발휘해서 이 현상세계에서 일호(一毫)의 오차도 없이 모든 것을 다 주재하는 진리작용입니다. 이런 점에서 공·원·정인데, 체성은 이 공과 원과 정을 전부 다 말하는 겁니다. 진리를 온통 다 받아서 자기화, 자기 내재화하는 걸 '체성에 합(合)한다'고 표현하고요. 그런 사람이 깨달은 자, 부처입니다.

백낙청 앞서 "서양 중심의 근대주의, 민주주의 매몰되지 말고 동아시아의 종합적 사유에 의해서 새로 정립할 필요가 있다"라는 구절을 좋게 보셨다고 했는데 그 점도 좀 부연해주시지요.

전도연 지금 우리가 가지고 있는 사상이, 여태까지 이 세상에 있었던 여러 사상 중에서 가장 정점에 이르렀다고 생각해요. 수운 최제우 선생님에서 원불교에 이르기까지 동아시아 사상이 그렇죠. 옛날엔 신분이 높은 사람이 낮은 사람을 무조건 무시하고, 자기 종교 아닌 사람은 선민의식에 따라 죽여도 괜찮으니 전쟁까지 일으키고, 또 인간은 신의 노예로 전락하지 않았습니까. 이런 암흑기에서 사람을 가장 중요하게 여기는 서구의 인본주의(人本主義)가 나왔죠. 그런데 인본주의를 넘어서 더 확대된 게 생명존중사상입니다. 사람 말고도 전체의 생명을 존중해야 한다고 하죠. 그런데 불교에 "준동함령(蠢動含靈)이 개유불성(皆有佛性)"이라는 말씀이 있어요.

백낙청 '준동함령'은 오늘날 우리가 잘 안 쓰는 표현 같은데요.

전도연 쉽게 말해서 영(靈)을 가지고 있고 움직이는 존재를 말하죠. 주로 동물에 해당되겠죠. 불교에선 유정물(有情物)이라고도 하고요.

백낙청 '준동(蠢動)'이라는 건 우리가 흔히 말하는 준동입니까? 누에가 꼼지락꼼지락 움직이듯이.

전도연 네, 그리고 어떤 것이든 거기에 불성(佛性)이 있다는 것이 개유불성이죠. 모두 불성을 갖추고 있다. 여기서 더 나아간 게 "유정무정(有情無情)이 개유불성"입니다. 유정물이든 무정물이든, 즉 의식이 있든 없든 불성을 다 가지고 있다는 거죠. 원불교의 "처처불상 사사불공"도 완전히 가능성을 터놓은 이야깁니다. 곳곳에 부처님이 있으니 모든 존재를 다 소중히 여기고 잘 불공하면 은혜가 나온다는 생각이죠. 이런 사상에서 시작해 도올 선생님께서 말씀하신 동아시아의 종합적 사유를 새로 정립할 필요가 있겠습니다. 이걸 우리가 잘 연마하면 해법이 나올 수 있겠다는 말씀을 드리고 싶어요.

백낙청 굉장히 중요한 말씀 같아요. 다만 이걸 우리가 엄밀하게 이해하고 더 발전시키려면 서양에도 비슷한 사상들이 있지 않았는가 비교해봐야겠죠. 요즘은 서양에서도 인본주의에 대한 비판이 많이 나오지 않습니까? 그래서 소위 포스트휴머니즘, 동물권 얘기를 하면서 생물이 아닌 비생물의 권리까지 얘기하는데, 얼핏 들으면 지금 유정무정 개유불성, 처처불상 사사불공 얘기하고 닮은 것 같기도 하죠. 그런데 저는 이런 서구 사유가 동양의 종합적 사유와 출발점이 완전히 다르고 또 실제 내용도 다르다고 봐요. 이 얘기는 일단 일종의 화두로 던져놓겠습니다.

수운과 소태산의 비교

백낙청 제2장 「동학의 확장, 개벽의 운동」에서 아까처럼 좋게 보신 대목, 그리고 조금 미흡하다고 생각하시는 대목이 있었다면 말씀해주시면 좋겠어요. 사실 도올 선생은 수운과 소태산 사이에서 아주 큰 차이를 보시는데 김용휘, 정지창 두분은 그렇게까지 차이를 안 두시죠. 훈산님은 그 차이점에 대해서 꼭 필요한 설명이 다 됐다고 보세요? 여기에 대해선 좀더 논평하실 여지가 있을 것 같은데요.

전도연 제가 제일 중요하게 생각하는 것은 물질이 개벽되니 정신을 개벽하자고 했을 때, 물질개벽의 폐해에 대해서 소태산 대종사님만큼 아주 심각하게 얘기를 한 사람이 없었다는 거예요. 그 점이 수운과의 차이점이죠. 그리고 그 폐해가 굉장히 위험할 지경이라고 지적하셨고요. 그러니까 과학이 발달되고 물질이 풍부해지고 우리가 잘 먹고 살 수 있게 되고, 그야말로 물질개벽이 되면 상당히 좋은 세상이 될 줄 알았는데 그렇지 않더라, 폐해도 있더라 정도가 아니라 정말 심각하게 위험하다고 보신 거예요. 신이 퇴위하고 그 자리에 물신이 앉았다는 말도 있잖아요. 이런 상황을 의식해서 인간 정신이 물질의 노예로 전락했다는 말씀을 아예 경전 첫머리에 써놓고 시작하셨죠. 물질의 노예로 전락한 정신 주체를 바로 세워서 물질을 선용할 주인의 위치로 되돌려놓아야 한다고 했습니다.

이제는 돈만 주면 무슨 짓이든 하는 세상이 되어버렸죠. 옛날에는 돈에 굉장히 욕심이 많고 마음이 끌려도 한편으론 창피해하기도 했습니다. 그런데 요새는 그렇지 않지요. 내가 돈을 많이 버는데 무슨 상관이냐며 여러 사람 앞에서 대놓고 자랑할 정도니까요. 정당하고 건전한 가치관 자체가 다 무너져버리면 사실 인생과 세상도 무너지게 될 테니 소태산은 물질개벽의 심각함을 간파하고 굉장히 강조하셨죠.

　그다음에 뭘 하셨냐면요, 당대의 대대적 발전보다는 미래 세상에 대한 대비를 하셨습니다. 교도를 많이 규합해서 세를 키우고 밖으로 운동을 하기보다는 안으로 준비를 하셨어요. 법을 짜고 조직을 만들고 소수의 제자를 모아서 정신개벽의 구체적인 방법을 직접 훈련시키셨죠. 당신의 가르침이 현실화되려면 교도를 많이 모아서 운동하는 게 중요하지 않다고 보신 거죠. 제자들을 가르쳐서 그 뜻을 알게 하고, 알기만 하는 게 아니라 그걸 체질화하고 현실 속에서 구현하는 데까지 이르도록 가르쳐야 하니까 굉장히 바빴던 거예요.

　『정전』 구성만 봐도 삼학팔조·사은사요를 상당한 해법으로 내놓

| 소태산과 제자들 | 소태산이 전북 부안군 변산면의 봉래정사에서 제자들과 함께 찍은 사진. 소태산은 이 곳에서 초당을 짓고 수양하는 한편 법문을 설하며 원불교 교리 강령을 초안하였다.

았습니다. 그리고 그걸 한번 천명한다고 해서 해결될 일이 아니라는 걸 분명히 아셨죠. 이를 실현할 결사대가 있어야 한다는 발상으로 출가(出家) 제도, 전무출신(專務出身) 제도를 만들고 사람들에게 가르침을 훈련시키셨습니다. 사실 원불교는 출가든 재가든 훈련을 엄청 강조합니다. 정기훈련 상시훈련 등을 반복하고 형식주의에 빠질까봐 일기법을 제정해서 일기를 쓰게 하죠. 그리고 일상의 마음공부로 유·무념(有·無念) 대조까지 해서, 자기가 하기로 한 일과 안 하기로 한 일을 구분하여 실천 여부를 정확하게 체크하게 합니다. 이걸 하나하나 짜서 경전에 다 넣었어요. 제 생각엔 이 세상의 성자들 중에 하기로 한 일의 실천 여부를 조사해서 횟수까지 기록해놓으라는 당부

를 경전에 담은 사람은 없는 것 같아요.

백낙청 『대종경』에 보면 집안일도 단체의 일도 회계를 정확하게 하라고 하시죠(교단품 39). "교화선상에 나선 사람은 물질 주고받는 데 청렴하며, 공금 회계를 분명하고 신속하게 할 것"이라고도 하셨고요(교단품 38). 그런데 회계나 경리를 똑똑히 하라고 경전의 교리로 부탁하시는 성자는 많지 않은 것 같아요.

전도연 그러니까 굉장히 구체적이었죠. 아무리 좋은 얘기도 현실화가 안되면 아무 소용없는 공리공론이거든요. 조선시대에 과거 시험 보는 과목들이 전부 도덕에 관한 것이었고 선비들이 전부 도덕의 경전을 달달 외우던 전문가들이었는데도 나라꼴이 엉망이었죠. 이렇게 도덕과 현실이 따로 노는 상황을 굉장히 개탄하셨던 거죠.

백낙청 수운과 소태산의 운동 방식이랄까, 조직 방식의 큰 차이 중 하나는 전무출신 제도죠. 아까 총장님께서 자기소개를 하실 때 재직 중인 원불교대학원대학교가 성직자를 양성하는 곳이라고 하셨죠. 그런데 성직자라는 말은 경전엔 없죠. 교역자인 교무나 전무출신의 직분은 성스럽고 거룩한 것이지만 재가 수도자도 그에 못지않게 거룩한 일을 얼마든지 할 수 있는 거고요. 어쨌든 전무출신 제도를 만들었다는 게 천도교와 원불교의 큰 차이거든요.

전도연 그렇습니다.

백낙청 수운 선생은 온갖 차별을 다 없앤다고 하셨죠. 그러면서 성(聖)과 속(俗)의 차이도 없애신 건 좋은데, 아예 출가 교역자를 안 두셨죠. 그래서 지금 천도교에는 전문교역자의 부재에 따른 여러 제약이 있지 않습니까? 한편 그런 전문 교육제도, 일종의 결사대를 만들어놓은 원불교도 오래가면 그것대로 폐단이 있지 않겠습니까? 그 문제는 어떻게 생각하시나요?

소태산이 강조한 일기법

1. 일기법의 대요

　재가·출가와 유무식을 막론하고 당일의 유무념 처리와 학습 상황과 계문에 범과 유무를 반성하기 위하여 상시 일기법을 제정하였으며, 학원이나 선원에서 훈련을 받는 공부인에게 당일내 작업한 시간 수와 당일의 수입·지출과 심신 작용의 처리건과 감각·감상을 기재시키기 위하여 정기 일기법을 제정하였나니라.

2. 상시 일기법

　1. 유념·무념은 모든 일을 당하여 유념으로 처리한 것과 무념으로 처리한 번수를 조사 기재하되, 하자는 조목과 말자는 조목에 취사하는 주의심을 가지고 한 것은 유념이라 하고, 취사하는 주의심이 없이 한 것은 무념이라 하나니, 처음에는 일이 잘되었든지 못되었든지 취사하는 주의심을 놓고 안 놓은 것으로 번수를 계산하나, 공부가 깊어가면 일이 잘되고 못된 것으로 번수를 계산하는 것이요,

　2. 학습 상황 중 수양과 연구의 각 과목은 그 시간 수를 계산하여 기재하며, 예회와 입선은 참석 여부를 대조 기재하는 것이요,

　3. 계문은 범과 유무를 대조 기재하되 범과가 있을 때에는 해당 조목에 범한 번수를 기재하는 것이요,

　4. 문자와 서식에 능하지 못한 사람을 위하여는 따로이 태조사(太調査) 법을 두어 유념 무념만을 대조하게 하나니, 취사하는 주의심을 가지고 한 것은 흰콩으로 하고 취사하는 주의심이 없이 한 것은 검은콩으로 하여, 유념·무념의 번수를 계산하게 하는 것이니라.

3. 정기 일기법

1. 당일의 작업 시간 수를 기재시키는 뜻은 주야 24시간 동안 가치있게 보낸 시간과 허망하게 보낸 시간을 대조하여, 허송한 시간이 있고 보면 뒷날에는 그렇지 않도록 주의하여 잠시라도 쓸데없는 시간을 보내지 말자는 것이요,

2. 당일의 수입·지출을 기재시키는 뜻은 수입이 없으면 수입의 방도를 준비하여 부지런히 수입을 장만하도록 하며 지출이 많을 때에는 될 수 있는대로 지출을 줄여서 빈곤을 방지하고 안락을 얻게 함이며, 설사 유족한 사람이라도 놀고 먹는 폐풍을 없게 함이요,

3. 심신 작용의 처리건을 기재시키는 뜻은 당일의 시비를 감정하여 죄복의 결산을 알게 하며 시비 이해를 밝혀 모든 일을 작용할 때 취사의 능력을 얻게 함이요,

4. 감각이나 감상을 기재시키는 뜻은 그 대소 유무의 이치가 밝아지는 정도를 대조하게 함이니라.

—『정전』 수행편 6

전도연 당연히 있을 것 같아요. 그런데 위험성이 있다고 해서 안 해버리면 너무 소극적인 자세겠죠. 교통사고가 날 위험이 있으니까 차를 타지 않는 거랑 비슷한 거잖아요. 차를 타되 교통사고가 안 나도록 조심해야죠. 지금 말씀하신 대로 재가·출가는 평등합니다. 소태산 대종사님의 가르침은 평등합니다. 절대 누가 더 위에 있거나 아래에 있는 경우는 없어요. 오히려 출가자들이 남을 모시는 봉사자예요. 재가들은 그렇게 봉사하는 분들을 존경하는 거고요. 그러니까 재가·출가를 구분할 때에는 서로 공경하고 존경하라는 뜻이 있는 겁니다.

그런데 아시겠지만 한 학급에서 선생님이 똑같이 가르쳐도 1등 하는 학생과 꼴등 하는 학생이 있듯이, 인간이 모인 곳에는 어쩔 수 없이 벌어지는 일들이 있습니다. 문제를 일으키는 정도가 너무 심하면 위험해지는 것이고, 관리 가능한 정도라면 건강하게 굴러가는 것인데 실제 현실 속에서 구현하는 게 쉽지는 않죠. 대종사께서 이전의 종교에는 없었던, 진리에 맞는 제도를 만드셨지만 그걸 구현하는 데엔 굉장한 에너지가 필요합니다.

백낙청 지금 문제가 많고 관리를 잘해야 하지만 일대쇄신이 필요할 만큼 심각한 상황이라고 보진 않으시나요?

전도연 일대쇄신은 지금도 하고 있습니다. 원불교에는 과거의 다른 종교들보다 시비가 많거든요. 천주교로 치면 교황을 대놓고 비판하는 수준이에요. 그런데 그 비판을 다 허용하고 있죠. 어떤 분들은 이런 상황을 굉장히 우려합니다. 오히려 그게 건강하다고 보는 분들도 많이 있고요. 비판이 많으니까 문제가 너무 많은 거 아닌가 싶지만, 문제가 많은데 말도 못하는 상황이 더 위험한 거거든요. 그래서 잘 모르는 분들에겐 아마 원불교에 엄청 문제가 많은 것처럼 보일 거예요. 매일 비판이 오가거든요. 오히려 이것이 살아 있는 모습이 아닐까 생각하는 한편 잘 고쳐나가지 않으면 안 되니까 걱정을 많이 하면서 일대쇄신을 해나가고 있는 중이죠.

백낙청 제가 보기에는 대종사님이 초기에 제시한 원칙에서 그동안 많이 후퇴한 예 중 하나가 남녀권리동일이었다고 봐요. 제도상으로 수위단원이 남녀 동수가 되어야 한다는 건 유지되었지만 현실에서는 바깥사회의 성차별 같은 차별적 제도가 다시금 많이 스며든 듯해요. 그 점은 전산(田山) 김주원(金主圓) 종법사(원불교의 여섯번째 종법사, 2018~24년 재임)께서 취임하신 후 제도적인 개선을 많이 하신 것 같습니다.

반면에 출가·재가의 불평등은 대종사님 당시 현실과 달라서 꾸준히 심각해지고 있는 문제가 아닌가 해요. 그것 때문에 여론이 시끄러운 것 자체는 문제가 아니었는데, 저는 교무님들과 재가들 사이에서 그 문제의 심각성에 대한 인식 차이가 꽤 있지 않나 싶어요. 제가 원불교 재가들의 생각을 다 알 도리는 없습니다만 아는 범위에서 보면 일반적으로 교무님들이 생각하시는 것보다 재가들의 불만, 좌절감, 무력감이 더 많이 쌓여 있는 것 같아요. 그래서 그런 인식의 차이가 있다는, 일종의 원론적인 말씀을 드리고 싶고요.

실제로 일을 하다 보면 전무출신이라서 오롯이 그 일에 헌신하는 분들과 세속에서 자기 생업을 하는 사람의 처지가 같을 수 없죠. 그러나 지금의 현상을 두고 재가들이 어떻게 출가들이 하는 일을 하겠냐, 이렇게만 생각할 게 아니라 재가 중에서도 가능한 사람은 교역자의 일을 할 수 있도록 교단이 얼마나 노력해왔는가 하는 점도 짚어볼 필요가 있다고 생각합니다. 사실 지금 교정원의 중요한 행정직을 교무님들이 다 차지하고 있잖아요. 그런데 조계종만 해도 안 그렇거든요. 조계종에서 부장이 아닌 차장급은 재가가 맡는 경우가 많습니다. 직급에 따라 조정할 수도 있지만 사실은 분야에 따라서 달리할 수도 있죠. 가령 재정 문제나 문화·사회부의 일은 재가가 더 잘할 수도 있으니까요. 그렇다면 그런 일을 할 수 있는 재가를 키워야죠.

그런데 지금 재가는 높은 자리에 가기 어렵게 되어 있지 않습니까? 물론 각자 교당에서 열심히 하고 계시겠지만 재가는 돈을 벌어 교단에 많은 희사를 하는 분이 아니라면 교단 전체 일에 참여하는 자리로 가기가 힘들죠. 훈산님은 원불교대학원대학교의 총장님이시니 일단 교무들 교육이 주 업무겠지만 교단 전체로 본다면 재가 인재의 양성도 더 신경 쓰셔야 하지 않나 하는 생각이 듭니다. 그저 교무지도를 받아서 훈련만 하라고 할 것이 아니라 그들을 장차 더 큰 재목으로 키우기 위해서는요.

또 하나는, 아마 사람들이 얘기를 안 하는 대목 같은데, 대종사님이 법을 내셔서 교전도 남기셨지만 이분이 강조한 또 하나의 경전이 이른바 '산 경전'이잖아요. 현실이 산 경전이라는 거죠. 그러니까 사실은 이것도 잘 읽어야지 훌륭한 원불교인이 되는 겁니다. 이 대목에서 저는 재가와 출가가 서로 경쟁할 여지가 있다고 봅니다. 이 경쟁이 없다면 산 경전에 덜 노출된 교무들은 좀 과보호되겠죠. 아마 교단의 울타리 안에서 하는 일, 예컨대 교전과 교리 해석에만 만족하게 될 겁니다. 아까 물질개벽에 대해서 대종사님만큼 시대상을 꿰뚫어본 분이 없었다고 하셨죠. 사실 정산 종사님까지만 해도 『건국론』도 쓰시고 소태산 가르침을 바탕으로 한 삼동윤리를 더 구체화해서 발표하셨는데요. 제가 잘못 알고 있는지 몰라도 대산 종사님에 이르면 물질개벽이란 말이 거의 없어져요. '천개지벽(天開地闢)'이라는 말을 쓰시기는 합니다. '천개'를 정신문명 또는 도덕문명의 발달로 사람의 마음이 크게 바뀌는 것이라 해석하고, '지벽'을 과학문명 또는 물질문명을 통해 사람들의 생활양식이 개선되는 것이라 말씀하시죠. 이렇게 물질개벽과 정신개벽이 동시에 일어나는 시대상을 천지개벽이라고 하시면서도 물질개벽을 특히 주목해서 얘기하신 것 같지는 않아요. 제가 알기론 이 어른이 굉장히 일머리도 밝고 세상에 대한 판단도 있으셨지만 그 스승님들에 비하면 좀 교단살림에 국한된 면이 있지 않았는가 하는 생각도 합니다.

그리고 그후에는 이런 경향이 더 심화되어서 지금은 물질개벽을 얘기하는 교무님들이나 원불교 학자들이 별로 많지 않아요. 「개교표

167

현실의 '산 경전'을 강조한 소태산

대종사 말씀하시기를 "그대들 가운데 누가 능히 끊임없이 읽을 수 있는 경전을 발견하였는가. 세상 사람들은 사서삼경(四書三經)이나 팔만장경이나 기타 교회의 서적들만이 경전인 줄로 알고 현실로 나타나 있는 큰 경전은 알지 못하나니 어찌 답답한 일이 아니리요. 사람이 만일 참된 정신을 가지고 본다면 이 세상 모든 것이 하나도 경전 아님이 없나니, 눈을 뜨면 곧 경전을 볼 것이요, 귀를 기울이면 곧 경전을 들을 것이요, 말을 하면 곧 경전을 읽을 것이요, 동하면 곧 경전을 활용하여 언제 어디서나 조금도 끊임없이 경전이 전개되나니라. 무릇 경전이라 하는 것은 일과 이치의 두가지를 밝혀놓은 것이니, 일에는 시비 이해를 분석하고 이치에는 대소 유무를 밝히어, 우리 인생으로 하여금 방향을 정하고 인도를 밟도록 인도하는 것이라, 유교·불교의 모든 경전과 다른 교회의 모든 글들을 통하여 본다 하여도 다 여기에 벗어남이 없으리라. 그러나 일과 이치가 글에 있는 것이 아니라 세상 전체가 곧 일과 이치 그것이니 우리 인생은 일과 이치 가운데에 나서 일과 이치 가운데에 살다가 일과 이치 가운데에 죽고 다시 일과 이치 가운데에 나는 것이므로 일과 이치는 인생이 여의지 못할 깊은 관계가 있는 것이며 세상은 일과 이치를 그대로 펴놓은 경전이라, 우리는 이 경전 가운데 시비 선악의 많은 일들을 잘 보아서 옳고 이로운 일을 취하여 행하고 그르고 해 될 일은 놓으며, 또는 대소 유무의 모든 이치를 잘 보아서 그 근본에 깨침이 있어야 할 것이니, 그런다면 이것이 산 경전이 아니고 무엇이리요. 그러므로 나는 그대들에게 많고 번거한 모든 경전을 읽기 전에 먼저 이 현실로 나타나 있는 큰 경전을 잘 읽도록 부탁하노라".

—「대종경」 수행품 23

어」에서 물질이 개벽되니 정신을 개벽하자고 했으니까 그때만 물질개벽과 정신개벽을 붙여서 생각하지, 물질개벽은 떼어놓고 정신개벽 얘기만 하는 경우가 많은데요. 정신개벽을 하려면 경전으로 남은 대종사님 말씀도 우리가 잘 새겨야겠지만 대종사님이 산 경전이라고 하신 현실 읽는 능력도 키울 필요가 있다고 봐요. 출가와 재가의 평등한 관계가 깨져서 경쟁해야 할 대목에 경쟁도 안 하다 보니 출가들의 실력도 줄어드는 대목이 있지 않나, 좀 주제넘은 얘기지만 저는 그렇게 생각하고 있습니다.

전도연 사실은요, 큰 성자의 가르침 앞에 저희가 한없이 부족하죠. '우리가 엄청나게 큰 것을 받았는데 정작 실현하는 건 손톱만큼이라도 되는가?' 이런 생각이 듭니다. 제가 볼 때 가장 큰 문제는 이런 겁니다. 그 가르침이 체화된 정도가 적을수록 문제가 증폭돼요. 가르침을 체화한 실력이 적으면 심법(心法), 즉 마음을 쓰는 수준이 보통 사람과 별반 다를 게 없게 됩니다. 재가와 출가를 차별하는 것도 제도의 문제라기보다는 인격 수준의 문제입니다. 가르침을 체화하지 못하여 인격 수준이 떨어지면 제도와 상관없이 자기가 높은 체하는 일이 발생하는 것입니다. 이것은 재가나 출가나 마찬가지입니다. 차별하고 싶어서 차별을 하는 것이 아니라 실력의 한계가 드러나는 것이라고도 볼 수 있습니다. 사실 재가 인재를 키워서 그 재가가 교무처럼 가르치는 것도 지금 제도에서는 다 가능합니다. 그런데 그걸 그렇게 현실화할 때 쉽지 않은 문제들이 굉장히 많더라고요.

예를 들자면 재가도 실력만 있으면 출가 교무와 마찬가지로 가르칠 수 있는 자격을 부여하자는 생각에 아무도 반대하지 않습니다. 교육을 해서 시험을 치고 합격을 하면 자격증을 부여하면 된다고 생각합니다. 그런데 이것이 그렇게 간단한 일이 아닙니다. 이 분야는 지식을 교육해서 테스트하는 것은 부차적인 것이고, 오히려 더 중요한 실력은 가르침을 훈련하여 몸에 밴 인격입니다. 교육하여 변화시키는 데에 상당한 시간이 걸리고 이를 객관적으로 테스트하기도 쉽지 않습니다. 상당 기간 밀착하여 지도하면서 관찰한 지도인의 판단에 의존해야 하는 경우가 많은데 여기에서 시비가 많이 생깁니다. 교육을 하는 사람들의 정신이 먼저 바로 서 있어야 하고, 그 사람들의 판단을 믿고 맡기는 것도 필요합니다. 출가자 교육 및 인재 배출도 쉽지 않은 과정을 거쳐서 하고 있는데 재가자는 더 어렵습니다. 누구나 납득할 수 있는 합리적인 제도를 만들라고 쉽게 말하지만 이 분야 자체의 특성상 사람의 주관이 많이 개입되어야만 하기 때문에 쉽지 않은 것입니다. 누구나 수긍할 만한 권위를 가진 지도인을 많이 배출해야 가능한 일인데 그것이 현실 속에서는 가장 어려운 일이지요.

'윤석열도 부처인가?'라는 질문에 대하여

전도연 이어서 말씀드리면, 2장에서는 해월 선생의 경천(敬天)·경인(敬人)·경물(敬物) 하는 삼경(三敬) 사상 중 경물 얘기를 하시면서, 경물을 해야 한다면 대량살상무기까지도 공경해야 하는 것이냐 말씀하셨지요?(152면)

백낙청 제가 김용휘 교수한테 던진 질문이죠.

전도연 김용휘 선생님이 비유를 들어 잘 대답을 하셨더라고요. 어린이를 공경한다고 해서 어린이가 사탕 달란다고 다 주는 게 공경은 아니라는 것이죠. 여기에 답이 나와 있는 것 같아요. 원불교를 수행하고 신앙할 때 이 점을 이해하는 것이 가장 큰 실력 중의 하나입니다.

우리가 현실에서 만나는 대상들은 다 못마땅한 대상들이에요. '저 사람 왜 저러지?' '여기는 왜 이런 식으로 불공정하게 돌아가는 거지?' 하는 불만스런 생각을 자연스럽게 하게 되잖아요. 그런데 원불교에선 이것을 공경하라고 하고, 여기에 다 부처가 있다고 가르치죠. 마음에 안 드는 사람은 부처 리스트에서 빼야 할까요? 여기서 물러서면 안 돼요. 리스트에서 누군가 한명을 빼는 순간 수운 선생의 인내천 내지 시천주를 이해 못한 사람이 되거든요. '노비도 공경하라고? 말도 안돼.' 이렇게 말하는 수준하고 하나도 다르지 않거든요. 그 사람의 신분이나 인격, 언행이 어떻든 그것을 어떤 진리의 화현(化現)으로 보라, 저희는 이렇게 말합니다. 공경하고 조심하고 두려워하는 마음으로 그에게 접근해야 합니다. 가장 중요한 포인트는 미워하면 안 된다는 거예요. 미워하지 않는 마음으로 그를 위해서, 그를 그대로 두면 안 돼요. 어린아이를 위해서 사탕 달란다고 다 주면 안 되는 것처럼요. 어떤 경우엔 그 사람을 위해 아주 강력하게 조치를 취하는 게 진짜 불공이고 공경이라고 말씀드릴 수 있겠습니다.

백낙청 지금 정권 퇴진 운동에 적극 나선 종교인들이 몇분 계세요. 그분들이 같이 만드신 유튜브 콘텐츠들이 있어요. 기독교의 양희삼 목사, 천주교의 김근수 선생. 김근수 선생은 신부는 아니고 해방신학연구소장이세요. 또 우희종 교수라고 불교죠, 조계종. 그분들이 모여서 얘기하는 자리에 교무님을 한분 초청해서 원불교 얘기를 들었습니다(유튜브 채널 '양희삼TV' 나깨좋 55편, 2023.8.6. 업로드). 그분이 원불교에서는 다 처처불상 사사불공 한다 하니까 불교도인 우희종 교수는 알아들어요. "그럼 윤석열도 부처입니까?"라는 다른 분들의 물음에 교무님이 "부처입니다"라고 하니까, 그리스도교의 두분은 그 대답에 "에이, 그러면 난 동의 못 해"라고 하셨어요.(웃음)

그런데 누군 부처고 누군 아니라는 문제는 원불교에서 쓰는 문자로 사량계교(思量計較)를 해서 합리적인 계산으로 답을 내는 게 아니에요. 모두가 부처인데 각자에게 하는 불공법이 다른 거죠. 지금 훈산님께서 강력하게 대처해야 된다는 말씀을 하셔서 덧붙여 말씀드리면, 아무래도 모두가 부처는 부처죠. 그런데 윤석열에게도 도움이 되고 우리에게도 도움이 되는 불공법이 뭐냐, 그 질문에 대한 답을 교무님이 그 자리에서 내놓으셨다면 좋았을 텐데 잘 못하시더라고요. 이 이야기는 여기서 마무리하고, 시간이 없으니 4장 이야기로 넘어가죠.

종교의 국한을 벗어난다는 것

전도연 4장 「기독교, K사상의 가능성을 모색하다」는 이은선, 이정배 교수님 두분 다 신학자로서 유교 공부도 하셨고 원불교 경전도 읽어보셔서 그런지 두루 잘 보시는구나 싶었습니다. 이은선 교수님이 소태산의 원불교는 "특히 어떤 신에 대한 개념이나 그리스도의 개념이 없는 불교의 법이라는 개념은 거룩함(聖)을 훨씬 더 보편화할 가능성"을 갖고 있다고 하시면서 "소태산의 기독론 해체나 성학(聖學)에 대한 해체는 정말 래디컬하고, 인류의 정신사에서 어떤 극점에 도달한 것이 아닌가" 싶다는 말씀도 하셨어요(353~54면). '야, 신학자가 이런 말씀을 다 하시네' 싶어서 상당히 감명 깊었고요.

저한테 와닿았던 이은선 교수님 말씀이 하나 더 있습니다. 퇴계의 『성학십도(聖學十圖)』를 언급하시면서 "인격적인 천주의 사랑을 끊임없이 느끼게 하면서도 그것을 '이(理)'라는 용어로 표현했다는 점에서 이중과제를 누구보다 훌륭하게 수행해내신 분이라고 생각"(357면)한다고 덧붙이시는 걸 보면서 그리스도교 신학자에 대한 선입견이 많이 깨졌습니다. 열린 마음으로 그리스도교 바깥의 사유 또한 굉장히 넓고 깊게 보고 계시는구나 싶었습니다.

백낙청 근대의 이중과제, 더 풀어서 얘기하면 근대 적응과 근대 극복의 이중과제라고 해서 저는 근대와 직접 관계가 없는 데서는 잘 사용하지 않는 개념인데, 4장에서 이은선 교수님은 근대 적응과 근대 극복의 이중과제를 너무 범용하신 것 외에는 참 훌륭한 말씀을 많이 해주셨어요. 그런데 원불교 문화는 대개 다른 종교의 모자란 점을 들춰내서 말을 안 하지 않습니까. 저는 예수님의 복음선포도 일종의 후천개벽선언이었다, 거기까지는 먼저 인정을 했습니다. 그런데 후천개벽선언이라고 해서 다 똑같은 등급일 수는 없고 어떤 건 더 원만구족에 가깝고 어떤 건 좀 덜 원만하고, 그런 점도 우리가 가려야 하지 않는지 얘기했어요. 그 점에서는 예수님이 원만구족에 좀 못 미친 것 같다는 얘기를 했는데 그 논의는 별로 진전이 안됐어요. 예수님을 옹호해줄 분이 없는 자리에서 우리끼리만 다시 그 주제를 길게 얘기하는 건 곤란하니 조금 원론적인 얘기로 바꿔볼까요?

『대종경』을 보면 어느 목사님이 소태산을 찾아뵙죠. 왜 왔냐고 물으니 훌륭한 법훈을 얻고자 왔다고 합니다. 그랬더니 대종사가 말씀하시기를 "귀하가 능히 예수교의 국한을 벗어나서 광활한 천지를 구경하였는가" 이렇게 물으시거든요. 저는 그 대목이 말하고 있듯이 예수교든 다른 종교 분들이 과연 내가 믿는 종교의 국한을 벗어나서 광활한 천지를 보고 있는지 반성할 필요가 있다고 봐요. 물론 그 말은 원불교에도 적용이 되고요. 대종사는 그렇게 안 가르치셨지만 후대 원불교 교도들이 원불교의 국한에 얽매여서 광활한 천지를 구경하

소태산과 목사의 대화

목사 한 사람이 와서 뵈옵거늘 대종사 말씀하시기를 "귀하가 여기에 찾아오심은 무슨 뜻인가". 목사 말하기를 "좋은 법훈을 얻어 들을까 함이로소이다". 대종사 말씀하시기를 "그러면 귀하가 능히 예수교의 국한을 벗어나서 광활한 천지를 구경하였는가". 목사 여쭙기를 "그 광활한 천지가 어느 곳이오니까". 대종사 말씀하시기를 "한번 마음을 옮기어 널리 살피는 데에 있나니, 널리 살피지 못하는 사람은 항상 저의 하는 일에만 고집하며 저의 집 풍속에만 성습되어 다른 일은 비방하고 다른 집 풍속은 배척하므로 각각 그 규모와 구습을 벗어나지 못하고 드디어 한편에 떨어져서 그 간격이 은산철벽(銀山鐵壁)같이 되나니, 나라와 나라 사이나 교회와 교회 사이나 개인과 개인 사이에 서로 반목하고 투쟁하는 것이 다 이에 원인함이라, 어찌 본래의 원만한 큰 살림을 편벽되이 가르며, 무량한 큰 법을 조각조각으로 나누리요. 우리는 하루 속히 이 간격을 타파하고 모든 살림을 융통하여 원만하고 활발한 새 생활을 전개하여야 할 것이니 그러한다면 이 세상에는 한가지도 버릴 것이 없나니라".

—「대종경」 불지품 21

지 못하고 있을 수가 있거든요.

아까 훈련법 말씀을 하셨죠. 훈련법을 통해서 대종사님이 보신 깨달으신 경지, 이 광활한 천지가 보이는 경지에 열심히 닿기 위해 원불교의 국한도 보고 예수님의 국한도 보면 그게 다 똑같은 국한은 아닐 거 아닙니까? 그 각각에 등급을 매기는 일이 필요하다 싶어요. 이건 사량계교와는 차원이 다른 문제라고 봅니다. 어떤 깨달음의 경지에 달했을 때 현실이 여여하고 뚜렷하게 보이는 경지에서 말하자는 거지, 종교학자가 돼서 하나하나 따져서 비교·정리를 하자는 건 아닙니다. 이렇게 원론적인 수준에서 정리하고 3장 이야기로 넘어가지요.

'삼학팔조'와 '사은사요'

전도연 3장 「원불교, 자본주의 시대의 절실하고 원만한 공부법」은 원불교의 두분 교무님이 나오셔서 주요 교리를 하나하나 다 소개를 해주셨죠. 굉장히 힘드셨을 것 같아요. 그 두분이 이미 다 얘기를 해놓으셨기 때문에 저는 얘기하고 싶은 것만 말해도 좋겠다 싶어 조금 홀가분한 상황입니다.(웃음)

백낙청 아주 적절한 말씀입니다. 그분들이 하신 말씀을 우리가 되풀이하면 다 한 얘기를 또 하고 있다고 생각할 수 있으니까요. 그런데 여전히 전혀 모르는 분들도 계실 테니 중요한 이야기를 완전히 건너뛸 수는 없겠습니다. 원불교의 공부법에 대해 최대한 간략하게 말씀해주시기 바랍니다.

전도연 삼학팔조(三學八條)·사은사요(四恩四要) 얘기를 했지요. 인간이 이 세상을 살아가는 데 필요한 두가지 핵심 요소가 있는데 그것이 자력(自力, 자신의 능력으로 생활한다는 것)과 타력(他力, 밖에 있는 대상, 즉 법신불 사은에게 나를 의지하는 것)이다. 타력의 문제는 신앙으로 해결하게 하셨고 자력의 문제는 수행으로 해결하게 하셨죠. 그래서 수행은 삼학으로 하고 신앙은 사은으로 하도록 가르침을 내린 거고요. 삼학은 내 안의 자력을 극대화하는 작업인데 정신수양·사리연구·작업취사 세가지 삼학 수행의 면면을 보면 이것이 인격의 3대 요소이기도 해요.

이중에 하나가 무너지면 인격이 무너지는 것이거든요. 정신수양이라는 건 마음이 깨끗한 사람이 되는 수행이에요. 사리연구는 판단력이 있는 사람이 되는 거고요. 마음이 깨끗하지 않으면 삶이 무너지고, 판단력이 흐려도 인생이 암울해지죠. 작업취사는 실천력을 기르는 겁니다. 바른 일을 제대로 실천할 수 있는 힘이 없으면 인생이 제대로 갈 수가 없다는 겁니다.

그런데 이 삼학이 개인의 문제이기도 하지만 사회의 문제이기도 합니다. 예를 들어서 지도층 사람의 마음이 깨끗하지 않으면 굉장히 큰 문제가 일어나겠죠. 그러니까 원불교에서 말하는 삼학은 원불교에 가입한 사람들만 따르라는 특정 도그마가 아니에요. 인간이 살아갈 때 삼학을 갖추지 못하면 개인의 불행, 가족의 불행, 국가 세계의 불행으로도 펼쳐질 수 있음을 설명하고 있다고 말씀드릴 수가 있겠네요.

이렇게 삼학이 수행이라면 신앙의 가르침은 사은으로 펴셨어요. 여기에서 제일 중요한 점은 소태산이 원망 생활을 감사 생활로 돌리자는 것을 아예 신앙표어로 내놓으셨다는 겁니다. 사은 신앙은 우선 개인의 마음의 평화에서 시작하여 개인, 가정, 국가, 세계의 평화를 만드는 근본입니다. 세계평화도 마음속의 원망과 한이 풀어져야 가능합니다. 사람이 어떠한 이유로 가슴에 한을 품으면 그것이 끝나지 않고 복수와 복수로 이어지잖아요. 국가의 차원에선 원망이 전쟁으로 불거지기도 하죠. 세계에서 지금 일어나는 일들을 보면 복수의 복수가 계속되는 경우가 많죠. 그러니 근본적으로 원망 생활에 빠져 있는 상태를 해결하지 못하면 세상을 좋게 만들 수 없습니다. 복수와 복수의 연속이 바로 윤회를 못 벗어나는 것입니다. 근본적 은혜를 일러주면 원망 생활을 감사 생활로 돌릴 것이고, 그렇게 한이 풀어지면 세계 평화가 거기에 있다는 것이죠.

그러니까 종교가 이 부분을 맡고 있는 겁니다. 삼학과 사은, 신앙과 수행, 자력과 타력 이것을 실천하도록 하기 위해서 법의 천명에 그치지 않고 자꾸 훈련을 시키고 있지요.

백낙청 그러니까 삼학팔조는 사실 원칙적으로 특정 종교와 얼마든지 떼어놓고 생각할 수 있는 거죠. 사은의 경우 어떤 종교들처럼 합리적으로 도저히 말이 안되는 것을 무작정 믿으라고 하는 신앙이 아닙니다. 깨달은 자리에서 보면 일원상이 곧 사은이고, 사은은 네가지가 따로따로 노는 은혜가 아니고 네겹의 큰 은혜라는 것을 깨닫는 게 중요합니다. 이걸 맹목적으로 신앙하지 않고 깨달으려면 삼학팔조의 공부가 필요한 거죠.

사실 그런 깨달음에 이르지 않고 사은을 얘기하면 자칫 우리가 흔히 말하는 '정신 승리'가 될 우려가 있어요. 자기가 당해놓고도 '사실은 내가 이긴 거야, 나는 감사 생활을 하니까' 이렇게 생각하다 보면 문제 해결이 안되는 거죠. 정말 은혜가 보여야 해요. 사실 저는 사은이 얼핏 듣기에는 아주 상식적이고 합리적인 얘기 같지만 실제로 그걸 믿고 실천하기가 굉장히 어려운 대목이 아닐까 싶어요.

전도연 저는 이 모든 가르침에 어렵게 접근하지 않습니다. 제가 볼 때 이건 인간이 철이 드는 과정이에요. 우리가 철없는 어린아이일 때는 자기가 무슨 은혜로 사는지 몰라요. 그런데 아기가 커서 서너살쯤이 되면 자기 손으로 옷도 입고 냉장고 열어서 먹을 것도 꺼내 먹어요. 그러면서 아이가 자기는 남의 신세 지는 걸 좋아하지 않고 다 자기 힘으로 살 수 있다고 이야기한다고 가정해봅시다. 지금 우리 인류는 그렇게 생각하는 어린아이 정도에 도달해 있어요. 소태산의 입장에서 봤을 때 우리는 스스로 냉장고를 열지만 거기 있는 음식이 누구

177

덕분에 마련됐는지 아직 모르는 어린아이와 같지요. 자기가 따뜻하게 살고 있는 집도 누구 덕분에 가능한지 모르고요. 아무것도 모르고 자기 인생은 자기가 산다고 주장하고 있는 어린아이 같다는 건 이런 의미예요.

사은 중에서 부모은 정도는 하도 강조들을 하니까 부모 덕에 이 정도 살지 하고 인정하지만 너무나 당연히 여기고 있는 것들, 이 천지가 무한 제공하고 있는 그 은혜 속에 살고 있다는 건 잘 몰라요. 그 무한 제공이 1초만 끊겨도 바로 죽음으로 들어가는데도 모르죠. 동포은이라고 하는 것도 입는 옷, 먹는 음식, 자는 방과 집, 사실은 이걸 다 동포들이 제공을 하고 있다는 거죠. 제가 여기까지 타고 온 지하철도 제가 만든 게 아니죠, 누군가가 만든 겁니다. 여기 오는 동안에 시시각각 만나는 모든 것을 사은이 주고 있는 거죠. 그런데도 이걸 당연하게 받아들이는 우리는 철없는 네살 아이의 생각에 머물러 있는 것과 다름없어요.

그러니까 사은은 어렵게 이해하려 하면 안 돼요. 우리가 은혜 속에 파묻혀 살고 있으면서도 그게 은혜인지도 모르니까 당연히 보답할 생각, 보은의 생각이 없다는 얘기거든요. 그걸 배은(背恩)이라고 합니다. 소태산의 가르침은 배은을 하면 배은의 결과를 받게 돼 있다, 그러니까 그 인과의 법칙을 해석해주신 거예요. 보은하면 보은의 결과가 온다고 하면서 경전에 자세히 밝혀놓으셨죠. 극치에 이르면 이것도 일원상의 근처로 가는 거예요. 은혜와 감사에 정말 눈을 뜨면 뜰수록 정신의 수준이 열리고 높아져서 신앙길로도 일원상에 근접할 수 있고 수행길로도 갈 수 있으니 신앙 수행을 병진하면 가장 빠른 길이라는 가르침이죠.

백낙청 일원상이나 사은사상을 너무 어렵게만 생각하면 안 된다는 그 말씀도 좋고, 또 사은사요와 삼학팔조가 따로 가는 게 아니라는 말씀도 물론 옳습니다. 그런데 사은의 어려운 점을 설명하시면서 어린아이가 성장하는 예를 들어주신 건 좀 일면적인 것 같아요. 아이가 다 자기 힘으로만 자라고 있다고 믿는 건 유치한 생각이고, 자기한테 잘해주는 건 은혜고 잘못하는 건 원망의 대상으로 삼는 게 소위 말하는 인지상정(人之常情)이죠. 대종사님이 깨달으신 그 자리에서 보면, 얼핏 봐서 나한테 해독이 되고 손해가 되는 것도 은혜라는 거니까 사은에서 말하는 은혜는 어른이면 누구나 인지상정으로 아는 그런 은혜가 아니겠죠. 인지상정대로 간다면 나한테 해롭거나 괴로운 건 은혜가 아닌데 덮어놓고 은혜라고 우긴다면 그게 바로 '정신 승리'지요. 그런데 이게 그냥 어려운 얘기만은 아니죠. 좌선을 수십년 하다가 문득 깨치면서 아는 게 아니고, 누구나 삼학팔조의 훈련을 차근차근해가면 도달할 수 있는 경지라는 걸 가르쳐주셨기 때문에 어렵지 않게 느껴지고 그 둘을 병진해야 한다는 게 이해되죠. 사실은 사은사상은 이것 자체만 따로 떼어 생각하다 보면 자칫 이상하게 빠질 가능성도 있는 교리지요.

전도연 그런데 그것이 어떤 사람은 부처에 속하냐 안 속하냐 하는 질문과도 사실은 거의 직결돼 있는 문제거든요. 그 가르침을 현실화할 때 굉장히 조심해야 하는 부분들이 있습니다. 지금 말씀하신 점도 그런 난점을 굉장히 지혜롭게 잘 넘겨야 그 가르침이 현실화되거든요. 그러니까 사실은 우리가 그 과정을 배워나가는 거죠.

이제 화제를 바꿔서, 앞서 잠깐 이야기했지만 『종교공부』를 보면 정신개벽에 비해서 물질개벽에 관심이 없다고 백낙청 선생님께서 말씀하셨지요. 원불교학자들이나 교무들이 물질개벽은 떼어놓고 마음공부만 하자고 한다는 점을 지적하시면서요(70~72면). 도올 선생님은 이렇게 말씀하기도 하셨어요. "지금은 옛날과 달라 종교가 고차원의 사회운동을 정밀하게 해나갈 수 있는 다양한 메커니즘을 확보하고 있는데도 불구하고, 몸만 사리면서 마음공부에만 매달린다면 원불교는 타락한 불교의 아류도 되지 않는다." 그러면서 우리 사회의 변화나 지향해야 할 비전 같은 것들을 원불교가 심각하게 고민하고 영향력 있는 사회적 메시지를 부지런히 내야 한다고 말씀하셨더라고요(72~73면).

가르침은 큰데 우리가 정말 그 가르침의 몇분의 일이나 체득을 하고 실천을 했나 생각해보면 턱없이 부족합니다. 그래도 원불교에서 실행하고 있는 사회 변화를 위한 노력 중에 잘 알려져 있지 않은 것들이 많이 있습니다. 저희가 그걸 열심히 선전하는 것도 아니어서요. 예를 들어서 옛날에 시행한 새마을운동을 여러 면에서 평가할 수 있겠지만 어떤 긍정적인 효과가 있었던 건 분명하거든요. 그때 운동을 주도했던 김준(金準, 새마을지도자 연수원장으로 취임하여 새마을지도자 훈련의 기초를 만듦)이란 분이 원불교를 상당히 벤치마킹하셨어요. 그분이 긴밀하게 원불교를 드나들면서 훈련하는 걸 보고 가르침을 흡수하셨거든요. 그런데 원불교는 이런 영향을 대대적으로 선전하질 않으니 다 잊힌 면이 있죠.

또 대안학교가 한국서 처음 생길 때 원불교가 거의 효시 역할을 했습니다. 1998년에 원불교가 처음으로 학교에서 포기하거나 퇴학당한 학생들만 모아서 영산성지고등학교를 열었거든요. 개교 11년 만에 특성화고등학교 제1호로 정부의 인가를 받았고, 그게 잘 운영되면서 방송을 타고 여러 대안학교가 생겼습니다. 이제는 대안교육도 공교육의 영역으로 넘어왔으니 대안학교의 또다른 장이 열려야 하는 시기지만요.

백낙청 제가 보기에 도올 박사가 원불교가 해온 좋은 사업들에 대한 인정은 충분히 하시는 것 같아요. 오히려 그분은 물질개벽에 대한 개념이 나하곤 좀 달라요. 물질개벽은 우리가 원하든 원치 않든 지금 진행이 되고 있고 얼마나 심각한 문제가 벌어지고 있는가 하는 것이 소태산의 가르침이었다는 점에 대해서는 그분은 그다지 무게를 안 두시죠. 원불교가 정신과 물질을 이분법적으로 나눠서 물질개벽도 잘하고 정신개벽도 잘해야 한다는 식으로 얘기한다고 이해하고 있어서 그분은 오히려 소태산 선생을 당대의 훌륭한 새마을 운동가 정도로 보신 것 같아요.

그런데 물질개벽이 어떤 현상이고 어떤 실행인가 하는 것은 대종사님이 그 시절에 어떻게 거기까지 꿰뚫어 보셨을까 싶을 정도로 타종교에서는 그런 사례가 많지 않습니다. 지금 우리가 원하거나 특별히 노력 안 해도 물질개벽이 저절로 돌아가는 이유 중에 하나는 자본주의가 바로 탐·진·치(貪瞋痴, 탐욕, 성냄, 어리석음)를 동력 삼아 돌아가는 체제이기 때문이거든요. 그런 체제가 일단 형성됐기 때문에 자본주의 자체가 그에 맞춰 필요한 개념과 인재를 만들어내는 거죠. 그런데 이대로 가면 다 망한다는 게 대종사님의 가르침입니다. 그러지 않기 위해 막연히 정신개벽 하고 깨달아야 한다는 게 아니라 물질개벽의 와중에 차근차근 해야 할 일들을 사은사요 삼학팔조로 알려주신 게 소태산 가르침의 특징이기도 합니다.

한편 지금 교단의 교무님들이나 원불교 학자들은 물질개벽시대가 어떻게 돌아가고 있고 얼마나 심각한 사태인가에 대해서 대종사님만큼 고민을 안 하시는 것 같아요. 제 이야기는 그런 뜻입니다.

원불교의 공 사상과 윤회

백낙청 이어서 제가 하나 말씀드리고 싶은 건, 『종교공부』에서 공(空)에 대해서 길게는 얘기 못했습니다만 도올이 원불교의 사상은 공하고 무관한 것이다, 반야불교의 아주 핵심 사상이 빠졌다고 하는데(73면) 그건 아니지 않습니까? 공 사상이 어떤 의미에선 기본인데, 용수(龍樹, 나가르주나)가 공을 설파하면서 특별히 강조하지 않은 원(圓), 그야말로 사리를 뚜렷하고 원만하게 다 아는 사리연구가 있고, 그리고 정(正), 실제로 이 세상을 건지기 위한 공정한 처사가 있습니다. 사실 원과 정 모두 구(舊)불교에서 그렇게 중시하지 않은 면입니다. 오히려 유교가 관심을 두었죠. 그런데 유교는 공변될 공(公) 자에 대한 관심이 처음부터 아주 지대했던 반면에 빌 공(空) 자에 대해서는 별 연마가 없는 편이었죠. 구불교는 반대로 반야불교에 이르러서는 빌 공 자에 대한 연마를 깊이 하는데 그걸 이 세상을 건지기 위한 공변된 행동하고 연결 짓지 않는 게 특징인 것 같거든요. 그래서 저는 빌 공 자와 공변될 공 자의 밀접한 관계, 거기에 주목한다는 점이 원불교의 특징이라고 보는데 어떻게 생각하시나요?

전도연 『종교공부』 전체에서 지적하고 있는 유일신 사상이랄까 이분법적 사고의 문제가 뭐냐면 현실세계와 이상세계를 따로 구분한단 거예요. 그런데 공변될 공과 빌 공의 관계가 그와 같은 거거든요. 공변될 공 자는 현실세계에서 일이 처리가 잘돼서 다 잘 먹고 잘사는 세상이 돼야 이루어지는 거예요. 그런데 그게 이루어지려면 비워야 된다는 것이 빌 공이죠. 이 두가지 공은 이런 경우와 비슷해요. 물이라는 건 아무것도 안 타고 깨끗한 물일수록, 그렇게 계속 비워져 있을수록 물이 원래 갖고 있는 생명력이 왕성해지잖아요. 그 물이 흘러가는 곳마다 사람이 먹으면 사람을 살리고 동물이 먹으면 동물을 살리는 거죠. 공(空)과 공(公)의 원리가 이와 같아요. 사람의 마음도 깨끗하게 비워야 해요. 욕심도 집착도 다 비우면 그 깨끗한 마음이 가는 곳마다 다 잘됩니다. 가정에 들어가면 가정이 잘되고 국가에 그런 사람이 많으면 국가가 잘되는 거죠. 이렇게 하면 진리를 현실에 구현하는 길이 되는 것이고 진공묘유의 진리를 체받는 길, 바른 깨달음으로 가는 길이 되죠. 그런데 마음만 비웠다고 하면서 아무것도 안 하는 사람이 있고, 좋은 일을 한다는 사람이 마음을 안 비우는 경우도 있죠. 그러면 자꾸 오염이 돼요. 집착과 욕심을 갖고 별의별 사심과 잡념에 빠지죠. 그러니까 공과 공의 원리는 떼려야 뗄 수 없는 관계입니다.

백낙청 소태산께서 그렇게 되기 위한 훈련법을 제시했던 게 중요하다는 말씀을 이미 하셨으니 다음으로 넘어가보겠습니다. 제가 훈산님 뵌 김에 한번 여쭤보고 싶은 얘기가 있는데요. 오강남 박사를 백낙청TV에 모시고 원불교 얘기도 꽤 했습니다. 그런데 아까 말씀드렸듯이 이분은 표층신앙과 심층신앙의 구별을 특히 중시하세요. 그러면서 원불교는 심층종교로서 갖춰야 할, 그분이 생각하는 요건을 다 갖췄다고 아주 극찬을 하시길래, 그럼 원불교의 윤회설은 어떻게 생각하시는지 여쭤봤더니 그분이 그 대목은 일종의 표층종교에 해당한다는 생각을 하시는 것 같더라고요. 그분이 생각하는 표층종교와 심층종교의 차이는 제가 보기에는 이렇습니다. 서양의 합리주의적인 사상으로 받아들이기 어려운 것을 믿는 건 표층종교에 해당하고 그렇지 않은 나머지 중에서 정말 깊이있는 깨달음을 강조하는 종교를 심층종교라고 하시는 것 같아요. 그런데 사실 원불교에서는 대종사님의 대각이나 일원상의 진리가 인과론이나 윤회설을 빼놓고는 설명이 안되지 않습니까?

전도연 빼놓고 설명이 안되는 정도가 아니라 그게 핵심입니다. 다른 말로 하면 불생불멸(不生不滅)과 인과보응(因果報應), 대종사님이 깨달으신 내용이 이거라고 말씀하셔요. 인과보응이라고 하는 것은 이 세상의 모든 것에는 원인이 있고 그에 합당한 결과가 따라온다는 말입니다. 그런데 이것을 개인의 입장에서 보면 자기가 짓지 않고 받는 것은 하나도 없다는 것입니다. 그럼 이런 문제 제기가 생깁니다. '내가 나쁜 짓도 안 했는데 왜 이렇게 힘들까. 저 나쁜 놈은 잘 먹고 살는데.'

여기에 답하기 위해 불생불멸이 필요합니다. 불생불멸이란 내가 이번 생에 태어났다고 해서 새로 생겨난 것도 아니고 죽는다고 해서 없어지지도 않는다는 것입니다. 전생과 현생, 그리고 내생으로 끝없는 생이 이어지고 있다는 것이지요. 생이 한번에 끝나는 거면 설명이 안되잖아요. 그런데 불생불멸은 지금 생의 결과를 과거 생의 원인 행위의 축적에서 비롯됐다고 설명할 수 있죠. 또 현생에 선행이나 악행을 했어도 그 결과가 미래 생에 받을 수도 있는 것이고요. 이렇게 생각하는 게 오히려 합리적이고요. 그런데 어제(과거)를 상정하지 않고 오늘(현재) 일어난 일의 원인을 설명하라고 하면 이상한 논리들이 나오죠. 신의 저주를 받았다거나 하는 설명들요.

불생불멸과 인과보응은 소태산께서 깨달음의 경지에서 내놓으신 걸 우리가 믿으면서 나아가는 내용이지 논리로 따져서 받아들이는 대상은 아닙니다. 하지만 일반 상식적 입장에서 보아도 합리적인 설명입니다. 과학에서도 어떤 가설이 눈으로 확인되지 않더라도 합리적으로 설명이 되면 그냥 무시하진 않잖아요. 그런데 불생불멸 인과보응은 가설로서도 지금껏 인류가 내놓은 어떤 설명보다 합리적인 것 같습니다. 이것으로 설명 안되는 현상이 없다고 봅니다.

그리고 하나 덧붙이고 싶은 점은 사람이 삶을 살면서 인과보응에 기반한 믿음이 없다면 우리가 정도를 걸어야 할 이유가 사라지고 인생은 무너지게 되고 세상은 답이 없는 혼란한 세상이 될 것이라는 점입니다.

백낙청 대종사님 깨달음의 아주 긴요한 부분이라고 말씀하셨는데. 실제로『대종경』서품 1장에 대종사님이 깨달은 직후의 말씀, 말하자면 대각일성(大覺一聲)이 나와 있잖아요. 시청자를 위해서 제가 한번 읽어드리면, "만유가 한 체성이며 만법이 한 근원이로다. 이 가운데 생멸 없는 도와 인과보응되는 이치가 서로 바탕하여 한 두렷한 기틀을 지었도다". 여기서 어느 한 대목을 두고 표층신앙이다, 심층신앙이다 이렇게 할 수 없죠. 이 대목에서 우리가 대종사님 말씀도 하나하나 음미해볼 필요가 있을 것 같아요.

아까 제가 체성에 대해서 여쭤봤는데 그냥 성품자리라고 하면 자칫 우리의 감각적 세계나 현실적인 삶을 초월한 그런 성품자리를 생각할 수 있거든요. 특히 서양의 이원론적 사고, 플라톤식으로 초감각적인 영원불변의 세계를 생각할 수 있는 거죠. 그런데 체성은, 이 성품자리가 몸이기도 한 것 아니에요? 그 점에서는 서양식 표현을 쓴다면 굉장히 유물론적인 사유를 하고 계신 거죠.

'생멸 없는 도'에 대해서도, 저는 서양 사람들이 이 말을 이해하기 어렵다고 봐요. 가령 노자『도덕경』첫머리가 "도 가도(道可道)면 비상도(非常道)"라고 그러잖아요. 항상 상(常) 자를 써서 '상도(常道)'라고 하니까 서양 사람들은 이게 영원불변의 도라고 생각하는데 그게 아니죠. 계속 일정한 법칙성을 가지고 진행되니까 영원불변의 도가 아니라 늘 그러한 도라는 거죠. '생멸 없는 도'라는 것도 마찬가집니다. 아까 불생불멸을 윤회와 연결하셨지만, 생도 사도 절대적으로 없다는 게 아니라 생멸이 거듭되는 와중에도 도는 늘 그러하게 지속된다는 뜻이 되겠죠.

인과보응의 이치하고 서로 바탕하여 한 두렷한 기틀을 지었도다 하니까 말씀하신 대로 인과론이 없으면 아무런 법칙도 이유도 없이 자꾸 변하는 게 되는 거고 윤회설이 없으면 한 생으로 끝나버리면 억울한 사람만 너무 많아지죠. 전에 우리 백낙청TV에서도 논의했고, 『종교공부』 4장에서도 얘기했습니다마는 히브리성서의 「욥기」 문제가 그거거든요. 욥이 '아 내가 잘못한 게 없다는 게 아니라 잘못한 건 많지만 이렇게까지 당해야 할 만큼 잘못한 건 아니다. 하나님한테 좀 설명을 듣고 싶다' 하는데 하나님이 설명을 안 해주세요. 왜냐하면 하나님은 불교나 원불교의 생멸 없는 도를 믿는 분이 아니기 때문에 설명 안 하시고 욥을 제압하죠. '내가 천지창조하고 이 우주를 운행할 때 욥 네가 옆에 있었냐, 이제 와서 어디 감히 불평하고 나서느냐' 그렇게 나오시는데 「욥기」의 그 문장들이 참 멋있어요, 하나님이 쓰시는 표현들이. 그래서 제가 그런 말도 덧붙였었죠. 그 대목을 읽으면 하나님이 굉장히 훌륭한 시인이신데 논리적인 변증가는 아닌 것 같다고요(356~57면).

불생불멸 인과응보가 하나의 가설이라 하더라도 이만큼 합리적으로 두루두루 설명되는 가설은 없을 것 같아요. 물론 틀릴 수도 있죠. 두고 봤더니 아무런 내생도 없을 수 있고 내가 겪어보지 않으면 어떻게 아느냐고 하는데 사실 그것도 설명이 없지 않습니다. 겪어보지 않은 게 아니라 겪었는데 네가 잊어버린 거다, 도를 닦으면 그걸 숙명통(宿命通, 지나간 세상의 일을 훤히 다 아는 신통력)이라고 전생 후생이 다 보이는 경지에 이른다고 하죠. 그게 최고 깨달음의 경지는 아니지만 공

어떤 경지에 올라야 숙명통을 얻을 수 있는가

한 제자 여쭙기를 "과거 부처님 말씀에 공부가 순숙되면 삼명 육통(三明六通)을 얻는다 하였사오니, 어느 범위에나 오르면 삼명 육통을 얻게 되나이까". 대종사 말씀하시기를 "삼명 가운데 숙명(宿明)·천안(天眼)의 이명과 육통 가운데 천안(天眼)·천이(天耳)·타심(他心)·숙명·신족(神足)의 오통은 정식 법강항마위가 되지 못한 사람도 부분적으로 혹 얻을 수가 있으나 정식 법강항마위 이상 도인도 얻지 못하는 수가 있으며, 누진명(漏盡明)과 누진통은 대원 정각을 한 불보살이라야 능히 얻게 되나니라".

—『대종경』 변의품 18

부해서 도달할 수 있는 경우고 주변에 보면 실제로 그런 분들이 더러 있는 것 같아요.

전도연 네, 그리고 아까 말씀하신 오강남 박사님과의 대화에서 제가 첨언하고 싶었던 게 있습니다. 그 대담에서 백낙청 선생님께서 개령을 말씀하셨죠. 불교에서 무아윤회를 얘기하는데 원불교에서는 개령의 윤회를 강조하는 것 같다고요.

백낙청 네, 그런 인상을 주는 대목들이 있다는 거죠.

전도연 거기에 제가 조금 말씀드리고 싶은 내용이 뭐냐면, 무아윤회는 살아 있을 때 개령이 있다가 죽으면 무아가 돼서 윤회를 하는 게 아니라 살아 있을 때, 지금도 무아예요.

백낙청 그렇죠.

전도연 그렇기 때문에 개령이라고 하는 것은, 개령이 있는 동시에 대령과 합해져 있기 때문에 사실은 무아이면서 유아가 동시여야지, 그렇지 않으면 이분법으로 빠지게 됩니다. 원불교에서 이 얘기를 자꾸 하는 이유는 개령과 무아가 둘로 나뉘는 것처럼 보일까봐 그래요.

백낙청 개령윤회라는 건 힌두교 같은 데서 믿는 절대적 불멸의 영혼을 제가 말한 것이고, 살아 있을 때는 개령이 존재하다가 죽으면 사라지고 무아로 윤회한다는 뜻은 아니었어요. 다만 『대종경』의 천도품이나 인과품의 어떤 대목을 읽으면 그런 오해를 할 소지가 좀 있는 것 같아요.

전도연 그런데 중요한 것은 지금도 확실히 개령이면서 지금도 확실히 무아입니다. 우리가 못 깨달았으면 무아를 못 느끼는 것이고 깨달을수록 동시에 두개가 하나가 되는 거라서 굳이 죽은 다음을 생각할 필요도 없습니다. 개령과 무아가 동시에 계속 간다는 얘깁니다.

'정신의 지도국'이 되기 위하여

백낙청 제가 2023년 9월에 원광대학에 가서 '원불교 교전 영어 번역에 참여한 소회와 성찰'이라는 제목으로 강연을 했습니다. 부제는 '천하대란의 시대 세계의 정신적 지도국이 되기 위하여'였는데, 20년 가까이 원불교 영어교전 번역에 참여한 얘기를 하면서 한국이 장차 정신의 지도국·도덕의 부모국이 될 것이라는 대종사님과 정산 종사님의 말씀을 어떻게 이해할 수 있으며 또 그 말씀에 우리가 동의한다면 어떻게 실천할까 하는 문제를 던져놓기만 했습니다.(웃음) 그런데 오늘도 길게 다룰 시간은 없을 것 같군요.

그래도 차근차근 따져나가보자면 과거에 정신을 주도하는 국가나 민족이 있었나요? 저는 물질개벽의 시대에 부응할 만큼 정신을 주도

하는 세력은 과거에도 없었다고 봐요. 하지만 세상이 이만큼 유지될 때는 항상 어떤 정신적인 중심은 있긴 있었다고 봐요. 가령 동아시아 문명에선 유교가 주도를 하고 대승불교의 사상이 가미돼서 중국 중심 문화의 영향권 안에서는 그런 사상들이 중심을 잡아주었죠. 서양에서는 유럽의 중세부터 그리스도교 문명이라고 하지 않습니까? 폐단도 많지만 어쨌든 한 문명의 정신적인 지도 이념으로 역할을 했죠.

그런데 근대세계로 오면서 이런 제국이 사라지거든요. 제국주의는 오히려 더 심해졌다고 볼 수 있지만 이념상으로는 모든 국가가 평등하지 않습니까? 대등한 주권국가로서요. 각자 대등한 주권국가로 따로 살면 난장판이 될 수 있는데 어떤 패권국가가 나서서 질서를 잡으면서 세계가 유지되어왔단 말입니다. 그 국가가 제대로 패권국가 노릇을 하려면 자본주의 시대니까 첫째는 경제적인 실력이 다른 국가를 압도하거나 주도할 만큼 되어야 하고, 정치력과 군사력도 있어야 하죠. 하지만 그것만이 아니고 다른 나라들의 자발적인 복종이나 수긍을 이끌어낼 수 있는 이념도 필요합니다. 지금의 자본주의 세계체제를 돌아보면 가령 17세기 네덜란드, 그다음엔 영국, 20세기의 미국, 그들 나름대로 다 뭐가 있긴 있었다고 봅니다. 그런데 지금은 다 무너진 상태 같고요. 또 미국의 자유주의에 대항해 소련에서는 볼셰비끼 혁명이 일어나서 그들 식의 사회주의를 주장했는데 이젠 소련 자체가 해체돼버린데다가 소위 맑스-레닌주의(Marxism-Leninism)라는 이념이 주도력을 행사하지 못하고 있지 않습니까? 중국은 그걸 모택동(毛澤東)사상으로 변형해서 지금도 체제를 유지하고 있지만, 그렇다고 오늘날의 중국을 모택동사상의 나라라고 보기도 어렵잖아요.

한때는 자본주의 세계 안에서 이념적으로나 사회복지 면으로 보

불교가 세계적 주교가 될 것이라는 소태산의 예언

대종사 말씀하시기를 "이제는 우리가 배울 바도 부처님의 도덕이요, 후진을 가르칠 바도 부처님의 도덕이니, 그대들은 먼저 이 불법의 대의를 연구해서 그 진리를 깨치는 데에 노력하라. 내가 진작 이 불법의 진리를 알았으나 그대들의 정도가 아직 그 진리 분석에 못 미치는 바가 있고, 또는 불교가 이 나라에서 여러 백년 동안 천대를 받아온 끝이라 누구를 막론하고 불교의 명칭을 가진 데에는 존경하는 뜻이 적게 된지라 열리지 못한 인심에 시대의 존경을 받지 못할까 하여, 짐짓 법의 사정 진위를 물론하고 오직 인심의 정도를 따라 순서 없는 교화로 한갓 발심 신앙에만 주력하여 왔거니와, 이제 그 근본적 진리를 발견하고 참다운 공부를 성취하여 일체 중생의 혜·복(慧福) 두 길을 인도하기로 하면 이 불법으로 주체를 삼아야 할 것이며, 이뿐만 아니라 불교는 장차 세계적 주교가 될 것이니라. 그러나 미래의 불법은 재래와 같은 제도의 불법이 아니라 사·농·공·상을 여의지 아니하고, 또는 재가 출가를 막론하고 일반적으로 공부하는 불법이 될 것이며, 부처를 숭배하는 것도 한갓 국한된 불상에만 귀의하지 않고, 우주 만물 허공 법계를 다 부처로 알게 되므로 일과 공부가 따로 있지 아니하고, 세상 일을 잘하면 그것이 곧 불법 공부를 잘하는 사람이요, 불법 공부를 잘하면 세상 일을 잘하는 사람이 될 것이며, 또는 불공하는 법도 불공할 처소와 부처가 따로 있는 것이 아니라, 불공하는 이의 일과 원을 따라 그 불공하는 처소와 부처가 있게 되나니, 이리 된다면 법당과 부처가 없는 곳이 없게 되며, 부처의 은혜가 화피초목(化被草木) 뇌급만방(賴及萬方)하여 상상하지 못할 이상의 불국토가 되리라. 그대들이여! 시대가 비록 천만번 순환하나 이 같은 기회 만나기가 어렵거늘 그대들은 다행히 만났으며, 허다한 사람 중에 아는 사람이 드물거

> 늘 그대들은 다행히 이 기회를 알아서 처음 회상의 창립주가 되었나니,
> 그대들은 오늘에 있어서 아직 증명하지 못할 나의 말일지라도 허무하다
> 생각하지 말고, 모든 지도에 의하여 차차 지내가면 멀지 않은 장래에 가
> 히 그 실지를 보게 되리라."
>
> —「대종경」 서품 15

나 북유럽이 제일 낫다 했는데 요즘은 거기도 옛날 같지 않고요. 사
실 북유럽이 멋있어 보였던 건 자본주의 세계체제라는 제국주의적
이고 약탈적인 체제의 일원으로 살면서도 최고의 지배국, 강국이 아
닌 교양있는 알부자들의 나라이기 때문이었어요. 여러 모범적인 사
례도 보여주었고요. 그런데 요즘 보면 북구의 복지국가들이 대부분
흔들리고 있고 가자에서 이스라엘이 저지르는 일을 유럽의 다른 나
라들과 함께 지지해주고 있죠. 우크라이나 전쟁 상황만 봐도 미국의
심부름이나 하는 꼴을 보면 정신의 지도국이 아닌 게 확실한 것 같
아요.

그러면 이제 누군가가 정신적 지도국이 되어 지도행위를 해줘야
다시 살 만한 세계가 되겠지요. 그렇게 보면 대종사님이나 정산 종사
께서 장차 이 나라가 정신의 지도국이 되고 도덕의 부모국이 될 것
이라고 하신 말씀이 그냥 세상 물정 모르는 촌로들이 앉아서 교도들
한테 일종의 격려사를 해주신 것만은 아닌 듯해요. 어쨌든 시대의 절
대적인 요구를 간파하셨고 그것을 원불교가 중심이 된 한반도 사람
들이 충족해줄 수 있다는 자신감을 갖고 말씀하신 것 같거든요. 사실
제가 말씀드린 세계정세도 하나하나 따져봐야 하고, 또 대종사님이
그런 자신감으로 하신 말씀이라면 그 근거와 현재의 우리 상태도 따

〔소태산〕 대종사 말씀하시기를 "조선은 개명(開明)이 되면서부터 생활 제도가 많이 개량되었고, 완고하던 지견도 많이 열리었으나, 아직도 미비한 점은 앞으로 더욱 발전을 보게 되려니와, 정신적 방면으로는 장차 세계 여러 나라 가운데 제일 가는 지도국이 될 것이니, 지금 이 나라는 점진적으로 어변성룡(魚變成龍)이 되어가고 있나니라".

—『대종경』 전망품 23

산동교당 뜰 앞의 무궁화와 태극기를 보시며 〔정산 종사께서〕 말씀하시기를 "무궁화는 그 이름이 좋으니, 무궁은 한량없고 변치 않음을 뜻함이라 이 나라가 새 세상 대 도덕의 근원이 될 것을 저 무궁화가 예시하고 있으며, 태극기는 그 이치가 깊으니, 태극은 곧 우주의 원리로서 만물의 부모가 되는 것이요 태극은 무극이며 무극은 일원이라 일원대도가 장차 온 인류의 귀의처가 되고 그 발원지인 이 나라가 전생령의 정신적 부모국이 될 것을 저 태극기가 예시하고 있나니라".

—『정산종사법어』 국운편 33

져봐야 할 문제인데, 한국과 원불교에 관한 대목은 교무님께서 부연해주시면 좋겠어요.

전도연 소태산 대종사님은 장차 불교가 세계적 주교가 될 것이라고 말씀하셨어요. 그런데 과거의 불교가 아니라는 거죠. 이제부터 나올 불교는 직업과 생활, 즉 일상생활을 떠나지 아니하고 불교를 실천하고 수행도 하며 깨달음에 이르는 불법이어야 한다는 겁니다. 옛날처럼 다 때려치우고 산에 가서 수행해야지, 이런 생각으론 세계적인 불교, 주교가 될 수가 없다는 거죠. 그리고 재가 출가를 막론하고 다 같이 공부하는 종교가 돼야 한다고 하셨죠. 세상 일을 잘하면 불법 공부를 잘하게 되고 불법 공부를 잘하면 세상 일을 잘하게 되는 법이어야 된다, 이 모든 것을 완전히 융통하는 법이 나와서 세계적 주교가 될 것이라고 예언하셨어요. 미래 시대에 맞는 가르침을 제대로 알고 실천하는 종교가 세계적 주교가 될 거예요.

소태산 대종사님이 원불교를 만드셨으니까 저희는 원불교가 그 역할을 해야 한다고 생각하지요. 하지만 우리가 가만히 있어도 앞으로 그렇게 될 것이라고 생각하면 가르침을 잘못 이해하는 거라고 생각합니다. 오히려 우리가 굉장한 숙제로 받아들여야지요. 원불교가 세계적 주교가 된다면 한국 전체에 엄청난 파급 효과를 줄 것이고 그러면 한국이 그 어떤 나라보다 유리한 조건을 갖추게 될 테니 정신적 지도국도 가능할 텐데요. 어쨌든 제일 중요한 것은 우리가 세계적인 주교가 될 법에 맞게 얼마나 실천을 해낼 수 있는지에 달려 있다고 말씀드릴 수밖에 없죠.

K사상의 세계화를 향한 길

백낙청 소태산이 불교가 세계 주교가 되리라 선포하실 당시에는 '원불교'라는 명칭도 짓지 않으셨거나 적어도 공표하지 않으셨을 때죠. 원불교라는 교명은 소태산 열반 후 1947년에 정식 선포가 됐으니까요. 그런데 그렇게 말씀하실 때는 원불교를 지목하신 거 아니에요?
전도연 그렇죠.

백낙청 그러니까 이제 거기에 부응하는 노력을 하셔야 될 텐데, 이와 관련해서 제가 끝으로 조금 다른 질문을 두가지 드릴까 합니다. 총장님은 교정원 총무부 일을 보시기도 했고 그전에는 러시아 모스끄바 교당에 오래 계셨잖아요.

전도연 네.

백낙청 러시아에 오래 계시면서 현지인 교화도 많이 하셨지만 입교 안 한 러시아인을 상대로 한국문화도 많이 알리셨지요? 그런 일을 하실 때 우선은 러시아인들이 어떤 점에서 한국문화에 그렇게 끌렸는지 알고 싶고요. 또 하나는 적어도 훈산님 입장에서는 우리 문화를 알리자는 목적뿐 아니라 사상적인 바탕이 있었던 것 아닙니까, 소태산의 가르침이라는. 이제는 그걸 K사상이라고도 부르며 어떻게 세계화할까 이야길 하는데요. 그때 경험에 대해서 조금 말씀해주시면 K사상의 세계화에 참고가 되지 않을까 합니다.

전도연 그렇게 거창한 일을 한 건 아닌데요.(웃음) 막상 저도 어리둥절할 정도로 현지 사람들이 한국어를 배우고 한국 음악과 영화를 즐기고 있어서 이것이 바로 시대의 흐름인가 하는 생각이 많이 들더라고요.

백낙청 그때는 케이팝(K-POP)이 요즘처럼 전세계적인 인기를 끌기 전이였지요?

전도연 네, 처음에 갔을 때는 그랬어요. 그래서 일부 마니아들, 특별한 걸 좋아하는 사람들만 왔어요. 그런데 시간이 흐르면서 마구 몰려오기 시작하더라고요. 어떤 흐름을 탄 것 같았어요. 그야말로 웨이브(wave), 한류(韓流)라고 그랬잖아요. 언론에서도 여러 분석이 나왔고요. 그런데 그걸로 다 설명이 될까 하는 생각이 들 정도로, 왜 이렇게까지 사람들이 몰려오나 싶었어요. 제가 거의 20년 동안 러시아에 있었는데 그동안 원불교에 입교하라는 얘기를 한번도 안 한 것 같거든

요. 그냥 우리 가르침에 대해서만 이야기하고 법회를 봤죠. 입교를 하든 안 하든 그건 본인의 자유에 맡겼는데, 그러다 보니 찾아오는 분들이 원불교가 보통 종교와 다르다는 점을 느끼면서 많이 끌렸던 것 같아요.

사례 하나를 소개하자면, 제가 법회시간에 설교를 듣는 사람들에게 한번 물어본 적이 있어요. "원불교에 입교한 당신들이 하늘의 심판을 받는 날이 왔다고 치자. 그러면 당신들이 원불교 교도이기 때문에 특혜나 유리한 점이 조금이라도 있을 거라고 생각하나?" 그러니까 "조금은 있지 않을까요?"라고 대답하더라고요. 그래서 제가 조금도 없다고 했어요. 그랬더니 그 사람들이 아, 그럼 우리가 여기 왜 다니냐고 막 실망하더라고요. 그래서 학교를 왜 다니냐, 시험에 합격시켜주고 윗선이랑 연결해준다고 해서 학교에 다니는 게 아니지 않냐고 반문했어요. 공부를 제대로 가르쳐주는 학교를 잘 선택해서 거기서 실력을 길러 좋은 결과를 받으면 그게 제대로 된 학교지 않냐고요. 이렇게 지도하니까 입교를 하든 안 하든 즐겁게 그 법을 실천하는 분위기가 계속 이어졌던 것 같아요. 그러면서 입교도 많이 했고요. 이런 경험을 말씀드릴 수 있겠네요.

백낙청 입교한 정도가 아니라 원불교 교무가 되고자 4년씩 공부를 하고, 원광대학교 교학대학이나 영광에 있는 영산선학대학을 졸업하고 발령을 받은 새내기들이 원불교대학원대학교에 찾아오죠.

전도연 대학을 졸업한다고 해서 발령은 안 받고요, 대학원까지 마쳐야 교무로 발령받습니다.

백낙청 아, 예비교무죠? 그이들한테도 그렇게 가르치시겠죠. 당신들이 뭐 예비교무라고 해서, 아니면 장차 교무 발령 받는다고 해서 하나도 특별대우 받을 건 없다고요.

전도연 진리 입장에서는 네가 원불교인이든 기독교인이든 아니면 비종교인이든 아무 상관도 없고 진리적 원리에 맞게 사는지 여부만 중요하다고 하지요.

백낙청 일제시대에 대종사님이 장차 조선이 세계의 정신의 지도국이 될 것이라고 선포한 건 굉장히 불온한 말씀이거든요. 밖에 새어나갔으면 잡혀갔을 말씀인데 지금은 그런 세상이 아니죠. 학생들한테 정신의 지도국에서 주도적인 역할을 할 사람들이 당신들인데 어떤 준비를 어떻게 해야 할지, 그런 것도 가르치나요?

전도연 제가 이런 말은 합니다. 당신들 정말 운이 좋은 사람들이다. 뭘 알아서, 그 큰 깨달음을 우리가 얼마나 알아서 여기 왔겠냐. 진짜 운 좋게 잘도 얻어걸렸다. 그러니까 문제는 얻어걸렸기 때문에 결과가 보장되는 건 하나도 없다는 것이다. 우리가 이제부터 어떻게 하느냐에 따라서 아무것도 아닌 사람이 될 수도 있고, 그야말로 성자까지 될 수도 있다, 이런 얘기는 해주죠.

백낙청 운 좋게 얻어걸렸다는 건, 사실 전생에 지은 복이 없으면 그야말로 우연이죠.

전도연 그렇죠.

백낙청 그런데 그런 점까지 다 가르칠 테니까, 장차 그 학교에서 그야말로 천여래(千如來) 만보살(萬菩薩)이 나오기를 축원하겠습니다.(웃음)

전도연 아이고, 감사합니다.(웃음) 사실 이 장소에 오기까지 굉장히 긴장했어요. 제가 무슨 말을 할까 고민이 많았는데 백낙청 선생님께서 잘 이끌어주시고 말씀을 풀어주셔서 참 재미있게 시간을 보낸 것 같습니다. 항상 저희에게 중요한 건 이렇게 서로 소통하는 일인 것 같습니다. 이 일에 한걸음 더 나아간 것 같아서 참 기쁩니다.

백낙청 오늘 우리가 한 얘기를 두고 너무 한 종교에 치우친 얘기가 아닌가 생각하실 분도 계시겠지만, 훈산 총장께서 말씀하셨듯이 원불교를 믿는다고 해서 조금도 내세의 심판에서 특별대우 받는 건 없습니다. 다만 원불교는 우리가 어떻게 사느냐, 또 장차 이 어지러운 세상을 국내에서뿐 아니라 전세계적으로 바로세우는 데 우리가 어떤 일을 해야 하는가에 관심이 있는 가르침입니다. 그렇기 때문에 너무 한 종교만 부각하는 게 아니냐 하는 오해를 받을 가능성을 무릅쓰고 전도연 총장님과 오늘 이야기를 나눴습니다. 경청해주셔서 감사합니다.

4장

백낙청 · 이보현

인간해방의 논리와
개벽사상

| 이보현 백낙청 대담 |

2024년 4월 25일 창비서교빌딩 스튜디오
———

*이 좌담은 유튜브 채널 백낙청TV에 공개된 '백낙청 공부길' 110편(2024년 6월 21일), 111편(2024년 6월 28일), 112편(2024년 7월 5일), 113편(2024년 7월 12일)을 글로 옮긴 것이다.

『인간해방의 논리를 찾아서』를 함께 읽으며

백낙청 백낙청TV에 오신 여러분 반갑습니다. 그동안 저와 몇 사람이 낸 좌담집 『개벽사상과 종교공부』를 주제로 일종의 심화학습 삼아 세분의 전문가와 대화를 나눴습니다. 그 정도면 충분할 수 있지만 한번쯤 더 하고 마무리를 지으면 좋겠어서 오늘은 조금 성격이 다른 학습편을 준비했습니다. 제가 쓴 책 중에 그동안 저희가 다루지 않았던 저서로 『인간해방의 논리를 찾아서』(초판 시인사 1979, 개정합본 『민족문학과 세계문학 1 / 인간해방의 논리를 찾아서』, 창비 2011)가 있는데, 저의 두번째 저서입니다. 그것도 한번 다루고 싶다 하는 생각이 있었고 특히 그동안의 백낙청TV 과정을 잘 아는 분이 책을 다뤄주면 재밌지 않을까 생각했습니다. 그동안 영상에 한두번 등장하시기도 했지만 특히 『개벽사상과 종교공부』를 만드는 데 깊이 관여하시고 녹화도 전부 지켜보신 이보현 선생이 적임자일 것 같아서 오늘 모시게 됐습니다. 나와주셔서 감사합니다.

201

이보현 안녕하세요. 저는 만화가 이보현입니다.『도올만화논어』(전5권, 통나무 2013~15)를 그렸고 유튜브 채널 '보현TV'에서 주로 북리뷰를 진행하고 있습니다. 그동안 백선생님의 유쾌한 공부길을 따라 걸으면서 공부를 많이 해왔는데요. 백낙청TV 공부길 코너가 주로 선생님의 저서를 교과서 삼아서 공부하는 시간이었다면, 최근에는 초대석 형식으로 종교공부를 진행하셨어요. 종교공부를 하다 보니 이게 바로 개벽공부이기도 해서 제가 더 열심히 따라서 공부를 하게 됐는데, 최근에『인간해방의 논리를 찾아서』를 읽어보니까 지금의 개벽에 이른 선생님 사상의 목표나 방향성이 이때 이미 정해져 있지 않았나 하는 증거를 제가 '입수'하게 돼서 이렇게 질문을 드리러 나왔습니다.

백낙청 증거로 채택될지 안 될지는 잘 모르겠는데 어쨌든 이 '고문서'를 호출해주셔서 감사합니다.(웃음)

이보현 그러면 제가 이 책을 처음 읽고 느낀 것부터 말씀드리겠습니다. 하이데거는 '시작(始作)'과 '시원(始原)'을 구분해서 말했습니다. 시작은 어떤 일이 발생함과 동시에 사라져버리지만 어떤 사태의 근원으로서 시원은 그 끝에 이르러서야 완전한 모습으로 드러난다고요. 개벽까지 이른 지금의 선생님 사상도 그 시원에 모든 것이 나타나 있다는 것을 확인할 수 있었습니다. 1979년에 나온 이 책에, 개벽이라는 말만 안 나왔지 현재 선생님께서 이끌어가고 계시는 모든 문제의식이 다 들어 있지 않나 싶었는데요. 이 책에 실린 글들이 주로 1970년대 중반 즈음에 쓰였더라고요. 10월 유신 이듬해인 1973년에 쓰신 글부터 시작되는데, 선생님께서 유신에 반대하는 '민주회복 국민선언'에 서명하셨다는 이유로 1974년에 서울대학교에서 징계·파면되셨어요. 그래서 1980년에야 복직을 하셨는데 그사이에, 그러니까 30대 중반에서 후반 사이에 쓰신 글들이 대부분이었습니다. 『조선일보』에 쓰신 칼럼도 대여섯편이 있더라고요. 그래서 흥미롭게 읽었는데, '책머리에'를 보면 책 제목인 '인간해방의 논리를 찾아서'의 '논리'가 지식인들의 전유물이 아닌 민중의 생활상의 논리, 즉 깨달음에 가까운 논리라고 말씀하셨어요. 그렇다면 이 제목의 뜻이 '인간해방의 깨달음을 찾아서'나 '참 진리를 찾아서' 정도가 되지 않을까 싶었습니다. 개벽에 다다른 선생님 사상의 시원이라고 할 수 있는 '인간해방'을 다룬 이 책과 제목에 대한 설명을 부탁드립니다.

백낙청 이 책 서문에서 내가 지식인의 논리와 민중의 논리에 대해서 언급한 건 이 대목입니다. "학자가 논리적으로 생각하는 것이 아니라 민중이 논리적으로 생각하는 것이다. 왜냐하면 생활에서는 논리에 어긋나면 생활이 안되기 때문이다. 학자는 논리에 어긋나고도 월급을 탈 수 있지만 민중은 논리에 어긋나면 당장에 굶어죽기 때문이다."(개정합본 430면, 이하 이 책 인용 출처는 개정합본 면수로 표기) 하니 고로오(羽仁五郎)라는 일본 학자가 한 말인데, 지식인은 당연히 논리적인데 민중도 알고 보면 논리적이라는 얘기를 하려는 것이라기보다, 당연히 논리적이어야 할 지식인들은 논리에 어긋나는 소리를 하고도 얼마든지 잘 먹고 잘살지만 민중은, 사실 민중이라고 다 논리적인 건 아니지만, 논리가 안되는 짓, 말이 안되는 짓을 하면 당장 굶어요. 그런 점에서 민중의 논리를 얘기했던 거지요.

이 책이 지금은 첫 평론집 『민족문학과 세계문학 1』(초판 창작과비평사 1978)과 합본이 돼서 나와 있는데, 원래 1978년에 첫 평론집이 나오고 1979년에 『인간해방의 논리를 찾아서』가 시인사에서 나왔습니다. 내 책이 창비가 아닌 출판사에서 나온 건 몇권 안되는데 그중의 하나죠. 당시에는 이 책도 꽤 팔렸어요. 그렇지만 절판이 된 지 오래됐습니다.『민족문학과 세계문학 1』도 절판이 됐고요. 완전히 재고가 바닥난 건 아니고 수요가 끊긴 것도 아니지만 활판인쇄용으로 만들어놓은 지형이 무용지물이 되었거든요. 그래서 그걸 새로 조판해서 낼 때『인간해방의 논리를 찾아서』도 같이 합본을 해서 냈어요. 그러다 보니까『인간해방의 논리를 찾아서』는 절판된 지도 훨씬 더 오래된 데다가 합본을 해서 들어가니까 곁방살이처럼 돼서 별로 각광을 못 받았어요.

이보현 책의 존재 자체를 좀 알기 어려운 거 같아요.

백낙청 알기 어렵죠. 게다가 이 책이 나온 때가 유신 말기입니다. 79년 초가을에 나왔는데, 책이 나왔을 때 내가 관악경찰서에 잡혀가 있었어요. 해직교수협의회에서 성명서를 내는데 그때는 내 위로 성내운(成來運) 선생, 그때 이미 체포되셨나 아니면 수배 중이셨나? 그분이 회장이었어요. 부회장 한분이 문동환(文東煥) 목사님이셨는데 그분은 YH사건으로 구속되셨고 해서 그다음 차례가 천생 난데, 신학기를 맞아서 현직 교수들한테 메시지를 하나 보냈어요. 사실 이거는 뭐 걸릴 데는 없었어요. 학교, 대학 바깥에 있으면서 느낀 여러가지 실감 등을 현직 교수들한테 전달하는 정도의 메시지였으니까요. 하지만 그때는 긴급조치시대였으니까 걸면 걸리는 거죠. 그래서 관악경찰서에 가서 한 열흘 있었나, 꽤 오래 있었는데, 마침 그때 이 책이 발간됐어요.

그때 나도 조금 착잡했던 게, 구속되느냐 마느냐 하고 있을 때니까 『인간해방의 논리를 찾아서』가 나왔다고 떠들어대면 안 좋잖아요. 그래서 당시 시인사 대표이던 조태일(趙泰一) 시인에게 광고 같은 거 하지 말고 좀 기다려보자고 했어요. 그러다가 결국 풀려났습니다. 사실 당국에서 걸려고 해도 걸 게 없었어요. 또 제가 교묘하게 썼고요.

| 『인간해방의 논리를 찾아서』 초판본과 개정합본 |

그런데 나중에 나와서 보니까 내가 풀려났는데도 신문에서 책을 안 다뤄줘요. 그땐 신문사에서도 내가 잡혀갔다는 걸 알지 못했죠, 일절 보도가 안 되니까. 그러니까 그것 때문이 아니라 '인간해방'이라는 말이 들어갔다고 해서 안 다루는 거예요. 그래도 당시 독서층의 분위기가 있고 하니까 꽤 팔리긴 했지만 조태일 사장이 기대했던 것만큼은 아니었을 거예요.

이보현 제가 학교 다닐 때는 '여성해방'이나 '민중해방' '민족해방' 이런 말이 하도 유행이었어서 '인간해방'이 문제가 됐을까 싶은데 시대가 그런 것조차 허용을 하지 않았나봅니다.

백낙청 그때는 민족해방, 민중해방 이런 말은 다 걸릴 때예요.

이보현 인간해방은 좀 다르지 않았을까 싶은데요.

백낙청 나도 그렇게 생각했고, 또 그 말을 사회적인 해방운동만이 아니고 요즘 말로 하면 영성해방이랄까 이런 것까지 다 포함하는 개념

으로 썼는데, 78년에 첫 책이 나올 때하고 79년 중반하고 분위기가
또 달랐어요. 그때 되면 유신의 거의 막바지 아닙니까? 그래서 그런
지 언론에서 별로 안 다뤄줬어요. 고마운 예외를 기억하고 있긴 합니
다만.

'복수로부터의 해방'과 서양 형이상학의 극복 문제

이보현 처음에 이 책을 읽었을 때 선생님께서 인간해방을 '위장 전술'
로 쓰셨나 생각하기도 했어요. 그런데 진짜 종교적 진리 탐구까지 포
함하는 개념으로 쓰신 거였더라고요. 저는 그때 선생님께서 탐구하
신 종교적 진리, 그리고 서양철학과 동아시아 사상에서 탐구하신 인
간해방의 논리를 염두에 두고 질문을 드려보려고 합니다.

책 2부의 첫 글인 「인간해방과 민족문화운동」부터 시작해보겠습
니다. 제가 보기에 이 글은, 선생님의 저서가 문학평론과 사회평론
크게 두 분야에 걸쳐 있으면서도 항상 진리의 문제, 세계관의 문제
를 염두에 두셨는데 그걸 본격적으로 탐구하신 첫번째 글이 아닌가
싶습니다. 글머리에서 "인류역사를 이끌어온 위대한 종교의 가르침
들도 모두 인간해방을 내세운 것이었다"(520면)라고 하시면서 불교
와 유교, 기독교의 주요 가르침을 말씀하신 다음 당시 한국의 인간해
방운동이 민족문화운동의 성격을 띨 수밖에 없는 역사적 이유와 철
학적 과제를 제시하셨죠. 17~18세기 서구의 시민혁명과 민족국가의
성립이 인간해방의 확대인 것은 분명했지만, 후진국을 침략하고 식
민지화하는 제국주의로 나아간 선진국들은 인간해방의 과업을 전지
구적으로 수행하지 않았고, 따라서 후발국가들이 민족국가의 형성과

함께 동시에 이를 수행할 수밖에 없다는 말씀을 하셨어요. 그러면서 민족적 각성에 입각한 운동이야말로 가장 인간다운 움직임의 하나고, 인간해방의 대의를 포함한 동시대 최고의 세계관을 가졌다고 하셨습니다. 동시대 최고의 세계관이라는 이름에 값하기 위한 민족운동의 철학적 과제도 점검하셨는데요. 후발국가의 민족운동에서 출발해 서양 형이상학의 극복 문제까지 함께 어우르고 있어서 논의가 조금 복잡합니다만, 본문을 조금 읽어보겠습니다. "진정한 인간해방에 기여하는 민족주의는 결코 단순한 반발의 투쟁만이 아니다. 강대국의 압제와 맞서 싸울 힘과 의지를 기르되 그것이 단순한 강대국의 모방, 억울하니 우리도 부국강병해서 기성 강대국들처럼 한번 떵떵거리고 살아보자는 식의 반발과 앙심과 복수의 정신을 대표하는 그릇된 민족주의의 유혹을 물리치는 자기해방의 과정을 겸하는 것이다. 따라서 (…) 하이데거가 '복수(復讐)로부터의 해방'이라는 니체의 표현과 관련해서 오늘날의 가장 큰 사상적 과제로 설정한 형이상학적 사고 자체의 극복 문제와도 이어진다."(528~29면) 이렇게 말씀하셨는데요. 여기 나오는 '복수로부터의 해방'이라는 니체의 표현을 좀더 부연해주시면 왜 서양 형이상학이 민족문화운동과 서양사상 모두에서 극복의 대상이 되는지 설명이 될 것 같습니다.

백낙청 그 글의 제목에 있는 '민족문화운동'이라는 말은, 요즘은 많이 쓰지 않죠. 당시에도 민족주의의 좋은 점, 나쁜 점을 분별하려고 애썼고, 또 서양의 민족주의만 나쁘고 후진국의 민족주의는 무조건 진보적이라는 단정도 하지 않고 얼마든지 우리 민족주의도 타락할 수 있다는 얘길 하긴 했습니다. 그런데 요즘은 좋은 민족주의와 나쁜 민족주의를 가르기가 더 어려워졌어요. 그런 풍조도 아니고요. 민족문화운동이라고 하면 막연하게 들리잖아요. 전통적인 민족문화를 계승하려는 움직임인가 싶기도 하고, 문화운동이라고 하면 정치운동과 별개인 문화운동 같은 것을 생각하기 쉬운데, 당시로서는 민족문화운동이라는 말이 어떤 의미에서 상대적으로 안전한 말로 선택된 것이기도 해요. '민중'문화운동이라고만 했더라도 문제가 좀 달라졌을 테고 부담이 더 됐겠죠. 그 글에 '민족문화운동과 과학정신'이라는 제목의 꼭지가 있는데, 첫 문장이 이래요. "인간해방과 민족통일을 지향하는 민중운동의 현황을 구체적으로 파악하여 그 올바른 진로를 제시하고 실천하는 일이야말로 우리의 민족문화운동에 맡겨진 사명이다."(540면) 요즘은 민족문화운동이라고 하면 그런 사명까지 안고 있는 거라고 생각하지는 않아요. 하지만 당시는 소위 '민족민주운동'이라는 이름으로 아주 활발한 운동이 진행되고 있었어요. 우리 사회에 '민중적이어야 한다'는 합의랄까 공감대가 형성되고 있었는데, 이 운동이 진정한 당대 최고의 세계관에 부합하는 수준까지 가야 하고 정치운동이나 민족문화운동이라는 이름으로 그걸 해야겠다고 생각한 거죠. 그래서 당시로서는 민족문화운동의 사명을 굉장히 높이 설정한 면도 있고, 약간의 위장으로서 민중성 같은 걸 너무 내세우지 않으려는 의도도 있었죠.

이 문맥에서 복수로부터의 해방이라는 건, 일반적인 개념으로 신약성서의 가르침이잖아요. 물론 구약시대에는 자비로운 하나님이라는 개념도 있었지만 '눈에는 눈, 이에는 이'로 복수하는 걸 정당하다고 생각했고요. 그런데 예수님은 복수하지 말라, 원수도 사랑하라고 했으니까 그야말로 복수로부터 해방되라는 가르침을 준 것이죠. 부처님이 미움이나 애정으로부터 다 벗어나서 해탈하라고 하신 것도 복수로부터 해방을 가르치신 건데, 이걸 유독 형이상학의 극복이라는 과제로 갖다 붙인 건 하이데거가 니체의 어느 한 대목을 두고 한 얘기에요.

이보현 제가 그 대목이 나오는 529면을 읽어보겠습니다. "니체는 새 시대의 인간(즉 그가 말하는 초인超人, Übermensch)에게 거는 최대의 희망이 복수로부터의 해방이라고 하면서 복수(Rache)란 곧 "시간과 시간의 '였다'에 대한 의지의 반발"이라고 정의하는데, 하이데거는 이러한 복수의 개념은 단순히 윤리적 또는 심리적 차원의 문제가 아니라 형이상학의 핵심적 과제를 제기한 것이며, 그것은 니체 자신의 철학에서도 제대로 이룩되지 못한 형이상학 자체의 극복을 요구하는 일이라고 한다."

백낙청 형이상학의 극복은 니체도 시도했지만 하이데거는 니체가 서양 형이상학의 정점에 이른 사람이지 그걸 극복한 사람이라고 보진 않거든요. 해방을 말하면서 니체가 복수를 어떻게 정의했냐면 시간과 시간의 '였다', 독일어로는 '에스 바'(es war) 영어로 하면 '잇 워즈'(it was)입니다. 시간에는 반드시 it was가 따라오는데 그 it was에 대한 의지의 반발을 복수라고 해석한 거예요. 상당히 독특한 복수론이죠. 그걸 어떻게 이해해야 좋을지 쉽지가 않고 나한테도 확실한 답은 없습니다. 하지만 이럴 때 시간이란 하이데거가 말하듯이 어떤 시원으로 이미 시작된 것이 시간을 통해 완성이 된다는 의미가 아니고, 칸트(Immanuel Kant)가 말한 우리 시공간세계의, 현상세계의 속성 중 하나로서 시간이죠. 이렇게 흐르는 시간, 흘러가는 시간이 좋았다면 좋은 게 끝나서 아쉽고, 나빴으면 그 나빴던 기억 때문에 아쉽고, 그런 의미에서 그에 대한 원한이 인간에게 있기 마련인데, 복수로부터의 해방은 여기에서 벗어나는 어떤 깨달음을 얘기한 거예요. 그런데 이건 서양 형이상학의 틀 안에서는 불가능하다고 봐야죠.

니체가 그렇게 문제설정은 잘했지만 아무리 고생스럽고 힘든 시간이 왔더라도 또 한번 와라, 얼마든지 다시 와라 하는 초인의 태도를 말하기 위해 영원회귀(ewige Wiederkunft)를 도입한 거잖아요. 그런데 그것을 하이데거는 진정한 해방이라고 보지 않아요. 이건 그야말로 있음과 없음의 세계를 초월한 깨달음이 아니라는 거죠.

이보현 하이데거는 니체의 영원회귀를 형이상학을 끝까지 밀어붙인 의지의 극한으로 해석했죠.

백낙청 네, 그건 의지의 극한이라고 보는 거죠. 그런 뜻으로 해석을 한 건데, 그러면 이걸 어떻게 극복할지의 문제는 더 의논을 해봐야겠죠.

이보현 니체가 서양 형이상학의 시간성에 대한 혐오를 복수라는 말로 표현한 것 자체는 뭐랄까 철학적 용어는 아니고 감정을 실어서 말한 것 같습니다.

백낙청 니체의 말에 그런 감정이 실려 있기 때문에 많은 철학자들이 니체를 훌륭한 문필가로 보되 엄밀한 철학자로는 안 보는데, 하이데거는 니체야말로 진짜 엄밀한 사유를 한 철학자라고 주장해요. 다만 니체 자신의 생각만큼 형이상학을 극복한 사람은 아니라는 거죠.

본질적 진리 탐구와 과학

이보현 니체가 감정을 실어서 복수로부터의 해방을 강조한 것은 그만큼 시간과 대지에 속하는 것들을 비하하고 혐오하면서 영원을 추구해온 서양 형이상학을 강하게 비판하고 극복의 필요성을 말하기 위해서였던 것 같습니다. 또 한가지 하이데거가 니체를 높게 평가한 이유는 니체가 플라톤-기독교적 진리를 허위이자 비진리로 규정하고 기존 형이상학적 진리관에 근본적인 문제제기를 했기 때문인데, 니

하이데거가 본 니체의 '복수로부터 해방'이라는 문제

니체는 복수를 "시간과 그것의 '그랬다'에 대한 의지의 혐오(Widerwille)"로서 규정한다. 〔…〕 복수는 시간에 대한 의지의 혐오이며 그것은 사라짐과 그것의 무상함에 대한 의지의 혐오를 의미한다. 사라짐과 그것의 무상함은 의지가 어쩔 수 없는 것이며, 의지가 끊임없이 부딪히는 것이다. 시간과 그것의 "그랬다"는 의지가 굴릴 수 없는 방해하는 돌이다. 〔…〕 시간에 대한 혐오는 무상한 것을 비하한다. 지상적인 것, 대지와 그것에 속하는 모든 것은 본래는 존재해서는 안 되는 것이며 근본적으로는 어떠한 참된 존재도 갖지 않는 것이다. 이미 플라톤이 그것을 메 온, 즉 존재하지 않는 것이라고 불렀다.

모든 형이상학의 주도적인 관념을 표현하고 있을 뿐인 셸링의 명제들에 따르면 "시간으로부터의 독립, 즉 영원"은 존재의 근원적인 술어들이다. 그러나 시간에 대한 가장 깊은 혐오는 지상적인 것을 단순히 경멸하는 데 있는 것은 아니다. 가장 깊은 복수는 니체에게는 초시간적인 이상들을 절대적인 것으로 정립하는 저 숙고에 존재한다. 이 절대적인 이상들에 비춰볼 때 시간적인 것 자체는 자신을 본래 존재하지 않는 것으로 경멸해야만 한다.

그러나 복수의 정신이 인간의 숙고를 규정하는 한 그가 지상적인 것을 경멸한다면 그리고 그가 지상적인 것을 경멸하는 한, 인간은 어떻게 대지에 대한 지배권을 떠맡을 수 있겠는가? 인간은 어떻게 대지를 대지로서 자신의 감독 아래에 둘 수 있을까? 대지를 대지로서 구원하는 것이 중요하다면, 그전에 복수의 정신이 사라져야만 한다. 그 때문에 차라투스트라에게는 복수로부터의 구원(Befreiung, 해방―인용자)은 최고의 희망에로의 다리이다.

그러나 사라짐에 대한 혐오로부터의 이러한 구원은 어떻게 가능한가? 그것은 의지 일반으로부터의 구원에 의해서 가능한가? 즉 쇼펜하우어와 불교의 의미에서? 근대 형이상학의 가르침에서는 존재자의 존재가 의지인 한, 의지로부터의 구원은 존재로부터의 구원이며 따라서 공허한 무에로의 전락과 동일한 것이 될 것이다. 복수로부터의 구원은 니체에게는 실로 의지에 있어서 거슬리는 것, 저항적인 것과 경멸하는 것으로부터의 구원이지만, 모든 의욕으로부터 벗어나는 것은 아니다. 구원은 〔시간에 대한〕 혐오감을 부정(Nein)으로부터 벗어나게 해서 긍정에로 나아가게 한다. 이러한 긍정은 무엇을 긍정하는가? 그것은 바로 복수 정신의 혐오감이 부인하는 것, 즉 시간, 사라짐이다.

시간에 대한 이러한 긍정은 사라짐이 그대로 지속하고 공허한 것으로 전락하지 않기를 의욕하는 것이다. 그러나 사라짐이 어떻게 지속할 수 있는가? 그것은 사라짐이 사라짐으로서 부단히 가는 식으로만이 아니라 항상 오는 식으로만 가능하다. 사라짐과 그것의 사라졌음〔과거〕이 동일한 것으로서 다시 되돌아오는 식으로만 가능하다. 그러나 이러한 회귀 자체는 그것이 영원한 것일 경우에만 지속적인 회귀가 된다. "영원"이라는 술어는 형이상학의 교설에 의하면 존재자의 존재에 속한다.

복수로부터의 구원은 의지가 원의 대변자가 됨으로써 시간에 대한 혐오가 존재자를 동일한 것의 영원회귀 내에서 표상하는 의지에로 이행하는 것이다.

달리 말해서 존재자의 존재가 동일한 것의 영원회귀로서 인간에게 표상될 경우에야 비로소 인간은 다리를 넘어갈 수 있으며, 복수의 정신으로부터 구원되어, 저편으로 넘어가는 자, 초인일 수 있다.

—하이데거 「니체의 차라투스트라는 누구인가」, 이기상 신상희 박찬국 옮김,
『강연과 논문』, 이학사 2008, 147~49면.

체와 하이데거 이후 진리관의 일대전환이라는 과제가 서구에서는 상당히 중요한 문제였을 것 같아요. 한편 동아시아에서는 그런 진리관의 전환이라는 문제 자체가 낯설잖아요, 생각해본 적도 없고요. 동아시아에서는 불교의 공 사상이나 원불교 사은 혹은 도가와 유교의 도가 있지요. 또 최근 나온 도올 선생의 『도올 주역 계사전』(김용옥, 통나무 2024)을 보니까, 고대 동아시아 사상이 시간과 대지에 속하는 만물의 끊임없는 변화를 긍정할 뿐 아니라 역(易) 자체가 변화를 진리의 차원으로 높인 굉장한 개념이더라고요. 그래서 이런 도와 역의 진리관에 익숙한 동아시아인들에게는 진리관의 일대전환이라는 과제가 서구인들과는 동일하지 않겠다는 생각이 들었습니다.

백낙청 과제가 동일하지 않죠. 그런데 동아시아 사람들이 그런 서양의 형이상학이나 과학의 진리관을 너무 모르고 살았죠. 나는 그게 자랑은 아니라고 봐요. 서양적인 사고방식에 빠지는 것도 문제지만 전혀 다른 사고방식과 사유체계가 있다는 걸 우리가 몰랐다고 자랑할 필요는 없다는 생각입니다. 또 하나는 몰랐다가 나중에 알게 되니까 오히려 우리나라나 동아시아 사람들이 근대주의에 더 깊이 빠져서 헤어나오지 못하는 면이 있어요. 그러니 지금 시점에서 전통적인 동아시아 사상하고 전통적인 서양철학이나 형이상학 사유 중에 어느 게 더 나은지 비교하는 건 의미가 없는 일이고요. 서양 사람들이 잊고 살아온 사유와 전통을 우리가 간직하고 있기 때문에 그런 점에서는 더 유리하지만, 거의 세계를 지배하게 된 서양 사람들의 사고방식을 너무 오랫동안 몰랐기 때문에 지금은 오히려 더 거기에 빠질 수도 있고 또 그걸 극복하는 데 불리할 수도 있다고 보거든요. 한편으로는 서양식의 사고방식, 근대주의적 사고방식을 넘어서고자 할 때, 서양의 피해를 받은, 예전엔 '제3세계'라는 말을 많이 썼는데, 그 제3세계

민중이 어떤 의미에서는 더 유리하고 우위에 서 있기도 하지요. 하지만 꼭 그런 것은 아니고 잘못하면 우리가 그들이 했던 걸 그대로 답습할 우려, 그러니까 그들이 선진 우등생이니 우리는 열심히 뒤따라가는 정신적 노예생활에 빠질 우려도 있으니까 이걸 잘 극복하면 세계적으로 어떤 최고 수준의 인식에 도달할 것이라는 논지를 담았죠.

이보현 역시 같은 글에서 인간해방운동의 이념이 동시대 최고의 세계관이라는 점을 천명하신 뒤에 우리나라의 민족적 상황을 점검하셨습니다. 바로 분단된 현실, 그것도 외세에 의한 분단이라는 점을 가장 특이한 상황으로 보셨고, 이런 현실에서의 "민족운동이란 결코 단순한 정치운동·권력구조개혁운동일 수만은 없고 문학·예술·교육·언론 등과 일상생활까지를 포함한 넓은 의미의 문화 전반에 걸친 인간해방운동이어야 한다"(534면)라고 하셨습니다. 그렇기 때문에 당시 가톨릭과 기독교가 큰 역할을 했던 인권운동에 민주화운동과 통일운동이 연대해야 한다고 하셨는데, 나중에 여성운동과 녹색생태운동, 기후운동까지 포함하는 변혁적 중도주의의 씨앗이 여기에 있는 게 아닐까 싶었습니다.

그다음에 선생님께서 인간해방운동과 민족통일을 지향하는 민중운동의 올바른 진로를 제시하기 위해 가장 강조하신 것이 바로 과학성인데요. 과학기술의 온갖 혁명들이 인간해방의 필수적인 힘이라고 하셨고, 불교식으로 말하면 "(과학이) 깨달음의 눈에는 바로 진리 그것일 수도 있는 우주의 제현상을 그 자체의 구조와 법칙을 존중하여 인식하려는 구도(求道)의 자세라 부를 만하다"(545면)라고 하셨죠. 그리고 이후에도 "진리가 너희를 자유케 하리라 할 때의 진리가 과학에 있다"(백낙청 『민족문학의 새 단계: 민족문학과 세계문학 3』, 창비 2022, 403면)라고까지 말씀하셨는데요. 저는 과학을 이렇게까지 높이 평가한 글을 본 적이 없어요. 아까 형이상학 극복을 말씀하셨지만 전지구를 위협하는 근대 과학문명의 폭주를 가능하게 한 근거가 형이상학이기 때문에 극복돼야 한다는 것이고, 그런 형이상학의 총아라고 할 수 있는 게 과학인데, 한편으론 과학과 과학적 인식을 아주 중시하셨죠. 우선 과학기술을 습득해가면서 또 극복해야 하는 이중과제를 가진 동아시아와 제3세계의 입장에서 이런 발상을 하신 건지 궁금했습니다.

백낙청 내가 말하는 이중과제라는 건 동아시아나 후진 지역에만 해당되는 얘기는 아니에요. '근대의' 이중과제라고 해왔는데, 근대라는 건 범세계적인 현상이잖아요. 먼저 말씀드려야 할 건 이 글에서 내가 '과학성'과 '과학정신'을 얘기하는데, 이게 좀 오해받기 쉬운 표현 같아요. 왜냐하면 그렇게 말할 때 과학성이나 과학정신을 '과학적 지식' 자체와 구별하고 있거든요. 과학적 지식이 깨달음을 통해서 도달하고자 하는 진리하고는 전혀 다른 차원이라는 것이 당시에도 내 생각이었어요. 그런 의미에서 본래 종교들이, 여러 종교들이 가르치는 진리보다는 한 차원 낮은 것이 과학의 알음알이랄까, 과학적 지식이자 과학이 규명하려는 과학적 진실입니다. 그 점은 이미 내가 그 시절에 아주 확고히 구별을 했어요.

그런데 과학을 과학적 지식 그 자체, 과학 자체라고 보는 사람도 있겠지만, 인간이 하는 행위의 하나잖아요. 과학자는 물론 그걸 전문적으로 하는 사람이고, 전문적인 과학자가 아니어도 사람들이 다 과학을 한단 말이에요. 과학을 하는 인간적 실천의 본뜻은 진리와는 무관한 알음알이의 무한한 축적 자체가 목적이 아니고, 보살행(菩薩行)이라는 말도 썼지만, 인간해방을 위해서 축적된 지식을 잘 활용하는 것이라고 봐요.

첫째로 효과적인 운동이 되고 효능을 발휘하기 위해서는 인식이 과학적이어야 하고, 또 인간해방운동과 결합된 과학성 내지 과학정신, 또는 과학 하는 행위가 바로 진리탐구라고 할 수 있고, 해방적 실천의 하나이고, 보살의 행위라고도 할 수 있다, 이런 얘기들이 섞여 있어서 잘못하면 '과학을 이렇게 일방적으로 높이 평가하나?' 하는 의문도 들 수 있고, 반대로 과학적 지식이 진리는 아니라고 얘기할 때는 과학의 진리를 너무 폄하하는 게 아닌가 하는 인상을 줄 수도 있는데요. 진리와 알음알이의 차이는 그것대로 분명히 하되, 알음알이도 깨달음 또는 보살행의 일부가 될 때는 그게 바로 진리탐구, 진리구현이 된다는 걸 얘기하고자 했는데, 정리가 좀 선명하게는 안된 셈이죠.

이보현 선생님 말씀을 들으니 과학기술문명의 혜택 속에 살면서도 정작 과학성과 과학정신에 대해서는 깊이 생각해본 적이 없는 것 같습니다. 선생님께서 이후에 쓰신 글들에서는 과학보다 지혜를 더 강조하셨습니다. 1990년에 쓰신 「지혜의 시대를 위하여」에서는 과학과 자본주의 발달로 가능해진 현대의 엄청난 생산력을 유지하려면 자연환경을 파괴하고 인류가 멸망할 수도 있으므로 "결국 모자람이 없이 생산해서 나눠쓰는 지혜와 더불어 알맞은 선에서 충족을 느끼는 지혜가 요구되고 있다"면서 "이 시대는 지혜의 다스림이 없는 한 모두가 파멸할 운명에 놓인 시대이기도 하다. 다가오는 세상이 민중의 시대이자 곧 지혜의 시대라는 명제는 그러한 현실에 근거한 것이다"(『민족문학의 새 단계』 161~162면)라고 하셨습니다. 제가 생각하기에는 선생님께서 우리 사회 전반을 통찰하고 제출하신 담론들이 있잖아요. 분단체제론과 변혁적 중도주의, 근대의 이중과제가 과학적 인식과 문학적 실감에 근거한 지혜가 있었기 때문에 가능하지 않았나 싶은데요. 이 과정에서 후천개벽사상과의 만남이 중요한 변곡점이었을

과학의 가치와 중요성

〔…〕 우리는 불교의 표현을 빌려, 과학이란 곧 '객관적 사실'이라는 허상(依他起性)의 분별에 집착하는 활동이면서, 동시에 진리(眞如, 中道)의 한 드러남일 수도 있는 그 사물들을 올바로 알고 올바로 응대하는 보살행의 한 형태라는 숨겨진 뜻을 지녔음을 엿보았었다. 이 숨겨진 뜻이 우리에게 숨겨져 있는 한, 과학이나 과학적 이성은 인간의 삶에 막대한 변화를 일으키면서도 오히려 인간의 자기상실·자기소외를 초래하는 힘이 된다. 반면에 그러한 숨은 본질이 사람의 마음속에 드러나면 드러날수록, 현대기술문명의 산모로 인식되는 과학 자체가 오히려 그보다 근원적인 진리구현·중생제도의 한 방편임이 밝혀지고 이러한 '기술의 본질'에 좀더 친숙한 인류사회가 이룩될 것이다.

—백낙청 「인간해방과 민족문화운동」, 『민족문학과 세계문학 1 / 인간해방의 논리를 찾아서』, 창비 2011, 549~50면.

것 같다는 생각이 들었습니다.

백낙청 후천개벽사상을 만나고 원불교 공부를 좀더 하고 나중에는 원불교 교전을 영어로 번역하는 작업에 참여했어요. 80년대 후반에 공부를 시작했고, 교전 번역은 90년대에 시작을 했고. 또 후천개벽운동 전반에 대한 공부를 더 본격적으로 시도한 건 그보다도 훨씬 뒤예요. 그러니까 그것이 지혜의 시대를 얘기하는 데 '변곡점'이었다고 할 수는 없고요. 그러나 그런 생각을 발전시키는 과정에서 후천개벽운동에 대한 인식을 갖게 된 것이 하나의 중요한 변곡점이라고 할 수는 있겠죠.

아무튼 과학이나 지혜의 시대 같은 주제에 대한 내 생각을 쉽게 말씀드려보면, 과학이라는 건 하늘이 인간에게 주신 아주 굉장히 귀중한 선물이라고 봅니다. 그런데 이게 위험한 선물이에요. 독이 묻은 선물이죠. 이때 위험하다는 건 과학으로 살상무기를 만드는 등 위험한 일을 해서 그렇다는 게 아니고, 하늘이 주신 선물이라는 생각을 잊어버리게 만드는 힘이 과학에 있다는 뜻이에요. 왜냐하면 과학적인 지식을 축적하다보면 그 나름 과학적으로 참 정밀한, 다른 성격의 알음알이가 못 따라올 만한 엄청난 축적이 이루어지는데다가 그것이 발휘하는 위력이 커지잖아요. 그래서 과학이 곧 진리구나 하는 생각을 하거나, 아니면 진리는 소용없고 과학이면 된다는 생각, 우리는 과학만 발전시키며 살아가면 됐어 하는, 불교식으로 말하면 '미혹에 빠진 중생들'의 생각을 한다는 거죠. 이걸 마치 최고 지식인의 자세인 것처럼 착각하게 되고요. 나는 지금 그런 사람들이 아주 널려 있다고 봅니다. 특히 지식 있는 사람들 사이에요. 그래서 과학은 하늘이 주신 최고의 선물이면서, 인간이 하늘로부터 무슨 선물을 받았다는 생각 자체를 유치한 걸로, 인지가 발달되기 이전에 사람들이 갖는 좀 덜 깨인 생각으로 간주하는 습성이 점점 퍼진다는 점에서 굉장히 위험한 선물이라고 생각합니다. 그 위험을 극복하면서 과학이 정말로 얼마나 크고 소중한 선물인지 깨닫고 우리가 그걸 어떻게 활용할 것인가 하는 공부까지 도달해야 하는데 그게 지금 너무 안되는 거 같아요.

한반도 개벽사상과 인간해방

이보현 「인간해방과 민족문화운동」의 결말에 이런 말이 나옵니다. "인간해방을 위한 근대의 가장 중요한 움직임은 (⋯) 18~19세기 서구의 시민혁명이라든가 우리의 동학농민혁명을 비롯하여 오늘날 불붙고 있는 제3세계의 민족혁명과 같은 구체적인 역사 속의 운동들이라고 보지 않을 수 없다. (⋯) 인간해방의 문제는 이제 불교의 진리와도 일치할 수 있는 새로운 차원의 사상과 행동 없이는 감당하지 못할 지경에 이르렀다. 억압자를 싸워 물리치면서, 억압자의 지배도구요 억압자 자신을 지배하는 굴레이기도 한 온갖 문물과 본질적으로 다른 관계로 인간을 해방시켜야 하는 것이다."(552면) 그러면서 불교가 좀더 본격적인 기여를 할 수 있으려면 불교 자체에 변모가 있어야 한다고까지 덧붙이셨는데요. 이 글에서는 아직 원불교를 직접 언급하지는 않으셨지만 원불교의 후천개벽사상과 이미 통하는 바가 있으셨던 것 같다는 생각이 들었습니다.

그리고 근래 『개벽사상과 종교공부』에 실린 여덟분과의 네번의 좌담 이후에도 세분과 세번의 심화 대담을 더 진행하셨죠. 그래서 총 열한분과 종교공부를 통해서 후천개벽사상의 의의를 탐색해오셨는데요. 저는 이 종교공부에서 불교의 공과 원불교의 사은, 유교의 예치, 기독교의 사랑 같은 각 종교의 가르침에는 당대인의 깨달음을 촉구하는 개벽적인 것이 있다는 걸 배웠고, 그동안 선생님께서 탐구해오신 인간해방의 논리가 원불교의 후천개벽사상에 갖춰져 있다는 걸 알게 돼서 원불교 교전도 한번 심도 있게 읽어볼 수가 있었습니다. 특히 소태산 대종사께서 유불선 "삼교의 종지를 일관할 뿐 아니라 세계의 모든 종교의 교리며 천하의 모든 법이 다 한 마음에 돌아와서 능히 사통 오달의 도를 얻게 되리라"(『대종경』교의품 1장)라고 하시며 각 종교의 가르침을 하나로 모으신 것처럼 선생님께서도 각 종교의 가르침을 하나로 모으신 셈인데 이번 종교공부를 통해서 어떤 성과가 있으셨는지 궁금합니다.

백낙청 서두에 그런 말씀을 하셨죠. 『종교공부』를 보니까 종교공부지만 개벽공부이기도 하더라고 하셨는데, 사실 그 책의 키워드는 개벽사상이에요. 우리나라에서 후천개벽사상이 주로 동학이나 원불교 같은 종교사상으로 나타났기 때문에 다른 종교와 비교도 해보고 그렇게 검토를 하게 된 건데, 책의 서문에서도 말했지만 종교학 공부는 아니었고 개벽사상이 키워드라고 보시면 될 것 같아요. 근데 좀전에 『인간해방의 논리를 찾아서』 522면에서 두 문장을 인용하셨잖아요, 중간에 건너뛰면서 인용하셨는데 그 대목이 뭐였죠? "인간해방을 위한 근대의 가장 중요한 움직임은" 다음에요.

이보현 "우리 전통 속의 불교나 유교의 어떤 업적보다는"이라는 말을 줄였네요.

백낙청 "우리의 동학농민혁명을 비롯하여 오늘날 불붙고 있는 제3세계의 민족혁명과 같은 구체적인 역사 속의 운동"이 가장 중요하다고 말할 때 제가 비교대상으로 삼은 것이 불교와 유교인데요. 그래서 그 구절 전까지 불교 얘기를 한참 했잖아요. 그다음엔 불교하고 유교, 과거의 전통이 아무리 중요해도 그보다는 지금 현실에 벌어지고 있는 운동이 더 중요하다는 취지로 얘기했고요. 그러나 그다음 문장에서는, 그런 운동이 무르익고 점점 더 커다란 인류사적 과제를 떠안으면서 "인간해방의 문제는 이제 불교의 진리와도 일치할 수 있는 새로운 차원의 사상과 행동"이 필요하게 됐다고 두가지 면을 동시에 얘기한 것 같아요. 그리고 "억압자를 싸워 물리치면서, 억압자의 지배도구요 억압자 자신을 지배하는 굴레이기도 한 온갖 문물과 본질적으로 다른 관계에로 인간을 해방시켜야 하는 것이다"라고 썼습니다. 표현을 완곡하게 했지만 당시로선 상당히 불온한 이야기죠. 그렇지 않아요? 실제로 존재하는 사회제도라든가 문물과 인간과의 관계가 현실 속에서 완전히 바뀌어야 된다는 얘기니까.

이보현 저는 철학적 문제를 말씀하신 줄 알았어요.

백낙청 아까 '위장'이라는 표현을 썼죠. 완전 위장은 아니지만 좀 교묘하게 돌려서 말하는 대목이 많아요. 이 책이 79년에 나왔고 글은 78년에 발표가 됐는데, 78~79년이라는 시기가 굉장히 험한 때였어요. 그런 시대 배경을 좀 감안해서 읽을 필요가 있습니다. 당시엔 원불교를 만나기 전이니까 원불교 얘기를 안 했지만 이보현 선생 지적대로 사실은 이런 점을 교의 자체에서 꽤 원만하게 해결해놓은 것이 원불교라고 봅니다. 그걸 원불교가 처음 시작한 건 아니에요. 동학에서 먼저 시작했는데, 유교에서는 원래 경세(經世)가 굉장히 중요하잖아요. 군자의 개인 수신만이 아니고 그야말로 치평(治平), 치국과 평천하가 중요한데, 이것을 유교의 전통적인 제약이랄까, 특히 사회적인 차별, 남녀차별, 계급차별, 적서차별 이런 것부터 확 떼어내버려서 일대전환을 일으킨 게 동학 아니겠어요? 그걸 더 발전시키고 불교와 융합하면서 원불교가 새로운 차원을 획득했다고 생각하는데, 그 글을 쓰던 당시에 원불교를 전혀 모르지는 않았지만 그다지 깊이 연마는 안 했어요.

기존의 모든 종교에도 개벽적인 측면이 있다는 건 아주 중요한 말씀이고, 이전의 토론에서도 오강남 박사가 얘기하셨죠. 그 자체는 맞는 말씀이에요. 그런 위대한 종교 지도자가 나타날 때마다 세상의 사상이나 질서를 타파하려는 어떤 개벽의 동기가 있고 그 지도자가 개벽적인 의미를 갖는 가르침을 펼쳤죠. 그러나 그런 공통점을 인정하더라도 우리가 소위 개벽종교라고 말하는 한반도의 동학이나 원불교는 그와 다른 면모가 있다고 봅니다. 나는 그 차이점이 시대 인식에 있다고 봐요. 특히 원불교에 오면 이 시대를 물질개벽의 시대로 인식하고 정신개벽을 주장하는데, 사실 석가모니의 깨달음도 정신개벽 아니겠어요? 근데 원불교의 정신개벽은 그냥 그런 식의 깨달음, 개별적인 깨달음이 아니고 "물질이 개벽되니 정신을 개벽하자"라고 했거든요. 물질개벽의 현실을 제대로 알고, 오늘날 많이 쓰는 용어로 하면 '과학적인 인식'을 갖고 거기에 부응하는 정신개벽을 하자, 그래서 과학을 하더라도 거기에 부응하는 과학을 하자는 얘기니까 이런 차별점은 우리가 인정을 해야겠고요. 한반도에서만 그런 인식이 생겼다고 우리가 고집할 이유는 없지만 이렇게 동학이나 원불교와 같은 큰 흐름으로 시작해 진전되고 있다는 건 스스로 자랑해도 될 일이 아닌가 생각합니다.

윤회의 논리

이보현 이어서 윤회와 진리에 관해서 여쭤보겠습니다.

백낙청 어려운 얘기를 또 꺼내시네요.(웃음)

이보현 『종교공부』가 발간된 뒤에 진행된 비교종교학자 오강남 교수님, 유교학자 백민정 교수님 그리고 원불교대학원대학교 전도연 총장님과의 대담에서, 선생님께서는 모두 윤회에 대한 질문을 하셨어요. 오강남 교수님은 원불교의 윤회설에 대해서 어느 종교에나 표층신앙은 있고 윤회는 그런 측면에서 봐야 한다고 말씀을 하셨고, 이에 대해 전도연 총장님은 그렇지 않다, 윤회와 인과론은 원불교의 핵심 가르침의 하나라고 말씀하셔서, 그렇다면 윤회에 대해서 좀더 자세히 알아야겠다는 생각이 들었거든요. 『대종경』 서품 1장에 소태산이 큰 깨달음을 얻고서 하신 말씀, '대각일성(大覺一聲)'이 나옵니다. "만유가 한 체성이며 만법이 한 근원이로다. 이 가운데 생멸 없는 도(道)와 인과보응되는 이치가 서로 바탕하여 한 두렷한 기틀을 지었도다." 선생님께서도 윤회와 인과론이 이 대각일성과 일원상과도 밀접한 관련이 있다고 하셨습니다.

대승불교의 윤회에 관해서는 선생님께서 로런스의 시 「죽음의 배」(The Ship of Death)를 다룬 백낙청TV 정지연 편(백낙청 공부길 024, 2022.10.13. 업로드)에서 설명을 해주신 적이 있는데요. 사람이 죽으면 몸은 지수화풍(地水火風, 사대四大)으로 흩어지는데 혼도 똑같이 흩어지는 게 아니라 사람마다 행위의 결과로 초래되는 일정하게 뭉친 에너지(업력業力), 응집력과 성질이 다른 어떤 개별성이 남는다, 사람마다 지어놓은 그런 개별성에는 차등이 있다, 이렇게 말씀을 하셔서 제가 거기까지 이해를 했습니다. 근데 불교에서 윤회란 대중을 깨우치기 위한 하나의 방편이고 불교가 윤회를 강조하는 것은 금생에서 윤회를 종식시키기 위함이라고 얘기를 하거든요. 그래서 원불교의 윤회가 일원상이나 정신개벽에서 어떻게 긴요한지, 또 불교의 해탈과 원불교의 정신개벽은 어떻게 다른지 선생님께 설명을 부탁드려봐야겠다 생각했습니다.

백낙청 대승불교에선 윤회를 그냥 종식시키고 열반적정(涅槃寂靜)에 들겠다는 게 아니고, 우리가 제대로 깨달음에 이르지 못할 경우 말하자면 강제윤회가 되는 거예요. 내가 윤회를 원하든 원하지 않든 끝없이 반복되는 거니까. 수도를 해서 그걸 종식시키자는 면에서는 소위 소승불교인 남방불교와 대승불교인 북방불교가 다 똑같아요. 그런데 대승불교의 특징은 강제로 계속 윤회를 당하지 않는경지에 이른 사람이 나 혼자만 윤회에서 벗어나면 뭐 하나, 아직 많은 대중이 윤회의 굴레 속에서 신음하고 있으니까 내가 다시 가서 그들과 함께 살고 그들을 가르쳐서 다 같이 윤회에서 벗어나는 세계를 이룩하자는 사람들이 나온다는 거죠. 그분들을 보살이라고 하잖아요. 자발적인 윤회, 아니면 환생이라고 해도 좋아요. 자발적인 환생과 타율적인 강제 윤회, 그러니까 중생이 죽으면 다 끝나는 줄 알았더니 지금 보니까 다시 와서 고생하고 또 고생하는 강제윤회. 이 두가지가 있다는 걸 구별해서 생각할 필요가 있고요.

물론 개인적으로 '내가 죽은 다음에 윤회를 할까? 환생을 할까?' 이런 데 관심을 가진 사람도 많지만, 안 그런 사람도 있잖아요. 그런 생각을 안 하고 편안하게 잘사는 사람도 있고, 또 독실한 기독교인이라면 죽은 다음에 다시 돌아오는 게 아니고, 잘 살았으면 천당 가고 잘못 살아왔으면 지옥 갔다가 세상이 끝나는 날에 다시 부활해서 예수님이 다시 오신다고 생각하기도 하고요.

그런데 꼭 불교도가 아니더라도, 또는 불교 교리에 관심이 없는 사람이라도 윤회 문제가 왜 중요한가를 우리가 논의할 필요가 있을 것 같아요. 『대종경』 서품 1장, 소위 소태산 대종사의 대각일성에, 이분이 큰 깨달음을 얻고 나서 한마디 하신 게 아까 읽어주신 그 대목입니다. "만유가 한 체성이며 만법이 한 근원이로다"인데, 만법이 한 근원이라는 얘기는 나중에 정산 종사가 제창한 삼동윤리의 일부로 들어가죠. 모든 종교가 다 똑같다고 얼버무리는 얘기가 아니고 근원이 하나라는 거니까 사실은 이것도 깨달음의 경지에 가야 제대로 아는 거지, 말만 하는 건 그냥 좋게좋게 지냅시다 하는 식의 사교 행위에 그칠 우려가 있죠. '만유가 한 체성(體性)이며'가 무슨 말인지도 우리가 음미할 필요가 있고요.

"생멸 없는 도와 인과보응되는 이치가 서로 바탕하여"에 대해서는, 생멸이 없고 변화가 없으면 인과가 성립할 수 없죠. 그런데 만약에 변화가 있다고 하면, 그 변화가 그냥 아무렇게나 일어나는 변화냐, 아니면 인과의 법칙에 따라서 일어나는 변화냐 하는 게 굉장히 중요해지잖아요. '인과보응된다'는 말은 생멸이 있는 과정에서 인과법칙이 적용된다는 얘기고, 그럼 생멸 없는 것과 이게 서로 바탕하여 됐다는 게 모순되는 얘기가 아닌가 하는 의문도 던져볼 수 있죠. 그러나 여기서 중요한 건 도에 생멸이 없다는 거지, 만유에 생멸이 없다는 얘기는 아니에요. 생멸이 있는 것이 오히려 원칙이죠. 『주역(周易)』에서는 그야말로 '역'이 기본 아니에요. 생멸이 계속 있게 마련인데 그 가운데 생멸 없는 도가 있다는 것, 노자 식으로 말하면 상도(常道)죠. 늘 그러한 도가 있다는 개념이니까 그러한 도와 인과보응의 법칙이 서로 바탕했다는 건 모순이 아니에요.

그리고 내가 전도연 총장님한테 물어봤던 질문인데, 이 대각일성보다도 「일원상서원문」이라고 있잖아요, 『정전』에. 『정전』의 내용이 대개는 대종사께서 평소에 하셨던 여러 설법을 제자들이 받아적어 놓고 그걸 새로 정리한 것인데, 「일원상서원문」은 『정전』을 만들 때 대종사님이 새로 써놓으신 거라고 해요. 말하자면 친제(親制)하신 글이라고 보는데, 마지막에 "일원의 위력을 얻도록까지 서원하고 일원의 체성에 합하도록까지 서원함" 이렇게 돼 있어요. 대각일성에도 체성이라는 말이 나오고요. 나는 뭐 교전을 번역했다고 하지만 샅샅이 기억하고 있지는 못하는데, 체성이란 말이 교전에서 딱 세번 나오지 않나 싶어요. 「일원상서원문」에 한번, 대각일성(『대종경』 서품)에서 한번, 『대종경』교의품에서 한번 나오죠. 그러나 세번밖에 안나왔다 하더라도 이런 문제로 열번 나온 것보다 더 중요하죠. 왜 '체(體)'가 꼭 들어가야 되느냐. '체성'을 번역할 때 우리가 이 문제로 굉장히 고심을 했어요.

이보현 뭐라고 번역하셨어요?

백낙청 '보디 앤드 네이처'(body and nature)라고 번역했어요. 네이처(nature)라는 거는 자연이라는 뜻도 있지만은 성품이라고 말할 때는 더 네이처(the nature)라고 정관사를 붙여서 쓰거든요. 그런데 대종사님이 깨달으셨다고 할 때에는 성품자리를 보신 거 아니겠어요. 그걸 견성(見性)이라고도 하는데, 그냥 성품이라고 말하지 않고 체성이라고 했단 말이죠. 보디(body)가 왜 들어가느냐, 성품자리라는 것을 두고 자칫하면 플라톤의 초월적 세계처럼 물질적 현상과 관계없는 영원불변의 이데아의 세계 같은 걸 상상할 수 있는데, 성품자리는 그런 게 아니고 성품자리와 이 물질세계가 같이 있다는 뜻 아닌가 하는 겁니다. 그런데 만약에 물질세계와 성품자리가 같이 있다고 하면, 물질세계는 변화와 생멸이 있기 마련이고, 그 생멸이 어떤 법칙성을 가지고 진행하느냐 안 하느냐가 중요한데, 법칙도 없이 그냥 아무렇게나 진행한다고 하는 것도 문제고, 그게 인과보응하는 법칙에 따라서 일어나는 변화다 이렇게 말하면 훨씬 합리적으로 들리긴 하는데 우리가 금생만 놓고 보면 경험에 안 맞아요. 자기가 복을 지어놓고도 다 못 받고 가는 사람도 있고, 온갖 악행을 다 하고도 벌 받지 않고 곱게 죽는 사람들이 있고요.

기독교에서는 남은 복은 하늘에 가서 받고 벌은 지옥 가서 받는 걸로 해석을 하는데, 근대인들은 점점 더 그런 식의 내세는 그야말로 이치에 안 맞는다고 부정하죠. 과학하고도 충돌하고요. 불교에서는 전생(前生)과 후생(後生) 또는 내생(來生)을 말하잖아요. 사실 이렇게 끝없이 이어지는 삶이 없으면 인과의 법칙이라는 게 무의미해요. 말로만 인과의 법칙이 있다고 하지 인과의 법칙에 안 맞는 일들이 너무 많이 벌어지잖아요, 우리 현실에서 보면. 어떤 사람들은 이유도 까닭도 없이 억울하게 죽기도 하고요. 인과의 법칙이 없다고 하면 우주만유의 변화가 무질서해지는 거고, 있다고 하면 세세생생(世世生生)으로 이어지지 않고서는 그 말이 성립이 안 돼요. 그래서 석가모니께서 내세를 말씀하시고 윤회를 말씀하신 것이, 물론 힌두교 전통에서 가져온 거지만 윤회하는 실체 개령을 포함한 힌두교의 온갖 교리들을 타파하면서도 윤회론 자체는 계승하신 것이고, 시대적인 한계 때문이 아니라 그 자체가 그분 깨달음의 아주아주 핵심적인 부분이었던 거지요. 또 소태산의 경우도 대각일성으로 인과보응하는 이치를 말씀하시는 걸 보면 이것이 이분 대각의 아주 핵심이죠. 그분이나 그분을 추종하는 불교도, 원불교도에게만 중요한 게 아니라 우리가 우주만유에 대해서 어떤 합리적인 생각을 한다고 할 때, 이럴 때 말하는 합리라는 건 꼭 과학적 증거가 있는 건 아니지만, 끝없이 변화하면서도 결코 완전히 멸하지 않는 원리가 없으면 설득력이 별로 없는 가르침이 되어버려요. 그래서 나는 원불교나 불교의 어떤 교리를 아는 게 중요한 게 아니고, 대중들도 이런 이치를 가지고 공부하고 연마할 필요가 있다고 봐요. 물론 공부가 어느정도 수준에 달하기 전에 깨우칠 수 있는 진리는 아니지만, 그렇다고 해서 믿으면 믿고 말면 마는 개인 신앙의 차원 문제도 아닌 것 같아요.

윤회론과 개벽사상

이보현 제가 이번에 『대종경』을 읽다가 조금 의문이 드는 구절을 발견했어요. 『대종경』 인과품 13장과 14장에 나오는 말인데, 대종사께서 윤회와 관련해서 말씀하시길 "사람이 남에게 애매한 말을 하여 속을 많이 상하게 한즉 내세에 가슴앓이를 앓게 될 것이며, 사람이 남의 비밀을 엿보거나 엿듣기를 좋아한즉 내세에 사생아 등으로 태어나 천대와 창피를 당할 것이며, 사람이 남의 비밀을 잘 폭로하고 대중의 앞에 무안을 잘 주어서 그 얼굴을 뜨겁게 한즉 내세에는 얼굴에 흉한 점이나 흉터가 있어서 평생을 활발하지 못하게 사나니라". 그리고 "벼락을 맞아 죽는 것은 (…) 권력이나 무력 등을 남용하여 (…) 여러 사람들에게 많은 해를 입혔다든지 하는 등의 죄업으로 인한 수가 많나니라". 이렇게 말씀하셔서 마치 영원불멸한 개령의 윤회를 인정하는 힌두교식 윤회관을 연상케 해요.

백낙청 그 대목 자체만 놓고 보면 보현씨의 느낌이 맞다고 봐요. 그러나 소태산은 힌두교식 개령윤회, 또는 유아(有我)윤회라고 하죠, 아(我)가 있는 윤회를 근본적으로 부정하신 분이어서 딱 그 대목에 한해서만 유아·무아에 대한 생각을 바꾸셨다고 보기는 어렵고, 일종의 방편으로 그때 그 제자들한테 뭔가 깨쳐주려고 말씀하시지 않았을까 추측해봅니다. 하여간 그 대목이 불멸의 개령이 윤회한다는 힌두교 사상과 꽤 닮아 보이는 건 사실이라서 나는 그 말씀 자체가 주는 감동은 좀 덜하다고 봐요. 꼭 무아윤회를 따로 말씀 안 하셔서는 아니에요. 이게 방길튼 교무 같은 분이 강조하는 이야기인데, 자꾸 윤회하다보면 내가 뭘로 태어날지 모르잖아요. 그래서 좋은 세상을 만들어놓는 게 일종의 보험 드는 것처럼 윤회에 대비하는 길이니까 집

무아와 유아

무아(無我)는 만물에는 고정 불변하는 실체로서의 나(實我)가 없다는 뜻으로 범어(梵語)로는 아나트만(Anātman), 팔리어로는 아나딴(Anattan)이다. 석가모니가 깨달음을 얻은 뒤 최초로 설파한 가르침이다. 석가모니 이전의 인도사상에서는 상주(常住)하는 유일의 주재자로서 참된 나인 아트만(ātman)을 주장하였으나(유아有我), 석가모니는 아트만이 결코 실체적인 나(我)가 아니며, 그러한 나는 없다고 주장하였다.

—「한국민족문화대백과」

단적이고 사회적인 노력을 강조하죠. 대종사님께 그런 생각이 없으셨다고 보지는 않아요. 그러나 이 대목에서 전혀 언급되지 않거든요.

이보현 사실 석가모니가 윤회를 설명한 방식도 대종사님과 크게 다르지 않은데, 요즘 시대에는 이런 비유가 개인적·사회적 재난을 겪은 사람들이나 장애인에 대한 가해로 읽힐 수 있어서 윤회 이야기를 쉽게 꺼내기가 조심스럽기도 합니다. 제가 의문이 들었던 부분은, 이렇게 남의 비밀을 엿보거나 폭로한다거나 하는 게 굉장히 사소한 일이잖아요. 근데 그렇게 사소한 업이 일일이 내세까지, AI도 아니고, DNA에 박제된 것처럼 이렇게 따라온다는 설명이 좀 걸려서 넘어서지 못했다가, 오늘 아침 이 장소에 오는 도중에 어떤 해답이 떠올랐어요. 그 생각을 한번 말씀을 드려보겠습니다. 전에 선생님께서 백민정 교수님과의 논의에서 조선의 신유학자들이 신독을 유지하는데 그걸 제대로 하는 사람이 없고 어려우니까, 상제께서 보신다고 해야 아무도 없는 방에서 계신공구하고 신독하지 않겠냐 해서 다산을 비롯한 퇴계학파가 상제론을 주장했다는 내용이 있었잖아요.

백낙청 그건 퇴계학파 중에서도 기호학파 쪽이에요. 그러니까 성호 선생의 제자들인데, 다산도 경기도 사람 아니에요? 성호의 제자들이 모두 다산만큼 상제, 인격적인 상제를 인정한 건 아니고, 사람마다 조금씩 달라요. 그런데 다산 같은 분은 그 점에서 상당히 천주교의 영향을 많이 수용한 거죠. 백민정 교수의 다른 논문에 나오지만 영남 쪽의 남인들은 그런 기호학파의 상제론에 대해서 굉장히 비판적이었어요.

이봉현 네, 그랬을 것 같아요. 그런데 기호학파들이 이런 상제관을 끌어들이면서까지, 상제가 이렇게 내려다본다고 생각을 해야 조심하고 신독하는 자세가 내 마음에서 진실로 우러나온다고 생각한 것은 후천개벽사상의 인내천의 경지에서 볼 때는 조금 부족한 경지가 아닌가 싶은데요.

로런스의 시 「죽음의 배」에서 로런스가 단도를 앞에 놓은 햄릿의 고뇌를 반박하면서 죽음으로써 정말 자신을 종결할 수 있냐, 그것이 진정한 종결이냐고 묻는데, 굉장히 실존적이면서 생사를 초월하는 질문으로 들렸어요. 아니다, 인간의 영혼이라는 것은 죽음 이후까지 책임져야 하는 존재라는 결론을 로런스가 내리는데요. 다산 등이 생각한 것처럼 상제가 내려다보기 때문에 조심해야 된다는 결론도 좋지만, 후천개벽사상에서 신의 경지에 이른 인간을 제어할 수 있는 것은 인간 자신뿐이라고 보는 점을 감안하면, 소태산 말씀처럼 남의 비밀을 엿보거나, 폭로하거나, 나쁜 짓 하는 것을 인간 스스로 제어하고, 남이 보지 않는 방 안에서도 스스로 강제력을 가지고 신독해야 하는데, 그렇게 강제하는 역할을 하는 것이 바로 업과 윤회의 가르침이고 원리가 아닌가 하는 생각이 들었거든요. 그래서 인간이 삶은 물론 죽음 이후까지 책임지는 존재가 되도록, 죽음과 마주할 때 용기를 가지고 담대해질 수 있는 방법으로 용심법(用心法)을 말씀하신 것이 소태산의 가르침이 아닌가 합니다.

백낙청 윤회를 부정하는 유학자들도 있었고, 또 근현대인들은 대부분 그걸 안 믿잖아요. 그이들이 윤회설 또는 환생설을 비판할 때 흔히 하는 말이 그것도 또 하나의 민중의 아편이라는 겁니다. 사람들이 그냥 죽기는 억울하고 내세가 있었으면 하니까 윤회가 있다고 말함으로써 위안을 준다고 보는 거죠. 그런데 석가모니가 처음 윤회를 말씀하신 건 사실 굉장히 무서운 얘기였어요. '너희들이 지금 이렇게 세상에서 고생하니까 죽으면 다 끝날 줄 알지? 아니야. 또 있어.' 그런 말씀이었거든요. 그러니까 윤회설에는 양면이 있어요. 한쪽에서는 대

백무산 시에 나타난 윤회설의 양면성

무슨 억하심정이 있는 거냐고
무슨 도통한 것이 있느냐고

이치에 닿는 믿음이냐고
몸을 갈아입을 수 있는 거냐고

그럼 그걸 어쩌란 말이냐
과잉과 결핍과 상실을 어쩌란 말이냐

천년을 뜬눈으로 기다려온 사랑이 있는데
죽음보다 아픈 사랑이 얼마나 많은데

질식하도록 넘치는 눈물이 있는데
죄 없이 희생된 무고한 피눈물이 얼마나 많은데

생을 초과하는 사랑이 얼마나 많은데
죽음을 초과하는 눈물이 얼마나 많은데

—백무산 「환생」

중들이 워낙 고생하고 억울한 일을 많이 당하니까 그냥 죽기 억울한
거예요. 다음 생애라도 있어서 좀 나아지거나 아니면 나를 못 살게
하는 저놈들이 잘못되는 꼴이라도 좀 봐야지 하는 면이 있는거죠.

백무산 시 중에 「환생」(『폐허를 인양하다』, 창비 2015 수록)이라는 시가 있습니다. 그런 민중의 지극하고 절절한 욕망을 잘 표현했어요. 물론 민중에게 절절한 욕망이 있다고 해서 그게 사실과 부합한다는 법은 없어요. 그러나 인격적인 상제를 부인한 대부분의 유학자들이 그런 일면을 너무 외면했어요. 민중은 소인들이라서 그렇고 군자는 내세가 있든 없든 스스로 사람답게 살다가 죽으면 그만이라고 생각했죠. 물론 백민정 교수하고도 얘기했지만, 과거에 그런 자세까지 도달했다는 건 유학의 큰 자랑이에요. 그런 식의 종교적 태도를 발전시킨 종교가 별로 없거든요. 그러나 한편으로 이건 강자의 논리예요. 선비가 될 자격이 있고 수련을 해서 군자가 된 사람들의 논리고, 민중의 피맺힌 한을 풀어주는 말씀은 아니죠. 그런 의미에서 윤회를 제대로 가르쳐서 '죽는다고 너의 고통이 끝나는 것도 아니다, 그러나 하기에 따라서는 더 나은 다음 생을 살 수 있다' 이런 경고와 희망을 동시에 주는 것이 훨씬 더 원만한 가르침이 아닐까 하는 생각이 듭니다.

지상의 유일한 신, 인간

이보현 마지막 질문을 드려보겠습니다. 『서양의 개벽사상가 D. H. 로런스』 제5장에 로런스와 후천개벽사상의 유사성을 말씀하신 부분이 나오는데, 바로 윤회와 인내천이 연결고리였습니다. 이 글의 각주에 「호피족의 뱀춤」에 나오는 로런스의 글이 실렸는데 무척 인상적이어서 한번 읽어보겠습니다. "지상의 유일한 신들은 인간들이다. 인간과 마찬가지로 신들도 미리부터 존재하지 않는다. 그들은 무한히 긴 세월의 노력을 통해 삶의 불길과 용광로 속에서 점진적으로 창조되고 진화한다. 그들은 창조된 최고의 존재들로서, 생명-태양의 아궁이 사이에서 제련되고 비의 모루 위에서 벼락의 해머와 불어치는 바람의 풀무로 단련된다. 우주는 영웅과 반신(半神)인 인간들이 자신을 불려서 만들어내어 존재를 획득하는 거대한 화덕이며 용들의 소굴이다. 우주는 영혼들이 땅속의 금강석처럼 극도의 압력 아래 형태를 갖추는 방대하고 격렬한 매트릭스이다./ 신들은 그러므로 시원이 아니고 결과이다. 그리고 이제까지 나온 가장 훌륭한 신은 인간들인 것이다."(5장『날개 돋친 뱀』에 관한 단상 261~62면 각주 27)

백낙청 참 멋진 대목이죠.

이보현 이렇게 무한히 긴 세월에 걸쳐서 삶의 불길과, 용광로 속에서 창조되고 진화하는 윤회를 거쳤기 때문에 인간이 신과 같이 단련됐다, 이런 로런스의 문학적인 설명 덕분에 제가 굉장히 실감나게 윤회와 인내천에 대해 알 수 있었습니다.

백낙청 이 대목에서는 역사를 통해서 인간이 단련되고 진화하면서 '신이라고 할 만한 인간'이 탄생한다는 이야기인지, 윤회 과정을 통해서 이런 인간들이 만들어진다는 얘기인지는 분명치 않아요. 로런스가 마지막에 가서 쓴「죽음의 배」라는 시를 얘기하셨는데, 그건 내 책『서양의 개벽사상가 D. H. 로런스』의 11장에서 다뤘지요. 거기 가서 환생한다는 생각이 더 뚜렷하게 나타나죠. 그런데 로런스가 불교에 대한 연구가 깊어서 교의를 연마하다가 이런 생각에 도달한 게 아니에요. 지금 말씀하신 글의 제목에 있는 '호피족'은 미국 남서부의 원주민 부족인데, 로런스가 그들이 추는 뱀춤을 구경하고 쓴 에세이에서 그런 말을 한 것이고, 불교하고는 전혀 다른 경로의 공부를 하고 탐구를 하다가 마지막에 가서 이제 자기가 곧 죽을 것이라는 걸, 죽음 이후를 명상한 거죠. 그리고 어떻게 죽어야지 잘 죽을까 생각한 겁니다. 사람이 죽은 다음에 배를 타고 간다든가 하는 건 이집트 등지에서 나온 사상인데, 잘 죽으려면 죽은 다음에 타고 갈 죽음의 배를 미리 만들어야 된다는 거예요. 그리고 그 배를 제대로 만들었다는 건 잘살았다, 제대로 살았다는 얘기 아니에요? 제대로 잘살다가 잘 죽으면 혼이 그 배를 타고 가서 완전한 망각 속에 묻히는 게 아니라 다시 돌아와서 새 몸을 받게 된다는 것이죠. 그러니까 이 이야기는 그야말로 환생인데, 로런스가 힌두교식의 불멸, 영구불멸의 개령을 상정한 것 같지는 않아요. 오히려 대승불교의 윤회와 비슷하죠. 대승불교에서는 사람이 살면서 몸은 몸대로, 지수화풍이 연기(緣起)에 따라 모여서 생긴 게 사람의 몸이고, 그 몸하고 혼이, 혼백(魂魄)이 함께 하면서 그야말로 영육쌍전(靈肉雙全)해야 제대로 된 삶이에요. 영육쌍전하는 삶을 살고 잘살면 그때 뭉쳐진 영혼의 기운이 있을 거란 말이죠. 이 기운이 죽은 후에도 완전히 흩어지지 않고 멈춰서 다른 육신의 생명이 태어날 때 거기에 합쳐져서 새 삶을, 새 몸을 입는다는 사상인데, 로런스의 생각이 이런 대승불교의 윤회론과 비슷하죠. 대승불교의 어떤 분파에서는 영혼이 다 흩어지고 영식(靈識)만 남는다 했는데, 그때 영식만 남는 건지, 소위 업식(業識)이라고 하는, 살았을 때의 죄업이라든가 공로라든가 여러가지 성향도 그 뭉친 기운의 일부로서 따라오느냐 하는 것은 모를 일이에요. 하지만 로런스 생각이나 소태산의 생각은 그런 불멸의 영식만이 아니고 세세한 것까지 뭉친 기운의 일부가 돼서 다음 생에 영향을 준다는 생각 같아요. 아까 "AI도 아니고"라고 말씀하셨는데 원칙적으로는 AI보다 훨씬 정확하죠. AI는 실수가 있을 수 있지만.

이보현 거짓말도 하죠.

백낙청 챗GPT는 소위 할루시네이션(hallucination, 환각)이라고 해서

터무니없는 거짓말도 하는데, 소태산은 말하자면 '허공 법계에 심어진' 기운은 '호리(毫釐)의 차이도 없다', 털끝만한 차이 없이 다 그대로 산다고 했어요. 그러니까 우리가 태어나면서 전생을 잊어버리잖아요, 전생이 있다 하더라도요. 그런데 전생도 보고 후생도 보는 경지에 이른 것을 숙명통이라고 하죠(이 책의 186~87면 참고). 소태산은 그건 여래위에 오르고도 되는 사람이 있고 안되는 사람이 있다고 해요. 그건 본질이 아니라고 보는 거죠. 소소한 일, 사소한 디테일까지 다 후생에 영향을 미친다고 보는 게 석가모니의 사상이고, 로런스는 불교적 윤회론을 다루고 있는 사람이 아니니까 그렇게까지는 안 가지만 그 뭉친 기운 속에 전생의 여러가지 기억 등이 들어간다는 사상은 로런스의 그 시에 포함된 것 같아요.

그런데 어떤 사람이 억울하게 죽었는데 그게 다 네 전생의 잘못 탓이다 그러면 되겠어요? 그러니까 우리가 말 한마디를 해도 조심해야 하고, 또 용심법이라는 말을 쓰셨는데, 마음의 씀씀이도 정말 잘해야 해요. 가령 세월호참사 때 희생된 학생의 부모 입장에서 보면, 그게 다 하느님이 하신 일이라고 하는 것도 속 뒤집어지는 소리고, 또 업보라는 게 있다고 하는 것도 마찬가지예요. 아까 읽으신 인과품의 그 장은 개인의 잘못을 주로 얘기하셨지만 세상 자체가 잘못해서 쌓은 업보가 집단적으로 작용할 수도 있단 말이죠. 그래서 집단적인 잘못에 대한 생각, 또 혹시 있을 수도 있는 개인의 과거 업보를 다 헤아리면서, 상대방이 어떻게 들을지 아주 유의하고 배려하면서 말을 해야죠. 아무 데나 가서 '야 그거 전생의 업보야' 하는 건 취사(取捨) 공부가 안된 거예요, 원불교식으로 말하면.

누구 말을 들으니까 세월호 가족들 중에도 기독교인이 많았는데 "그게 다 하느님이 하신 일이니까 감사해라"라는 소릴 듣고 그때부터 교회에 안 나가는 사람도 있다고 하고, 한편 어떤 이들은 세월이 한참 흐르고 나서도 도저히 마음이 안 풀릴 때 누가 불교식으로 이야기를 해주니까 오히려 위안이 됐다고도 해요. 그러니까 그런 말을 해서 위안 받을 만한 사람한테 그런 말을 해주는 거고, 괜히 염장 지르는 일은 하지 말고 우리가 잘 헤아려서 할 일이지, 신의 뜻이나 업보가 있어서 이런 일이 생겼다고 공언할 일은 아니죠. 세월호참사 자체를 놓고 원인 분석을 해보면 학생 개인의 잘못은 전혀 없죠. 오히려 이 사회 구조의 책임, 선박회사의 책임, 당국의 책임이 있죠. 그러니 그건 그것대로 분석을 하되 그걸로 다 설명이 안되는 어느 개인의 참혹한 처지에 대해서는 일단 혼자 연마해서 공부거리로 생각을 해야겠죠. 그리고 그 공부한 결과가 유가족에게 도움이 될 때는 그 말을 해주는 거고 아니면 입 다물고 있는 게 맞겠고요.

이보현 세월호참사나 이태원참사 같은 사회적 참사는 사실 현생에서 우리가 원인과 결과를 과학적으로 분석할 수가 있잖아요. 근데 그런 과학적 분석을 하지 못하게 막아놓는 것이 유가족들한테는 가장 큰 분노고 슬픔이고 설움이 아닐까 생각합니다.

백낙청 그런데 그런 게 규명이 되더라도요, 이게 당국의 잘못이고 선박회사 잘못임이 판명나더라도 왜 이런 불행이 내 자식한테 일어나느냐, 이건 설명이 안되거든요. 이걸 처음부터 하나님이 하시는 일이니까 감사하고 기뻐하라고 하면 복장이 뒤집어지지만, 또 어떤 분들은 세월을 두고 성찰하고 기도하는 가운데 '아, 이것도 하나님이 하신 일이다' 하고 받아들이기도 해요. 그렇게 기쁨을 느끼는 사람도 있고요. 원불교에서 말하는 사은 사상도 마찬가지죠. 은혜 은자를 썼는데, 내 자식이 당장에 죽었는데 그걸 은혜라고 하면 진짜 화나는 얘기잖아요. 그래서 사은의 은혜라는 것도 범부중생들이 경험적으로 생각하는 어떤 사실 차원의 은혜가 아니고, 그야말로 깨달음의 눈으로 보는 공부를 해야 한다는 거죠. 공부와 보은사상은 그래서 같이 가야 하고요.

이보현 저도 처음에는 사은을 평범하다고 할까, 그렇게 생각을 했어요. 근데 하이데거를 읽다보니까 하이데거가 '뎅켄(denken, 사유함)이 곧 당켄(danken, 감사함)이다' 그런 말을 하더라고요. 존재에 대해 깊은 사유를 하다보면 거기에 존재 자체에 대한 감사함이 배어 있을 수밖에 없고, 따라서 사유하지 않음, 무사유(Gedankenlosigkeit)야말로 존재의 베풀어줌에 대한 가장 큰 배은망덕(Undank)이 된다는 말을 보니까 사은이 바로 그런 의미의 은혜를 이렇게 네가지로 아주 자상하게 구분을 해주신 거로구나, 그런 식으로 공부가 연결이 되면서 좀 이해가 되었거든요.

백낙청 훌륭한 지적이에요. 그러니까 그럴 때 뎅켄이라는 건 우리가 머리로만 하는 계산적인 사고, 사유가 아니죠. 사실 계산적인 사유는 이미 AI가 인간보다 낫다는 게 여러 면에서 증명되고 있어요. 그런데 AI로서는 도저히 할 수 없는 게 당켄과 통하는 뎅켄이죠.

이보현 제가 백낙청TV 첫 영상 때부터 선생님의 공부길을 따라 걸으면서 공부를 해왔습니다. 근데 오늘은 꼭 중간고사를 치른 것 같네요. 질문을 제가 했는데, 제가 시험을 본 것 같은 기분이 듭니다. 그동안 선생님의 사상을 배운다고 생각하고 공부를 해왔지만 오늘은 선생님께 진리의 말씀을 들은 것 같습니다.

백낙청 고사를 치른 건 나예요.(웃음)

이보현 앞으로도 진리에 이르는 공부길을 오래도록 이끌어주시면 좋겠습니다. 감사합니다.

백낙청 네, 감사합니다. 시청자 여러분, 더러 어려운 얘기도 섞여 나왔습니다마는 무슨 어려운 학설을 토론하거나 설파하자는 게 아니고, 정말 우리 인생에 중요한 얘기를 하고 또 시대적인 과제와 직결되는 문제라고 생각해서 이런 논의를 했습니다. 어떻게 생각하실지 모르겠습니다만 앞으로도 관심을 부탁드립니다.

보론

백낙청·고명섭

하이데거와
후천개벽사상의 만남

| 고명섭 백낙청 대담 |

2024년 1월 19일 창비서교빌딩 스튜디오

————

*이 좌담은 유튜브 채널 백낙청TV에 공개된 '백낙청 공부길' 99편(2024년 3월 1일).
100편(2024년 3월 8일), 101편(2024년 3월 15일)을 글로 옮긴 것이다.

대화를 시작하며

백낙청 백낙청TV에 오신 시청자 여러분 반갑습니다. 오늘은 제가 쓴
『서양의 개벽사상가 D. H. 로런스』(창비 2020)로 이야기를 나누려고
특별한 손님을 모셨어요. 한때는 『한겨레신문』 서평란의 책임자였고
지금은 선임기자로 있는 고명섭 선생입니다. 이 책이 처음 나왔을 때
서평해주셨고(「백낙청 교수의 50년 로런스 연구의 총결산 여기에」, 『한겨레신문』
2020.7.17.), 근래에 하이데거에 관해서 두권으로 된 어마어마한 책을
내셨지요. 마침 고기자께서 하이데거 관련 논의가 포함된 제 저서에
대해 궁금증도 있다고 하시고 나는 나대로 더 듣고 싶은 말도 많아서
오늘 모셨습니다.

고명섭 반갑습니다, 선생님. 2024년 새해 첫 녹화인데 백낙청TV에 나
와서 선생님과 마주앉게 된 것이 저한테는 무척 영광스러운 일입니
다. 간략히 제 소개를 하면, 저는 지금 『한겨레신문』에서 책 담당 기
자로 있고요, 6년 남짓 논설위원실에서 남북관계, 국제문제, 인권 등

을 담당하기도 했습니다. 제가 쓴 책으로는 『니체 극장』(김영사 2012), 『하이데거 극장』(전2권, 한길사 2022) 등이 있습니다.

　오늘은 하이데거에 관심있는 사람으로서 선생님과 함께 공부하고 싶은 대목들이 있어서 찾아 뵙게 되었습니다. 선생님께서는 이 주제를 평생 공부하셨기 때문에 오늘 이 자리가 저에게는 큰 배움이 될 거라는 기대를 하고요. 그래서 긴장하면서도 들뜬 마음으로 나왔습니다. 이 자리가 백낙청 선생님과 '함께 걷는 유쾌한 공부길'인 만큼 주제는 무겁지만 제목에 걸맞게 유쾌한 자리가 될 수 있으면 좋겠습니다.

백낙청　백낙청TV에 두가지 큰 갈래가 있어요. 하나는 '공부길'이라 해서 어떤 분이 내 저작이나 작업에 관심을 갖고 찾아와서 주도권을 행사하면서 진행하는 형식이고, 또 하나는 '초대석'으로 내가 저술한 바가 없는 분야의 전문가, 더 전문적인 지식을 가진 분들을 모셔서 말씀을 듣는 형식입니다.

　오늘은 일단 공부길로 출발합니다만 사실 하이데거는 내가 깊이 연구하지 못했고 거기에 대한 단독 논저도 없어요. 다른 얘기를 하다가 언급한 적이 있지만요. 그래서 『하이데거 극장』이라는 대작을 내신 고기자를 모시는 초대석을 겸하게 됩니다.

고명섭　선생님 책을 읽어본 분들은 아시겠지만, 선생님께서 가볍게 이야기하시는 듯한 대목도 사실 거기에 깊은 생각이 배어 있고, 배후의 역사가 있기 때문에 어느 하나 함부로 넘길 수 있는 구절이 없습니다. 저도 선생님의 로런스론을 읽으면서 하이데거 부분에서 많은 자극과 촉발을 받았고요. 그것이 뭐라고 할까, 제 몸에 좀 배었습니다. 그런 점에서 선생님은 저한테는 스승이시라고 생각하고요. 그래서 오늘도 공부하고 배우는 자세로 이 자리에 나왔습니다. 많이 여쭤보겠습니다.

어떻게 하이데거와 만나게 되었나

고명섭 이번 공부길에서 다룰 주제는 백선생님께서 연전에 내신『서양의 개벽사상가 D. H. 로런스』인데, 그중에서도 하이데거론, 더 나아가 하이데거와 우리 개벽사상의 관계입니다. 이번 자리를 준비하면서 선생님께서 활동 초기에 쓰신 글들도 함께 읽어보았습니다. 1966년『창작과비평』창간호에 쓰신「새로운 창작과 비평의 자세」, 그리고 1969년 역시『창작과비평』에 발표하신「시민문학론」, 또 1970년대에 쓰신「민족문학론」을 비롯해 관련 글들을 읽어보았습니다. 먼저 이 글들을 읽은 소회를 말씀드리면, 선생님께서 서른 무렵부터 지녔던 문제의식이 60년 가까이 지속성을 지닌 채로 심화돼왔다고 느꼈습니다. 특히 오늘 다룰 하이데거론과 연결해서 보면, 1969년「시민문학론」에서 하이데거의 사유를 우리 문학을 해석하는데 원용하고 있다는 것을 확인할 수 있었습니다. 어떤 계기로 하이데거 사상에 특별한 관심을 품게 되셨는지 궁금합니다.

백낙청 저는 미국에서 학부를 나온 뒤 석사까지 하고 귀국했는데, 미국 대학에 있는 동안에는 하이데거 얘기를 못 들어봤어요. 특히 내가 있던 미국 대학의 철학과 쪽에서는 하이데거를 거의 취급 안 했어요. 그런데 귀국 후에 사귄 친구 중에 서울대 철학과 출신이 있었습니다. 이름은 김이준(金利俊)인데, 아주 하이데거에 심취해 있을 뿐 아니라 자기 나름대로 꽤 깊이 알고 있었어요. 그래서 그 친구가 권장해서 하이데거 읽기를 시작한 게 아마 1960년대 중반쯤일 겁니다.

고명섭 선생님께서 한국으로 오신 게 1965년쯤이셨어요?

백낙청 내가 서울대학교에 온 때는 63년이었어요. 66년에 『창작과비평』 창간을 했고 일년 뒤인 67년경에 시인 김수영 선생을 처음 만나서 돌아가시기 전까지 한 2년 정도를 무척 가깝게 지냈습니다. 그분이 하이데거를 정말 열심히 읽으셨고 얘기도 많이 하셨죠. 그분의 글에도 그 영향이 강하게 드러나고요. 그러니 나를 하이데거로 안내한 사람이 첫번째는 철학과 출신의 그 친구고 그다음에 김수영 선생의 영향으로 더 관심을 갖게 됐다고 말씀드릴 수 있어요.

고명섭 김수영 시인과의 관계는 뒤에 다시 한번 여쭤보겠습니다. 먼저 선생님이 쓰신 「시민문학론」을 보면 만해 한용운의 「님의 침묵」을 하이데거 사유를 통해서 재해석하시는 대목이 있습니다. 만해가 말한 '님'을 "존재의 참모습에 대한 가장 온당한 일컬음인 것이다"(백낙청 『민족문학과 세계문학 1 / 인간해방의 논리를 찾아서』 개정합본, 창비 2011, 66면)라고 말씀하신다거나, 만해가 님을 "'침묵하는 존재'로 파악"(같은 책 69면)했다고 말씀하신 것, 또 염상섭(廉想涉)의 『삼대』를 언급하면서 "'님의 침묵'을 '님의 침묵'으로 겪는 것이 아니라 '님'을 망각해가는 과정"(같은 책 70면)임을 감지하신 것, 이런 것도 하이데거를 염두에 둘 때 좀더 실감나게 읽을 수 있는 대목이라는 생각이 듭니다. 또다른 대목을 거론해보면 "오직 이상(李箱)만이 '님'이 완전히 가버리고 가버렸다는 것조차 잊어버리도록 멀어진 황량한 시대를 정녕 참을 수 없는 시대로 (…) 파악했다"(같은 면)라고 쓰셨죠. 이 부분도 존재의 망각을 망각했다는 하이데거의 말을 염두에 두고 읽어야 할 대목이라고 생각합니다. 어쨌든 한용운의 시를 하이데거의 존재 개념을 통해서 처음으로 해석한 경우가 아닌가 생각하는데요. 어떤 계기로 만해의 '님'과 하이데거의 '존재'를 연결할 생각을 하셨는지 궁금합니다.

백낙청 「시민문학론」을 쓴 게 1969년이니까, 지금으로 치면 고문서죠. 우선 고문서를 다시 상기해주셔서 고맙습니다.(웃음) 그 글을 쓸 무렵에는 내가 나름대로 하이데거를 읽었을 때라서 하이데거를 염두에 두고 한용운 얘기를 했다는 건 사실이에요. 그런데 하이데거를 직접 끌어들이지 않은 건, 첫째는 잘 알지도 못하는 사람을 함부로 끌어대는 게 좋은 습관이 아니고요. 요즘 보면 그게 우리 평단의 폐해 중 하나지요. 또 하나는 한용운이라는 분이 하이데거를 전혀 몰랐던 분인데, 불교의 승려이자 시인으로서, 또 나라를 잃은 애국지사로서, 자신의 경험에서 우러나온 게 하이데거와 자연스럽게 연결될 수 있는 사유를 낳지 않았나 합니다. 지금이 '님이 침묵하는 시대' '님이 떠나가버린 시대'지만 어디까지나 이 침묵은 님의 침묵이에요. "님은 갔지마는 나는 님을 보내지 아니하였습니다"라고 하잖아요. 하이데거식으로 말하면 '궁핍한 시대의 시인'의 바른 자세에 해당하는 것이지요. 다만 한용운이 하이데거에 빚진 게 없는데 하이데거를 끌어들여서 만해 선생의 공로를 축소할 필요는 없다고 봤던 거예요.

이상의 경우는 사람마다 해석이 좀 다릅니다마는, 물론 안 그런 사람도 있었겠지만 대부분의 사람들이 님을 망각하고 산다는 사실 자체도 망각한 시대였는데, 이게 완전히 하이데거가 말하는 '존재 망각'의 시대죠. 고명섭 선생 책을 보면 "존재가 떠나가버린 시대다"라는 표현도 하셨는데, 그건 엄밀한 표현은 아니죠. 존재가 떠나가지는 않았는데 사람의 기억 또는 의식 속에서는 가버린 거예요. 그러고도 사람들은 다 태연하게 사는데, 이상은 그러고는 못 살겠다는 절박함이 있었던 거죠. 이 작가가 당시 유럽에서 유행한 소위 초현실주의에 끌려 있었잖아요. 초현실주의라는 건 현실만으론 안 되겠고 뭔가 초

| 하이데거와 김수영 | 김수영은 하이데거의 예술론을 깊이 탐구하며 자신의 시론을 발전시켰다.

현실적인 것이 이 현실 속에 침투해 들어와야 시가 되고 뭐도 된다고
하는 것이니까, 거기에 끌려 있던 이상 자신은 존재를 완전히 망각하
고 망각했다는 사실조차 망각한 사람은 아니라고 봐요. 존재가 망각
된 시대의 아픔을 느껴서 그걸 초현실주의적인 실험을 통해 돌파하
려고 했던 사람이 아닌가 하는 생각입니다. 누군가 나보다 식견이 넓
은 분이 김소월 이래 여러 시인을 두고 '하이데거적 사유'와 연결해
각기 어떤 해석과 평가를 내릴 수 있을지 검토해보면 재미있을 것 같
아요.

고명섭 하이데거가 '존재' '존재 부재' '존재의 밖에 머무름' 같은 이
야기를 하는데, 그 말을 우리가 실감나게 느끼려면 '우리가 존재 밖
에 있다, 혹은 존재를 망각했다'는 게 '존재의 떠남'과 동시적으로 일
어나는 일임을 이해하는 것이 중요할 것 같습니다.

선생님께서 초기부터 김수영의 시에 특별히 주목을 하셨고 또 「시
민문학론」에서 1960년대 한국 시민문학의 가장 뛰어난 성과로 김수
영 시를 꼽기도 하셨습니다. 김수영도 하이데거의 사유 특히 하이데
거의 예술론, 시론을 붙들고 마지막까지 고투했다고 알고 있습니다.

하이데거의 생각을 소화한 김수영

〔시의 내용과 형식에 대하여 "시는 온몸으로 밀고나가는 것이다"라고 말한〕 김수영의 이 결론이 우발적인 명언이 아니고 모더니즘과는 다른 차원의 사고의 소산이라는 가장 확실한 보증은 결국 그의 시에서 찾아져야겠지만, 「시여, 침을 뱉어라」라는 글 자체의 전개과정에서도 많은 방증이 엿보인다. 예컨대 '세계의 개진'과 '대지의 은폐'라는 하이데거의 대칭개념을 원용한 이러한 대목을 보자.

　산문이란, 세계의 개진(開陳)이다. 이 말은 사랑의 유보(留保)로서의 '노래'의 매력만큼 매력적인 말이다. 시에 있어서의 산문의 확대작업은 '노래'의 유보성에 대해서는 침공적(侵攻的)이고 의식적(意識的)이다. 우리들은 시에 있어서의 내용과 형식의 관계를 생각할 때, 내용과 형식의 동일성을 공간적으로 상상해서 내용이 반, 형식이 반이라는 식으로 도식화해서 생각해서는 아니된다. '노래'의 유보성, 즉 예술성이 무의식적이고 은성적(隱性的)이기는 하지만, 그것이 반이 아니다. 예술성의 편에서는 하나의 시작품은 자기의 전부이고, 산문의 편, 즉 현실성의 편에서도 하나의 작품은 자기의 전부이다. 시의 본질은 이러한 개진(開陳)과 은폐(隱蔽)의, 세계와 대지의 양극의 긴장 위에 서 있는 것이다.*

　비교적 낯선 개념과 어려운 낱말이 많이 동원된 이 설명은 〔…〕 그 빛나는 표현이 우연한 행운이 아닌, 정밀한 탐색을 거친 것이었음을 보여준다. 형식도 중요하지만 내용도 중요하다는 식의 맥빠진 중도론을 용납하지 않음은 물론, '대지'와 '세계'의 갈등을 통해 새로운 내용과 형식, 곧 새로운 '진실'이 탄생하며 그것이 곧 새로운 역사의 기점이 된다는 하이데거의 생각을 소화하고 있다. 그가 '시의 기적'은 나무아미타불의 기적과 같아서 헛소리다 헛소리다 하는 중에 참말이 되고, "이러한 시의 축적이 진정한 민족의 역사가 되는 기점"이 된다고 말하며 "그런 의미에서는 참여시의 효용성을 신용하는 사람의 한 사람"**으로 자부한 것도 그 나름의 치밀한 논리에 따른 발언이었던 것이다.

*김수영 「詩여, 침을 뱉어라」(1968), 『詩여 침을 뱉어라』, 민음사 1975, 128~29면.
**김수영, 앞의 글 126면.

—백낙청 「역사적 인간과 시적 인간」(1977), 『민족문학과 세계문학1』 개정합본,
창비 2011, 212~19면.

김수영이 1968년 시론 「시여, 침을 뱉어라」에서 하이데거 예술론에 대해 탐구했다는 것도 선생님 글 「역사적 인간과 시적 인간」을 통해서 확인할 수 있었습니다. 김수영의 이런 하이데거 읽기가 선생님께서 하이데거를 더 깊이 공부하는 데 자극이 됐을 것 같은데요, 앞에서 짧게 말씀해주셨지만 조금 더 부연해주시면 좋겠습니다.

백낙청 김수영 선생님한테 많은 자극을 받고 많이 배웠어요. 하루는 그분이 「시여, 침을 뱉어라」 내용을 1968년 4월 부산에서 강연하고 오셨어요. 그러곤 신나서 자랑하셨는데, 이분이 원래 출발할 때는, 우리 시사에서는 모더니스트(modernist)로 분류하지 않습니까? 근데 모더니즘(modernism)에 여러 갈래가 있고 그중 이분이 제일 중시했던 갈래는 초현실주의였던 것 같아요. 그래서 이상을 그렇게 좋아하셨어요. 그러면서도 이분은 이상의 수준을 넘어서서 하이데거까

지 온 거 아닙니까? 하이데거까지 왔다는 건 이제 초현실주의 수준
하고는 또다른 경지에 왔다는 얘깁니다. 이분이 「참여시의 정리」라
는 글에서 신동엽 시인의 「껍데기는 가라」라는, 당시 막 나온 시를 아
주 높이 평가하셨는데, 신동엽 칭찬을 한참 해놓고 끝에 가서 '그런
데 어쩌면 신동엽은 모더니즘의 폐해를 너무 안 입은 것 같다' 이런
말씀을 하셨어요. 그러니까 이상 같은 사람의 고민, 단순히 그 기법
상의 실험이 아니고 초현실주의를 안 하고 못 배기는 그런 상태를 통
과하지 않았다는 데 대해서 약간의 아쉬움을 표시한 거지요. 물론 신
동엽의 경우는 다른 배경이 있지만요. 아무튼 그에 대해서 약간의 아
쉬움을 표시했어요. 그런 걸 보더라도 현대 서양의, 서양인들의 고민
같은 걸 어느정도 공유하면서, 그걸 넘어서는 하이데거의 경지라든
가 하는 데까지 가야 된다는 생각을 하셨던 것 같아요.

고명섭 김수영 시인이 신동엽 시인에 대해서 한 말이 참 재미있습니
다. 김수영 시인은 치열한 현실대결이라는 측면에서는 리얼리스트의
면모가 아주 강하고, 또 동시에 그 언어의 독특함 같은 면에서는 모
더니스트의 면모도 강하고, 그래서 한국 문단에서 모더니즘 계열 분
들도 김수영을 좋아하시고 리얼리즘 계열 분들도 좋아하시죠. 그런
데 김수영 시인의 신동엽 시인에 대한 평가가, 저라도 그 자리에 있
었으면 그렇게 얘기했겠다는 생각이 들어 재밌습니다.

로런스와 하이데거 존재 개념의 비교

고명섭 선생님께서 하이데거 연구를 본격적으로 하신 것은 1972년
하바드대 박사학위 논문, 우리말 번역본 제목으로는 「D. H. 로런스

의 현대문명관」입니다. 여기서 로런스가 이야기하는 '비잉'(being)과 하이데거가 이야기하는 '자인'(das Sein) 사이의 친연성이라고 할까, 그 관계를 연구하셨는데, 둘 사이를 연결해서 비교·논의한 것은 이 논문이 처음이라고 알고 있습니다. 국제 영문학계에서도 그렇게 평가를 하는 것으로 알고 있고요. 호주의 로런스 연구자 폴 에거트(Paul Eggert)가 그렇게 언급한 논문("C. S. Pierce, D. H. Lawrence and Representation," *D. H. Lawrence Review* Vol. 28 N. 1-2, 1999, 97-98면)에 대해서 읽은 바 있는데요, 현대문명에 대한 그 두 사람의 생각을 연결해서 논의하겠다는 발상을 어떤 계기로 얻으셨는지요.

백낙청 내가 느끼기로는 그 당시에 로런스를 제대로 읽는 사람이 참 드물었어요. 영미학계에서도. F. R. 리비스(F. R. Leavis)는 예외였지만 앞세대 인사였고요. 로런스가 뭘 하려는지 그 의도를 모르기 때문에 자꾸 이런저런 오해를 했죠. 대개 평론가들이 자기가 잘 모르면 모른다고 하지 않고 자기 아는 걸 가지고 가르치려고 하잖아요. 로런스가 이렇게 저렇게 했어야 되는데 그러지 않고 이상한 짓을 했다는 식으로 비판하는데, 나는 그들만큼 유식하지도 않고 영어를 원어민만큼 잘하지도 않았지만 로런스를 읽으면 작가가 뭘 하려는지 보이더라고요, 어느정도. 그래서 이 논문을 쓴 건 1970년대 초인데, 그전에 내가 서울대에서 학생들한테 로런스 강의를 했고, 하이데거는 조금씩이라도 계속 읽었어요. 내가 볼 때는 하이데거가 하는 말을 이해 못 하는 것과 로런스가 왜 이렇게 작품을 썼는지 이해 못 하는 게 서로 통하는 것 같더라고요.

그때는 한국의 개벽사상이라는 화두에 내가 눈을 뜨기 전이었어요. 하지만 결국 하이데거나 로런스나 다 이 세상이 한번 개벽을 해야 된다, 수운 선생 말로 '다시개벽'을 해야 하는 세상이라는 얘기죠.

그런데 이런 생각이 없는 사람들은 개벽사상가가 하는 말을 알아들을 수가 없어요. 그런 사람들이 로런스에게 '저 사람 너무하다'라거나 '점잖지 못하다' 심지어 '사유의 기본이 안돼 있다' 등등 별별 얘기 다 하지 않았습니까? 아무튼 내가 로런스와 하이데거의 친연성에 주목한 것은 사실이에요. 말씀하신 폴 에거트라는 학자는 로런스의 전기와 본문연구에 대해서는 굉장한 석학이고 무척 부지런한 사람이에요. 로런스가 갔던 데는 다 가보고 확인하는 사람이죠. 당시 내 논문은 출판이 안 됐으니까 하바드대 도서관에 가지 않으면 못 보는 상태였는데, 그것까지 다 찾아본 거죠. 사실 활자화된 책으로 로런스와 하이데거를 최초로 연결한 사람은 마이클 벨(Michael Bell)이라는 유명한 영국 학자입니다. 그이가 로런스 연구로 써낸 박사학위 논문에서는 그 주제를 별로 안 다뤘는데, 논문을 고쳐서 책으로 내는 과정에서 하이데거를 많이 원용했어요. 폴 에거트가 벨의 박사학위 원본도 보고 내 원본도 봤는데, 박사학위는 내가 먼저 받았거든요. 그래서 에거트가 나의 연구가 최초라고 저널에 발표도 했어요.

로런스와 하이데거의 친연성에 주목한 것은 사실이고 친연성이 분명히 있다고 믿지만, 공부하는 사람으로서 이런 친연성이 눈에 띄었을 때 그걸 지적하는 걸로 만족하면 안 된다고 봐요. 퇴계 선생이 하셨다는 말을 귀동냥으로 듣고 내가 즐겨 써먹는 표현이 있어요. 선생이 후학들을 경책하고 충고하시면서 골륜탄조(鶻圇吞棗)라는 표현을 썼거든요. '골'은 송골매 골(鶻)입니다. 송골매가 사람하고 달라서 열매를 씹지 않고 그냥 삼켜서 소화하는데, 그런 식으로 대추를 씹지도 않고 삼키면 안 된다, 제대로 '부석(剖析)'해야 한다고 했습니다. 부석이란 말은 요즘 말로는 분석과 큰 차이가 없지만 해부한다는 부(剖) 자와 쪼갠다는 석(析) 자를 씁니다. 그러니까 뭐가 같고 다른지

하나하나 따져가면서 대조를 해야 한다는 거죠. 친연성을 애기할 때도 누구하고 누구는 통하더라, 그렇게 하고 마는 건 학문하는 태도가 아니라고 하셨어요.

하이데거와 로런스의 친연성은 사실 조금만 본인이 노력하거나 누가 귀띔해주면 금방 알게 되는데, 거기에 친연성도 있지만 차이점도 있잖아요. 그걸 엄밀히 구별해가면서 논하는 게 참 어려운 작업이죠. 가령 로런스의 존재인 *being*, 이건 소문자로 쓰죠. 하이데거의 존재인 *das Sein*이라는 독일어가 있고요. 독일어 명사는 무조건 첫 글자를 대문자로 쓰죠. 그런 독일어 관행의 편리한 점은 무슨 동사든 정관사 붙이고 첫 글자를 대문자로 바꿔버리면 그게 명사가 된다는 거예요. 그러니까 *sein*이 영어로 치면 비(be) 동사인데, 영어는 거기에 *ing*를 붙여야 동명사가 되지만 독일어에서는 첫 글자 *s*를 대문자로 쓰고 앞에 중성 정관사 다스(das)를 붙이면 되죠. 로런스가 *being* 애기를 많이 하고 내가 책에서도 그 애기를 많이 했는데, 나는 이걸 번역하기가 좀 골치 아파가지고 그냥 영어 그대로 많이 썼어요. 그런데 로런스의 *being*이 하이데거의 *das Sein*하고 통하는 바가 있는 건 분명한데 똑같지는 않잖아요.

고명섭 그런 것 같습니다.

백낙청 하이데거를 연구하는 입장에서는 어떻게 보세요?

고명섭 둘을 비교하려면 선생님처럼 로런스와 하이데거를 모두 깊이 공부해야 되는데, 제가 로런스 공부를 한 바가 없습니다. 다만 선생님의 『서양의 개벽사상가 D. H. 로런스』를 꼼꼼히 읽은 정도의 교양 수준에서 이야기할 수밖에 없는 상황입니다. 아무튼 그런 점에서 본다면 하이데거의 존재(das Sein)와 로런스의 존재(being)를 직접 비교하기는 쉽지 않은 것 같습니다. 우선 로런스의 존재는 삶의 어떤 완성된 상태를 나타내는 게 아닌가 생각이 들고요. 그런데 우리 인간의 삶은 개개인의 개별적인 삶으로 완성되는 것이 아니고 태양이나 별까지 포함하는 우주 차원의 어떤 전체 세계와 연결된 것이고, 그래서 우주 생명이라는 커다란 생명과 하나가 된 상태로서 그 삶의 완전성, 이것이 *being*의 최고의 상태가 아닌가, 이것이 로런스의 생각이 아닌가 합니다.

하이데거의 존재를 보면, 그건 1차로 우리 주변에서 흔히 볼 수 있는 존재자, 즉 사물의 존재를 뜻하기도 하지만 더 본질적으로 보면 존재자 전체의 존재를 뜻합니다. 이때 존재는 그 함의가 뚜렷하지는 않지만 우선은 형이상학적 차원의 존재로서 세계 전체의 본질이라고 이야기할 수도 있을 것 같아요. 그런데 하이데거는 이 세계 전체의 본질이라는 게 바뀐다, 그렇기 때문에 존재자 전체의 본질이 고정돼 있는 게 아니고 바뀌어가는 거다, 그래서 그 세계 전체의 본질, 역사적으로 바뀌어가는 본질을 주는 것을 가리켜서 '존재 자체'라고 이야기하기도 합니다. 후기 하이데거 용어로 하면 '에어라이그니스'(Ereignis), 생기(生起)라고 할 수도 있습니다. 그렇게 보면 로런스의 존재가 우주 생명의 충만함, 특히 인간 개별적 삶이 우주 생명에 통합된 차원에서의 충만함의 어떤 존재 상태를 가리킨다고 한다면, 하이데거의 존재는 우주 생명의 충만함으로 나타나는 존재를 주는 어떤 것, 그 깊이를 다 알 수 없는 것을 가리키는 개념이 아닌가 합니다.

백낙청 지금 여러가지 말씀을 하셔서 들으시는 분들이 좀 어리둥절하실 수 있겠네요. 나만 해도 하이데거의 존재를 "우선은 형이상학적 차원의 존재로서 세계 전체의 본질"로 이야기할 수 있다는 해석에는 좀 고개를 갸우뚱하게 돼요. 그런데 그런 논의 이전에 나는 번역에 대한 얘기를 좀 하고 싶어요. 특히 나는 하이데거의 *das Sein*을 존재라고 번역할 때 굉장히 많은 문제를 야기하고 그렇게 자초한 혼란에서 벗어나기 힘들어진 경우가 있다고 봐요. 고기자님의 『하이데거 극장』을 포함해서요. 더 자세한 이야기는 나중에 하더라도, 우선 하이데거는 '존재'와 '존재자'의 구별을 굉장히 중시하잖아요. 로런스가 말하는 *being*이라는 건 일단 존재자예요. 존재자가 존재자이면서 도달하는 어떤 특별한 상태를 얘기하는 거죠. 같은 서구어인 영어에서조차도 *das Sein*을 *being*이라고 번역해놓으면 굉장히 혼란이 생겨요. 영어에서 보통 *being*이라고 하면 어떤 특정한 존재자를 말하거든요. 그런데 로런스가 *being*을 말할 때는 일단 존재자를 뜻합니다. 실존(existence)하는 물질세계, 실존하는 존재자와 별개의 것은 아니지만 실존의 차원을 뛰어넘은, 로런스 당시엔 그걸 '4차원'이라고도 표현하는데, 그러니까 존재자가 어떤 상태에 이르러서 그 존재자를 통해 하이데거적인 존재가 빛을 확 발하는 어떤 경지죠. 그러나 그게 플라톤에서처럼 실존하는 현상적인 세계나 감각적인 세계와 초감각적인 이데아의 세계가 별개로 분리된 게 전혀 아니고, 실존 속에서 존재가 드러나는 그 경지를 *being*이라고 하거든요. 어떻게 보면 하이데거에도 그에 해당하는 얘기가 있다고 봅니다.

아무튼 *das Sein*만 가지고 얘기하면 로런스의 *being*과 확실히 구별을 하는 게 좋겠습니다. 오히려 하이데거에게서 *being*과 더 비슷한 걸 찾는다면, 나중에 우리가 언어 얘기할 때 다시 나오겠지만, 소리와 기호로 된 실재하는 언어가 있는 동시에 *Sein*의 부름과 물음에 귀를 기울이고, 또 *Sein*을 불러내는 게 하이데거가 말하는 '언어' 아니에요? 그 두가지가 결합돼 있는 것을 하이데거는 독일어로 '쯔비팔트'(Zwiefalt)라고 하죠. 그걸 신상희(申尚憙) 교수가 '일체이중성'(一

體二重性)이라고 번역했던데, 그건 한 몸인데 이중적이라는 말이죠. 나는 일체라는 우리말에는 모든 것(一切)이라는 의미도 있기 때문에 좀 걸리는 번역이라고 봐요. 차라리 '이중체'(二重體)라고 간단히 말하는 게 나을 것도 같아요.

로런스가 말하는 '이그지스턴스'(existence), 그러니까 실존의 세계라는 건 물질적인 세계거든요. 물질적인 세계의 일부이면서 그걸 넘어서는, 플라톤의 초월적 세계가 투영된 건 아니고 하이데거가 말하는 '존재 자체'가 거기 불려나온 경지를 말하는 것 같아요. 이게 맞는 얘기인지 모르겠지만 우리가 하이데거와 로런스의 친연성을 얘기할 때, 로런스의 *being*과 하이데거의 *Sein*을 얘기할 때도 그런 식으로 파고들어가서 생각해봐야 하지 않나 합니다.

고명섭 선생님의 텍스트를 읽으면서 저 역시 직감적으로 로런스가 말하는 *being*이 지금 선생님께서 설명하신 그런 차원, 하이데거의 용어로 하면 존재자 차원에서 출발하는 것이라는 생각을 했습니다. 한편 선생님께서 골륜탄조라는 말씀을 하셨지만, 선생님 글을 읽기가 쉽지 않은 이유가 이렇게 간단해 보이지만 매우 분석적인 작업을 통해서 나온 문장 때문이거든요. 그래서 쉽게 읽고 넘어가기 어려운 대목이 많습니다.

백낙청 골륜탄조를 방지하는 문장이라고 알아주시면 고맙죠. 많은 사람들이 저보고 무슨 글을 이렇게 어렵게 쓰느냐고 하지만 나는 늘 내 글이 사실은 그렇게 어렵게 쓰인 글은 아니라고 주장하곤 합니다. 고형이 그 점을 지적해주시니까 고맙네요.

하이데거의 시대인식

고명섭 선생님께서는 하이데거의 후기 사유 중에서도 특히 '기술시대 비판'을 중심에 놓고 로런스와 하이데거를 비교하시는데요. 소설『연애하는 여인들』(*Women in Love*)에서 보이는 로런스의 시대인식이 하이데거가 말하는 기술시대와 통한다고 하셨습니다. 이 작품에 등장하는 제럴드 크라이치라는 산업자본가의 의지와 몰락, 이 과정이 니체가 말한 '권력의지'(Wille zur Macht)를 떠올리게 합니다. 그런 점에서 선생님께서 제럴드의 승리와 죽음을 니체의 권력의지에 대한 하이데거의 비판을 통해서 읽어내신 부분은 적실하다고 느꼈습니다. 니체가 '말인(末人, letze Mensch)' '최후의 인간'이라고도 하는데요, 이 말인을 극복한 '초인'을 새로운 시대의 인간상으로 제시하는 것과는 달리, 하이데거는 초인을 기술시대의 극단을 이끌어가는 사람들로 이해하는 것 같습니다.

다시 말해 하이데거는, 제가 보기에는 니체의 초인을 허무주의의 극단이자 완성을 이끄는 사람으로 이해합니다. 허무주의의 완성은, 다르게 말하면 서양 형이상학의 완성이고, 그 서양 형이상학의 완성 시대에 펼쳐지는 것이 현대 기술문명이라고 볼 수 있고요. 그렇기 때문에 하이데거는 니체가 말하는 초인이 허무주의가 극단에 이른 기술시대의 인간상이라고 이해합니다. 그걸 배경으로 깔고서 제럴드를 보면, 선생님께서 로런스의 『무지개』(*The Rainbow*)에 나오는 스크리벤스키와 『연애하는 여인들』의 제럴드를 비교하셨다고 할까요. 두 사람을 나란히 보여주시는데요, 스크리벤스키는 그 행동 양태를 보면 니체가 말하는 말인, 최후의 인간과 유사하다고 볼 수 있을 것 같습니다. 니체가 두려워했던 것이 인간이 평등화하고, 또 세상이 민주화하는 것입니다. 우리는 좋게 보지만요. 그렇게 인간 삶이 살 만해져서 사람들이 국가라는 우리 안에서 아무 생각 없이 풀을 뜯는 소 같은 존재가 되는 것을 니체가 가장 두려워했거든요. 이런 상태에 이른 인간을 니체가 말인, 최후의 인간이라고 불렀다고 볼 수 있습니다. 그런 점에서 스크리벤스키와 제럴드를 비교해보면, 선생님께서도 지적하셨듯이 스크리벤스키라는 인물은 확실히 현실 안주적인, 말인적인 성격이 강하다는 생각이 듭니다. 반면에 제럴드라는 존재는 권력의지, 정복의지로 가득 차서 무한히 뻗어나가려는 사람이라고 할 수 있습니다. 그래서 하이데거가 해석한 니체의 초인에 가까운 사람이라고 이야기할 수 있을 듯합니다. 다만 니체 철학 자체에서 말하는 초인은 하이데거가 해석하는 초인과는 조금 다른 데가 있습니다. 니체의 초인은 인간을 넘어선 인간, 그렇다보니 그 형상이 뚜렷하진 않은 존재입니다. 그래서 니체는 이런 말도 합니다. "인간은 비동물이자 초동물이다. 상위의 인간(초인)은 비인간이자 초인간이다."(『권력에의 의지』(*Der Wille zur Macht*) 1027절) 그런 점에서 니체는 인간이 동물을 초월한 존재이듯이 초인은 인간을 초월한 존재라고 봅니다. 비근한 사례로 니체는 나뽈레옹 같은 사람을 언급하기도 하는데 그런 인물조차도 '벌거벗은 상태 그대로 보면 인간에 지나지 않는다'고 이야기하기도 했죠. 하이데거는 니체의 초인을 현실적 국면으로 끌어내려서 니힐리즘, 허무주의를 완성하는 자로서 '현대기술문명을 극단으로 이끄는 자'로 해석하는 것이 아닌가 합니다. 그런 점에서 선생님께서 말씀하신 대로 제럴드라는 인물은 하이데거가 해석한 초인적 성격의 인물, 기술시대를 이끌어가는 존재지만 결국 몰락하여 미래적인 존재는 될 수가 없는 사람인 것 같습니다.

백낙청 스크리벤스키와 제럴드는 확실히 다른 급의 인간이죠. 그런데 제럴드를 가만히 들여다보면, 그의 업적이나 이런 건 대단하지만 실제로 그의 생각이라든가 성격적인 타성을 보면 말인적인 면모가 많은 것 같아요. 또 그가 하는 말을 들어보면 하이데거가 말하는, 소위 세인들(世人, das Man)이 아무 생각 없이 하는 것도 많은 것 같아서 니체 입장에서는 그 사람을 초인으로 인정하지 않았을 것 같아요. 그러나 하이데거에게 말인은, 그동안 인간 역사에 온갖 인간들이 많았고 그중에 말세에 나타나 창궐하는 인간 유형인데, 이걸 극복하고 새로운 인간으로 탄생했다고 스스로 주장할지라도 이 기술시대를 제대로 감당하고 새로운 시대를 열어갈 인간은 되지 못한다는 거니까, 그 점에서는 제럴드도 물론 포함되겠지요. 그럼 하이데거가 생각하는, 기술시대를 넘어서는 인간은 어떤 사람인가를 생각할 때 혹시 『서양의 개벽사상가 D. H. 로런스』 속에서 힌트를 발견하셨습니까?

고명섭 예, 저도 그렇게 생각하는데요. 선생님께서 『연애하는 여인들』의 버킨에 대해 이야기하시는 대목에서 얼추 그런 인간의 면모가 보이지 않나 싶습니다.

백낙청 사실 버킨을 보고서 초인이라고 할 사람은 별로 없죠.

고명섭 네.

백낙청 니체의 주장처럼 초인이, 초인간이 되는 게 중요한 게 아니고, 인간이 지금까지 살아오던 방식과 다른 길을 찾아나가는 게 중요하다고 보면, 적어도 로런스 입장에서 『연애하는 여인들』의 버킨과 어슐라는 다른 길을 찾아내는 사람이죠. 찾고 나서 그 길을 얼마나 멀리 가느냐는 일부러 애매하게 남겨놓은 것 같아요. 왜냐하면 로런스 자신도 잘 모르니까요. 하지만 그런 사람을 이 지구의, 또는 존재자들의 주인노릇 하고 왕노릇 하는 그런 인간이 아니고, 더 겸허하고 더 평범한 삶을 살더라도 자기 마음을 비우고, 하이데거 표현에 의하면 '존재의 부름'을 경청하고 또 그렇게 함으로써 존재를 불러내려고 하는 사람이라고 이해할 경우, 버킨과 어슐라를 통해서 로런스가 보여주고자 했던 건 그런 새로운 길을 찾아내는 인간상이 아니었을까 합니다.

고명섭 아, 그렇게 보시는군요. 선생님 말씀대로 로런스가 그런 인물을 보여주기는 하지만 역시 그 인물의 상이 뚜렷하거나 목표가 확연하게 드러나는 모습은 아니지 않나…….

백낙청 아뇨. 그 인물상은 흔히 말하는 '작품에서 인물의 형상화'라는 점에서는 뚜렷하죠. 그리고 그 두 사람이 성취한 관계가 어떤 건지도 뚜렷한데, 그런 관계를 성취하고 나서 두 사람의 의견 차이가 생기잖아요. 버킨은 우리 둘만 가지고는 안된다. 누군가, 당시로서는 제럴드 같은 이를 어떻게든 붙잡아가지고 같이 해야지 정말 제대로 세상이 바뀐다고 하는데, 그건 맞는 말이죠. 하지만 어슐라는 괜히 안될 짓 하지 말고, 우리 둘이면 됐지 왜 당신은 다른 종류의 사랑을 찾느냐, 이렇게 말합니다. 사실 제럴드만 딱 놓고 보면 어슐라 말이 맞아요. 어차피 안될 일에 왜 이렇게 집착하느냐 하는 말은 맞는데, 정말 새로운 세상을 만들고 기술시대와 다른 세상을 이룩하려면 두 남녀의 사랑만으로는 안되잖아요. 그래서 자기하고는 전혀 다른 타입이고 또 엄청난 실행력과 사회적 영향력을 가진 제럴드 같은 사람과, 이제까지 사람들 간에 있었던 평범한 우정과는 다른 관계가 성립돼야 한다는 버킨의 말도 옳은 거예요. 그런 점에서 모호하게 끝나는 거지, 각 인물이 무엇을 지향하고 또 그 지향하는 사람들의 성격이 어떻게 형상화되어 있느냐 하는 건 전혀 애매하게 남겨져 있지 않다고 봐요.

고명섭 아, 그렇군요. 기술시대의 존재진리를 가리키는 하이데거의

하이데거의 기술시대 이해, '게슈텔'

　하이데거는 기술시대가 열어놓은 이 도발하고 강요하고 닦달하는 탈은폐 체계, 모든 것을 부품으로 만들어버리는 이 체계를 '게슈텔'(Ge-stell, 몰아세움)이라고 부른다. 게슈텔이라는 말은 하이데거가 '기술 시대의 비은폐성'을 가리키려고 만들어낸 말이다. 게슈텔(Gestell) 자체는 독일어에서 책장이나 받침대, 선반이나 뼈대를 뜻한다. 무언가를 얹어놓으려고 짜맞추어놓은 틀이 게슈텔이다. 하지만 하이데거는 이 말은 'Ge'와 'stell'의 합성어로 이해한다. 'Ge-'는 독일어에서 '모음이나 집약'을 뜻하는 접두사다. 산들이 모인 것을 산맥(Gebirge)라고 부르고 이런저런 마음의 느낌이 모인 것을 심정(Gemut)이라고 부르는 데서 'Ge'의 의미를 짐작할 수 있다. 또 'stell'은 'stellen' 곧 세움, 배치함을 뜻한다. 모든 것을 부품으로 탈은폐하도록 인간과 사물을 모아 배치해놓은 것이 '게슈텔'(몰아세움)이다. 그리하여 모든 것이 부품으로 산출되고 주문되고 비치되고 유통되는 것이다. 이 순환의 틀이 게슈텔이다. 게슈텔의 체계 속에서 자연과 인간이 닦달당하고 강탈당한다. 그런 의미에서 하이데거의 게슈텔에는 독일어의 본디 의미인 '무언가를 떠받치는 틀'이라는 말이 울리고 있다.

　　　　　　　　　　　—고명섭 『하이데거 극장2』, 한길사 2022, 570~71면.

말이 '게슈텔'(Ge-stell)이죠. 우리말로 보통 '몰아세움'이라고 번역하는데, 게슈텔이 하이데거의 다른 용어인 '사방'(Geviert, 四方) 혹은 '사방세계(四方世界)'에 대응한다고 이해를 합니다. 저는 하이데거가 사방세계를 기술시대를 극복했을 때 열리는 존재진리로, 다시 말해서 게슈텔이라는 어떤 극한의 자연지배와 강탈의 질서를 극복할 때 열리는 존재진리로 본다고 생각합니다. 사방의 열림이 하이데거가 말하는 다른 시원, '제2의 시원'과 연결된다고 보기도 합니다.

백낙청 사방의 열림이 하이데거가 말하는 제2의 시원과 통한다는 말씀은 고기자 책 『하이데거 극장』의 제2권 661면에 못을 박아놓았더군요. "하이데거는 그 기술시대를 넘어서 도래할 제2의 시원을 사물과 세계의 성스러운 관계(사방세계)를 통해 묘사하려고 한다"라고 하셨죠. 거기에는 나도 동의하는데, 아까부터 자꾸 번역 얘기를 합니다만요. 게슈텔이라는 말을 잠정적으로 몰아세움이라고 번역하셨지만 그냥 게슈텔로 쓰는 경우도 많더군요. 이게 번역하기 굉장히 어려운 말이지요. 물론 독일어에서 하이픈 없이 쓰는 게슈텔(Gestell)이라는 단어는 일상어로 매우 친숙한데 하이데거는 자기가 그런 뜻으로 쓴 건 아니라는 걸 표시하기 위해서 게(Ge) 다음에 하이픈(-)을 넣었지요. 그걸 몰아세움이라고 번역하기도 하고 또 닦달이라고도 하더군요.

고명섭 맞습니다. 이기상 교수 같은 분은 닦달이라고도 합니다.

백낙청 그런데 나는 닦달이라고 번역하는 건 특히 마음에 걸려요. 몰아세움도 사실 비슷한 뜻인데, 좀 그렇지 않아요? 게슈텔이 작용한달까, 실현되는 한 형태가 닦달이죠. 그러니까 옛날의 기술은 거의 시 쓰기(poiesis)나 마찬가지로 잠재적인 걸 끌어내는 것 아니에요? 말하자면 안 나오겠다는 놈을 멱살을 잡아갖고 닦달을 해서 끌어내는 게 근대기술이란 말이에요. 그 결과 사물다운 사물, 심지어는 '객체'(Gegenstand)들도 원래의 뜻을 상실하고요. 하이데거가 이런 새로운 실체를 재고품, 상비품이라는 뜻으로 '베슈탄트'(Bestand)라고 하죠. 그렇게 바꿔놓는 거예요. 인간이 사물을 자기 의지대로 이용해서 근대사회가 엄청난 기술 발전을 이루는 거 아닙니까? 그러니까 몰아세움이나 닦달은 게슈텔이 작용하고 실현되는 한 방식, 그렇게 해서 모든 사물을 거의 평준화된 재고품으로 만드는 작용방식이고, 그 저변에 있다고 할까, 그것을 가능케 하는 존재의 양태랄까 하는 것은 조금 달리 표현해야 하지 않나 하는 생각이에요. 독일어로 하이픈 없이 *Gestell*이라고 하면 어떤 옷걸이, 시렁이나 선반, 그러니까 물건 늘어놓는 가구인데, 하이데거는 그런 일상적인 물건으로서 게슈텔이 아니고 이 시대의 존재를 특징짓는 명칭으로 삼기 위해서 단어 속에 하이픈을 넣었지요. 독일어에서 '게'(ge)가 붙으면 대개 무슨 집단이나 집합체를 얘기하잖아요. 예컨대 '베르크'(Berg)가 산이면 '게비르게'(Gebirge)는 산맥이 되고요. 옷걸이나 선반같이 물건을 늘어놓는 의미를 간직한 채, 평범하고 일상적인 물건을 뜻하는 단어에서 출발해서 '우리 시대의 존재' 또는 고기자 표현대로 '존재진리'를 우리가 이름을 짓는 방식의 하나임을 말하려는 것이니까, *Gestell*의 원뜻에서 너무 멀리 벗어나지 않으면서 하이픈이 들어가는 *Ge-stell*을 표현할 더 좋은 번역을 생각해야 하지 않나 싶네요.

고명섭 그래서 저도 고민을 해봤는데 마땅한 번역어가 생각이 나지는 않았습니다.

백낙청 몰아세움이나 닦달에 해당하는 하이데거 용어가 따로 있죠. '헤라우스포르데른'(Herausfordern)이지요. '왕년의 기술'은 '헤어포어브링겐'(Hervorbringen)이라고 해서 그냥 끌어내는 건데 비해, *Herausfordern*은 마구 요구를 하고 닦아세워서 끌어내는 거죠. 그런 작태 자체를 닦달이라고 번역한다면 적절한 것 같은데.

고명섭 말씀하신 *Herausfordern*하고 *Hervorbringen*을 비교해보자면, 이렇게 말할 수 있을 것 같습니다. 달이 차서 자연분만하면 그게

Hervorbringen, 그러니까 산파가 도와서 아이가 잘 나오도록 해주면 순산하는 거죠. 그런데 *Herausfordern*은 달도 안 찼는데 제왕절개해서 억지로 끄집어내는 것이죠. 현대기술은 그렇게 억지로 끄집어내는 식이어서 모든 걸 다 파괴한다는 거죠. 그리고 그런 기술을 통해 구축된 전체의 질서를 가리키는 말이 게슈텔 아닌가 합니다. 우리 연구자들이 게슈텔이라는 말의 원래 뜻을 그대로 살려서, 몰아서 혹은 모아서(ge) 세운다(stellen), 이렇게 '몰아세움'으로 번역을 하는 것 같은데, 그런다고 해서 그 느낌이 잘 다가오는 것 같지는 않습니다.

백낙청 말했듯이 몰아세움은 게슈텔이 작용하는 방식이에요. 그런데 게슈텔 자체의 원래 의미를 살리면 그냥 '늘어놓는 것'에 가깝지 않나 싶어요. 닦달해서 끌어낸 것을 편리하게 쫙 늘어놓고 아무 때나 집어 쓰듯이, 우리가 옷걸이에 있는 옷을 아무 때나 걸치듯이요. 아무튼 이 얘기는 더 길게 해봤자 신통한 게 나올 것 같지는 않으니까 그냥 게슈텔이라고 합시다.

다음으로 '게피어트'(Geviert)를 '사방세계'라고 하는 번역은, 연구자들이 번역할 때 먼저 우리말에 대한 존중심이 있어야 할 것 같아요. 우리말에 이미 어느 단어가 뜻하는 의미영역이 있고, 어떤 의미에서 하나의 커먼즈에 자리 잡고 있기도 한데 거기다가 전혀 다른 의미를 부과하는 건 기존의 커먼즈를 파괴하고 교란하는 행위일 수 있잖아요. '사방(四方)'이 그런 경우가 아닌가 싶어요. 사방이라는 것은 동서남북(東西南北)이고, 불교에서 '시방세계(十方世界)'라는 용어도 쓰지요. 동서남북과 동남·동북·북남·서북 8방에다 상·하를 합친 열가지 방위라는 뜻이죠. 아까 나온 일체이중성의 경우는 한자로 써놓으면 혼동의 염려는 없어요. 원래 우리말에 그런 용어가 없으니까. 다만 그걸 더 간단하게 이중체라고 하면 일체(一切) 같은 다른 개념과 혼동될 염려가 있겠다는 것이었는데, 사방세계는 그런 식으로 보면 '사중체'라고 하는 게 나을 것 같아요.

고명섭 땅과 하늘과 사람과 신(神)을 이야기하죠.

백낙청 동아시아에서는 천·지·인 삼재(三才)를 얘기하는데, 말하자면 *Geviert*는 천·지·인·신 사재(四才)에 해당하죠. 사재라고 하면 삼재를 아는 사람에게는 금방 머릿속에 쏙 들어오지만, 나는 너무 쉽게 풀어주는 것도 문제라고 봐요. 하이데거를 완전히 동양사상식으로 풀이해버리면 그 고유의 의미가 사라질 수 있으니까요. 그러나 어쨌든 사방세계는 곤란하다고 봅니다.

고명섭 우리 연구자들이 사방 혹은 사방세계로 번역한 *Geviert*에는 독일 말로 사각형 혹은 사각형의 공간, 네모난 공간이라는 일상적 의미가 있고, 그 말을 그대로 살리다보니까 사방이나 사방세계까지 온 것 같은데요. 선생님 말씀대로 오해를 낳을 수 있는 것 같고, 그래서 적절한 용어가 있다면 고쳐나갈 필요가 있지 않나 싶습니다.

백낙청 고명섭씨도 연구자가 아니랄 수는 없고, 강단에 있는 연구자들을 많이 아실 테니까 한번 중지를 모아보십시오.(웃음)

고명섭 선생님께서 말씀하신 사중체라는 표현에 대해서 저도 한번 진지하게 고민해보겠습니다.

백낙청 다른 말하고 헷갈리지 않게 하려면 사중체가 좋고, 사중체의 의미가 뭐냐고 물어올 때 동양식으로 말하면 사재다, 이렇게 설명해주면 도움이 되지 않을까 하는 생각은 있어요.

하이데거의 기술시대 논의와 후천개벽사상

고명섭 하이데거의 기술시대 논의에 대해 좀더 이야기해보면 좋겠습니다. 기술시대 문제에 관련해서 선생님께서는 "기술시대의 참뜻을 깨닫고 그 깨달음을 인간됨의 본뜻을 구현하는 실천으로 연결시키지 못하는 한, 그리하여 기계적 반발이나 모방의 차원을 넘은 '적응과 극복의 이중과제'를 수행하고 '후천개벽'의 시대를 열지 못하는한, 어느덧 그들(제3세계의 민중—인용자)도 동서양의 새로운 제럴드들에 의해 추월당하고 뒤쳐져버렸음을 발견하기 쉽다"(『개벽사상가 D. H. 로런스』 128면) 이렇게 말씀하셨는데요. 기술시대의 실상을 통해서 근대적응과 근대극복을 이야기하고 또 후천개벽시대를 열어야 한다는 요구로 나아가는 대목입니다. 이 대목에서 선생님께서 근본적 관점에서 로런스와 하이데거를 엮었다는 생각이 듭니다. 하이데거는 기술시대를 극복해서 열리는 새 시대를 다른 시원, 혹은 제2의 시원이라고 부르는데 선생님께서 생각하시는 후천개벽과 하이데거가 말하는 제2의 시원이 어떤 점에서 같으며 다르다고 보시는지 궁금합니다. 동학, 증산교, 원불교 같은 우리 민족종교에서는 후천개벽시대가 이미 열리기 시작했다고 보는 것 같고, 반면에 하이데거는 기술시대의 어둠이 더 깊어진 뒤에야 제2의 시원이 열릴 것이라고, 좀더 미래로 미뤄놓은 듯한 느낌을 받습니다. 이 점을 어떻게 보시는지 듣고 싶습니다.

백낙청 어둠이 더 깊어진 뒤에 제2의 시원이 열린다는 얘기는 후천개벽을 말하는 사람들도 다 얘기한 거죠. 수운(1824~64)은 조선조 말기 사람이고, 증산(1871~1909)도 조선조 말기에 태어나서 일제시대가 시작되기 전에 돌아가신 분이고, 소태산(1891~1943)도 조선조에 태어난

267

사람이지만 그분은 주로 20세기 식민지 치하에서 활약했던 분인데, 그들이 겪은 왕조 말기나 식민통치기를 보면 어둠이 깊어질 대로 깊어져서 제2의 시원이 열릴 때가 됐다, 그리고 우리가 그것을 열어야 된다는 사명감을 가지고 나섰을 거예요. 제2의 시원이 후천개벽, 정신개벽에 해당한다는 이야기는 고명섭씨 자신이 『하이데거 극장 2』 731면에서 이렇게 말했어요. "어둠이 가장 깊을 때가 아침이 오기 직전이고 궁핍이 극에 달한 극단적 위험의 시대가 바로 구원이 자라는 시대인 것이다. (…) 그런 점에서 제2의 시원은 새로운 개벽의 시대라고 해야 할 것이다." 나는 전적으로 동의하고요. 수운이 쓴 표현은 후천개벽이 아니고 '다시개벽'인데, 그게 그거죠 사실은. 소태산에 가면 「개교표어」에서 "물질이 개벽되니 정신을 개벽하자"라고 하면서 당시의 시대를 물질개벽의 시대로 규정했어요. 나는 그게 한걸음 더 나아간 시대인식 아닌가 싶습니다.

　하이데거하고 연결해보면, 아까도 나온 *Ereignis*, 즉 생기라는 게 있죠. 참된 의미의 뭔가가 일어나는 것이 존재의 다른 이름이라고도 할 수 있는데, 그것이 일어나기 전의 상태를 하이데거는 '탈생기' 즉 '엔타이그니스'(Enteignis)라고 표현하잖아요, *Ereignis*가 다 사라지고 사물다운 사물도 사라지고, 앞서 얘기했던 사중체든 사방세계든 그런 것도 거의 없어진 시대를 거쳐야 제2의 시원이 이루어진다고 하거든요. 물질개벽만 있고 정신개벽이 없는 시대가 바로 그런 시대가 아닌가 싶어요. 그래서 *Enteignis* 개념이 일종의 전환기라고 했지요. 이게 후천개벽이 절실히 필요해진 대목이라면, 원불교에서는 그걸 좀더 구체화해서 전환기를 말할 때 '선후천 교역기(先後天 交易期)'라는 표현을 써요. 선천과 후천이 갈리는 거죠. 해월 선생도 그런 말씀을 하셨습니다. 하이데거는 '쯔비셴슈타찌온'(Zwischenstation)이라고 했죠. 중간 도착점 혹은 중간 역 같은 건데, 그런 점에서 하이데거의 '제2의 시원'도 가만히 있으면 저절로 오는 게 아니라 기술시대, 게슈텔의 시대 또는 *Enteignis*의 시대를 거쳐야 온다는 것 같습니다.

고명섭 예, 그런 것 같습니다. 이제 우리 민족종교를 이야기해보면 수운 선생의 동학, 그다음에 증산교, 원불교가 있죠.

백낙청 그런데 민족종교라는 말을 밖에서 흔히 쓰지만 세분 다 거기에 동의 안 하셨을 거예요.

고명섭 아, 네. 세분 다 세계종교라고 말씀하셨습니다.

백낙청 그렇죠. 수운은 내가 동방에서 태어나서 동방에서 도를 받았으니까 동학이라고 한다고 했지만 도는 천도, 하늘의 도이고 자기가 깨달은 도야말로 무극대도라고 했거든요. 원불교도 마찬가지로 세계종교를 지향하고 있고요. 특히 원불교는 후천개벽사상과 불교를 융합했잖아요. 불교는 민족종교가 아니고 세계종교로 공인된 상태라고 할 수 있죠. 그렇기 때문에 민족종교라는 말은 당자들이 별로 좋아할 표현은 아니죠.

고명섭 그런 우리 근대종교가 변혁성이라고 할까, 변혁에 대한 지향을 강하게 가지고 있는데, 하이데거의 사유도 근본 바탕에 기독교 사유가 깔려 있습니다. 기독교 사유에서도 특히 좋은 의미에서의 종말론적인 사상이 바탕에 깔려 있고요. 그 종말이라는 것도 결국 세상이 근본적으로 바뀐다는 생각이기 때문에, 우리 근대종교의 변혁적인 사고와 하이데거의 긍정적 의미의 종말론적 사유가 서로 만나는 것이 아닌가 생각합니다. 선생님께서 『서양의 개벽사상가 D. H. 로런스』에서 이런 말씀을 하십니다. "하이데거나 로런스의 탐구가 신비주의 또는 숙명론적 역사해석의 혐의를 벗으려면 기술지배의 경위와 실상에 대한 사회과학적·역사학적 설명을 포용하고 수렴할 수 있는 차원에서 진행되어야 함은 물론이다."(141면 각주33) 여기서 보이는 선생님의 도저한 사유의 특징은 그것이 구체적인 현실과 관계를 맺는 데 있다고 생각합니다. 이른바 형이상학적 사유 또는 종교적 사유는 추상적인 인간이해, 또 득도나 해탈로 끝나는 경우가 많은데, 선생님께서는 로런스와 하이데거를 경유해서 문명전환으로 나아가고, 그 과정에서 근대를 적응과 극복이라는 이중과제의 대상으로 이해하고, 더 실천적으로는 이중과제를 한반도에서 구현하는 방법으로 변혁적 중도주의를 제시하셨어요. 또 한반도 변혁 또는 분단체제 극복이 세계사적 변혁의 중대한 고리가 될 수 있다고 전망하십니다. 이렇게 철학적인 원리에서 구체적인 실천방법에 이르기까지 하나로 꿰어, 그야말로 일이관지(一以貫之)하는 사유체계를 갖춘 경우는 상당히 드물지 않은가 생각을 합니다. 선생님의 이런 사상체계 형성에 한반도의 개벽사상, 동학-증산교-원불교로 이어지는 개벽사상이 어떤 역할을 했을 것도 같고요. 아니면 선생님께서 먼저 그런 사상체계를 세우시고 이것을 한반도 개벽사상을 통해서 확인했다고 볼 수도 있을 것 같은데요.

백낙청 그전이건 그후건 내가 무슨 사상체계를 세운 건 없고요. 내가 로런스나 하이데거를 읽은 건 개벽사상에 대한 탐구를 본격적으로 하기 이전입니다. 그렇긴 한데 지금 내 입장을 말한다면 개벽사상, 한반도의 개벽사상을 표준으로 두고, 그다음에 로런스 같은 작가가 개벽사상가라는 말을 들을 자격이 있는가 하는 걸 탐구하고, 또 하이데거는 내가 로런스만큼 연구를 하진 못했지만, 나는 하이데거도 그런 표준에서 볼 때 서양의 개벽사상가라고 생각하거든요. 그래서 순서는 그렇게 보는 게 좋을 것 같습니다. 형이상학적 사유 또는 종교적 사유의 추상적인 인간이해, 또는 득도·해탈하는 것. 물론 득도와 해탈은 형이상학적 사유에는 없는 개념들이지만요. 그런데 하이데 거는 형이상학적 사유 또는 전통적인 종교적 사유를 철저히 부정하 면서 추상적인 인간이해도 정면으로 반대하고 비판하잖아요. 그래 서 오히려 득도나 해탈과 비슷한 경지를 많이 얘기하는데, 특히 말 년에 가서, 『하이데거 극장』에는 '숲속의 은둔자'라는 표현도 나오 는데, 제2의 시원이라는 게 억지로 해서 안 된다, 기다려야 된다는 얘기를 자꾸 했어요. 하이데거의 고향인 독일 서남부에는 경건주의 (Pietismus)라는 전통이 있잖아요. 영어로 하면 파이어티즘(pietism) 이죠. 경건주의, 정적주의. 하이데거가 거기로 돌아가지 않았나 하 는 혐의를 받죠. 나는 설혹 일부 돌아갔다 하더라도 하이데거의 사상 은 원래 그런 게 아니었고, 나중에 현실참여에 더욱 조심스러워지기 까지는 나치에 협력·가담했던 경험이 크게 작용하지 않았나 싶어요. 이 책에서 그 얘기를 참 잘해주셨어요. 적당히 변명으로 때우려고 하 지 않고요. 하이데거가 당시에는 확신범이었잖아요.

고명섭 네, 확신범이었습니다.

백낙청 이렇게 말하면 실례가 되는지 모르지만 세상 물정 모르는, 독 일 서남부의 신학교 출신의 촌놈이 나치가 막 나와서 근사한 얘기 를 하니까 넘어간 것 같아요. 나치당이 집권하기 전에는 굉장히 혁명 적인 얘기를 했잖아요. 하이데거가 생각하기에 이 세상은 온통 미국 과 유럽의 자본주의가 지배하는 세상이고, 게슈텔의 시대이고, 그 대 안으로 나왔다는 러시아혁명도 본질에서는 다른 게 없는 것 같았겠 죠. 그럴 때 나치가 나오니까 이거야말로 제3의 길이라고 생각해서 거기 가담했다가 나치한테 밉보여가지고 대학총장 자리에서도 잘리 고 민병대에 징집당하지 않았습니까? 본인으로서도 참 두고두고 회 한으로 남았을 거예요. 학문적으로는 나치가 망하기 전에 이미 여러

가지 반성을 하잖아요. 니체론도 그런 데서 나오는 거고요. 역시 그렇게 한번 크게 데어놓고 나니까 필요 이상의 조심을 하고 소극적이된 면도 있었던 것 같아요. 제2의 시원이든 후천개벽이든 이게 억지로 되는 게 아니다, 때가 되어야 하고 때가 되면, 우리 동양적인 문자로 무위이화(無爲而化)로 된다는 말은 옳은 말씀인데,『예술작품의 기원』(Der Ursprung des Kunstwerkes)인가요, 그 글을 보면 진리가 이룩되고 드러나는 방식으로 한 다섯가지를 열거했죠. 그중 하나가 시나 예술작품을 통해서 나오는 거고, 또 국가의 창건도 있죠.

고명섭 네, 국가의 창건도 이야기하죠.

백낙청 딱히 새로운 국가를 건국하는 게 아니더라도 역사적으로 정말 의미가 있는 정치행위를 '디 슈타트그륀덴데 타트'(die staatgründende Tat)라고 해서 진리를 이룩하고 새로운 세계를 열어가는 행위 중 하나로 꼽은 거지요. 그밖에 사상가의 사유도 있고, 한 대여섯가지를 얘기했는데, 말년의 저서에서는 국가 창건 행위에 대해 얘기를 안 해요. 왜냐하면 자기가 나치를 통해서 새로운 세계와 국가를 한번 창립해보려는 욕심을 갖고 참여했다가 완전히 망했잖아요.

고명섭 그렇죠. 망할 뻔한 게 아니라 망했죠.

백낙청 그래서 연합군이 승리한 이후에는 대학 강단에도 못 섰죠. 하이데거를 대학 강단에 못 서게 한다는 거는 소설가나 시인에게서 펜을 빼앗아가는 것과 똑같은 일이거든요. 내 생각에 더 큰 손실은 사람들에게 하이데거를 안 읽을 구실을 줬다는 거예요. 아무튼 그래서 하이데거는 소극적이 됐지만 원래 그의 사상에 변혁적인 면모가 있고 그걸 포기한 적은 없는 것 같아요. 다만 그걸 억지로 하려고 하면 안 된다는 생각에서 말년으로 갈수록 예술과 사유, 두가지 얘기만을 주로 하게 되죠.

하이데거의 휴머니즘 비판과 천지인 사상

고명섭 동물권을 포함해서 생태계에 대한 관심이 그야말로 폭증을 하고 있는데요.『서양의 개벽사상가 D. H. 로런스』에서 선생님은 그런 관심이 역편향을 불러오지 않을까 하는 우려를 표하십니다. "'동물로의 선회'를 대변하는 서양의 여러 담론은 형이상학적 '인간성'을 비판하고 그것과 동물성의 확연한 구별에 반대하는 가운데 인간됨의 존엄과 위대성을 폄하하는 결과가 될 우려가 없지 않다"(149면). 이 문제와 관련해서 하이데거가 「휴머니즘에 관한 편지」(Brief über den Humanismus)에서 행하는 휴머니즘 비판은 그가 말하는 존재와 현존재의 관계를 바탕에 깔고 있습니다. 인간을 가장 높이는 길은 휴머니즘이 아니라 인간(현존재)이 존재가 드러나는 장, 존재를 모시는 장이라는 인식에 있다는 이야기일 텐데요.

이런 하이데거의 휴머니즘 비판은 우리 전통에서 보면 적실한 면이 있다고 생각합니다. 우리 전통사회에서는 인간은 천지인 합일의 차원에서 인간이고, 불교에서는 인간뿐 아니라 다른 일체중생도 불성을 지닌 존귀한 생명체로 간주하지요. 나아가 동학에서 수운 최제우가 오심즉여심(吾心卽汝心), 즉 하느님의 마음과 사람의 마음이 같다고 말할 때는 인간중심주의보다는 하이데거가 말하는 존재와 현존재의 관계를 떠올리게 합니다.

바로 그런 점에서 하이데거의 사유와 동양 또는 동아시아 사유 사이에 대화의 공통 지반이 있다는 생각이 듭니다. 선생님께선 그 점을 불성을 예로 들어서 설명하시는데 전적으로 동의합니다. 또 하이데거식으로 보면 인간이 수승(殊勝)한 존재인 이유는 결국 현존재로서의 인간이 존재를 모시기 때문이지요. 이 점에서 인간중심주의에 빠지지 않으면서도 존재를 모시는 현존재로서 인간의 성격을 드러내는 길이 인간을 '빈 중심', 즉 세상 만물의 주인이라는 오만을 비워낸 빈 중심으로 이해하는 것이라고 저는 생각합니다.

백낙청 언급하신 동물권에 대해서도 그렇고, 요즘 소위 포스트휴머니즘이라고 기존의 인간중심주의를 부정하는 사고에 관해서는 무슨 커다란 새로운 이론을 내놓았다는 듯이 그러는 게 좀 가당찮다는 생각이 있습니다. 이제 와서 동물의 생명이 중요하다느니, 서구의 휴머니즘에 문제가 있다느니 하는 소리를 들으면 도대체 어디들 가 있다가 이제 와서 새삼스럽게 그런 소리를 하나 싶은 생각이에요. 더 문제인 것은 그 새로운 이론이라는 게, 하이데거가 「휴머니즘에 관한 편지」에서 한 것처럼 기존의 서구휴머니즘에 대해서 정말 깊은 통찰과 반성을 한 게 아니라는 거예요. 기존의 휴머니즘이 가진 표면적인 문제점을 딱 뒤집어서, 지금까지는 인간중심주의에 빠져 있었으니 이제는 동물, 나아가서는 무생물까지도 권리를 인정하자고 쉽게 말해버리는 거죠.

그런데 이런 권리 개념 자체가 사실은 프랑스혁명 이후의 인권, 시민권의 개념을 그대로 적용한 거 아니에요? '휴머니즘 이후'의 사상이라고 하지만 기존 휴머니즘의 연장선상에서 펼쳐지고 있단 말이죠. 거기에 비해 불교에서는 모든 생명이 존귀하고 살생하면 안 된다는 얘기를 벌써 수천년 동안 해왔죠. 불성의 개념도, 한편으로 모든 중생에 불성이 있다면서 다른 한편으로 지금 지적했듯이 그중에서 인간이 수승한 존재라고 강조하기도 하죠. 인간이 수승한 이유는, 모두가 불성을 갖고는 있지만 이 불성을 키우고 닦아서 부처가 될 수 있는 건 인간뿐이라는 거잖아요. 심지어 육도(六道) 중에서 인간도(人

間道)보다 더 높은 곳에 있는 것이 천상도(天上道)인데, 거기 있는 존재들은 복을 많이 지어서 천상락을 누리고 있지만 부처가 되려면 다시 인간으로 태어나서 이 사바세계의 삶에 부대끼면서 깨달아야 부처가 될 수 있죠. 천상에선 아무리 즐거워도 그 지어놓은 복이 다하면 내려오게 돼 있어요. 대개는 천상에서 내려오면 사람 세계로 오지만 큰 잘못을 저지르면 더 악도에 떨어질 수도 있다는 세계관이죠.

이런 발상은 하이데거가 말하는 '다자인'(Dasein), 현존재와 통하죠. 그런데 이런 우주 전체에 대한 사유는 초기의 하이데거보다는 후기 하이데거에게서 나타나는 것 같아요. 그래서 사중체라고 번역을 하든 또는 사재라고 부르든, 기본적으로는 천·지·인·신 넷이 들어가는 발상이 동아시아의 천지인 삼재 사상에 가깝다고 봅니다. 삼재에 신이 더 들어간 게 독특하다면 독특한데, 그 점은 어떻게 설명하세요?

고명섭 서구 기독교 문명의 영향 때문이 아닌가 생각합니다. 우리 문화에서는 천지인으로 끝날 수 있는데, 서구에선 물질적 세계로서 천(天)일 수도 있지만 동시에 어떤 신적인 것을 떠올리는 경향이 있으니까요.

백낙청 동아시아에서 말하는 천지는 물리적인 하늘과 땅이 아니지요.

고명섭 맞습니다. 우리의 천지에는 이미 신의 개념이 들어 있지 않나 싶고요, 하이데거는 그런 의미들을 분리해서, 어떤 신적인 것들을 별도로 이야기하는 것이 아닌가 생각합니다.

백낙청 나는 깊이 연구해보진 않았습니다만, 하이데거가 후기에 신적인 것을 강조한 근본에는 기독교의 영향도 있었겠지만 사실 그건 그리스적인 개념이거든요. 희랍철학에서는 유한한 생명을 가진 인간을 *mortals*, '죽을 자'〔必滅者〕라고 하는데 반대로 *immortals*, '불멸자'〔不滅

者)라고 하면 신을 말하는 거거든요. 비슷한 맥락에서 하이데거가 인간 현존재가 '슈테르블리헤'(Sterbliche)로서 대지 위에 거주한다고 할 때, *Sterbliche*를 직역해서 '죽을 자'라고만 하면 좀 어감이 이상해지는 것 같아요. 천지인신이라 할 때 신은 존재자의 하나죠.

고명섭 그렇죠, 그렇게 봐야 될 것 같습니다. 그러니까 하이데거의 기본적인 생각은 존재 자체(Sein selbst)와 비교한다면 우리가 신이라고 부르는 존재는 바로 존재자(Seiendes) 중의 하나라는 거죠.

백낙청 존재자 중에서 '가장 존재자다운 존재자'가 신이죠.

고명섭 네, 그렇게 표현을 하죠.

백낙청 아까 말씀하셨듯이 우리 동아시아에서는 천지 속에 신이 포함돼 있는 것 같아요. 『동경대전』에 보면 서양인들이 천지는 알지만 귀신을 모른다고 하거든요. 서양인들이 사실은 야훼라는 굉장히 큰 귀신을 모시는데, 그 사람들이 천지를 알고 귀신을 모른다고 한 거는, 동양에서 천지를 말하면 그 안에 귀신이 다 들어가 있는데 그들은 그걸 모른다는 점을 지적한 것 아닐까요. 그리고 '그 귀신이 바로 나〔鬼神者吾也〕'라고 하잖아요. 서양에서 익숙한 천지 개념을 쓸 때는 신을 하나 덧붙이는 게 맞고 우리식으로 말할 때는 천지인에 신도 다 들어가고요. 그래서 천지인 삼재와 천지인신 사재는 본질적으로 비슷한 것 같아요.

고명섭 그렇게 되네요. 그러니까 하이데거식으로 말하면 우리는 삼각형을 이루고 하이데거는 사각형으로, 각을 하나 더 세워야 하는 상황인 것 같습니다. 하이데거 사상을 보더라도 인간은 역시 어쩔 수 없이 중심에 놓일 수밖에 없고요. 그러니까 아까 선생님이 말씀하셨듯이 사중체 혹은 연구자들의 번역대로라면 사방세계에서 인간은 넷 속의 하나이면서도 그 넷에 의해 제약을 받지만, 그럼에도 불구하고 동시에 이 세계에서 존재를 모시는 존재는 현존재로서 인간이기 때문에 그렇게 세계를 열어 밝힌다는 점에서는 중심일 수밖에 없는 거죠. 그런 점에서 보면 기존의 인간중심주의가 갖고 있던 주체의 오만을 떨쳐낸, 자기를 비움으로써 존재가 들어서게 하는 차원의 빈 중심으로서의 인간입니다.

백낙청 그런 맥락을 설명하지 않고 빈 중심이라고만 하면 불교에서 말하는 해탈이나 청정한 마음과 혼동할 수도 있는데요. 물론 그런 해탈에 준하는 청정한 마음 상태로 가야죠. 그러나 빈 중심이라고 말할 때는 사각체든 사중체든, 천지인신 안에서 인간이 가장 연약하고 형편없는 존재 같지만 사실 중심은 인간이다라는 개념이 있는 거죠. 그러나 그 인간이 중심 노릇을 제대로 하려면 주체로서의 오만이 마음에서 다 사라져야 한다는 개념도 더해져서 나온 개념이 바로 빈 중심이기 때문에, 이 맥락을 온전히 설명해주셔야 이해가 쉬울 것 같습니다.

하이데거와 동아시아의 대화: 진리 개념을 중심으로

고명섭 하이데거의 '진리'(Wahrheit)가 역사적으로 달리 나타나는 진리라는 점에서 동아시아와 대화가 가능하면서도 또 시대를 초월하는 불교의 진리와는 다르다는 말씀을 하시는 분들도 있죠. 이 진리 문제와 관련해서 보면 동아시아 사회에서는 도 또는 진리를 단박에 깨친다는 관념이 있습니다. 그렇다면 단박에 깨친 그 진리가 진리 자체인지 아니면 그 진리조차 우리의 궁리를 요하는 것인지, 이에 대해서도 질문해볼 필요가 있을 것 같습니다. 세계와 존재의 실상에 대한 투명한 깨달음이라고 하더라도 그 투명성에는 한계가 있을 수도 있지요. 그런 의미에서 진리 자체는 우리 인식 너머에 있는 것이 아닐까 하는 생각도 합니다. 하이데거는 '진리의 비밀'(die Geheimnis der Wahrheit)이라는 표현으로 그런 사태를 담아냈지 않았나 합니다. 진리가 항상 완전히 드러나는 것이 아니라 '은폐됨'(Verborgenheit)과 '드러남'(Entbergung) 사이에서 존재한다는 관점에서요.

백낙청 하이데거가 말하는 진리와 불교에서 깨달음을 통해 진리를 깨친다, 진여를 깨친다(證悟)고 말하는 건 조금 차원이 다른 개념 같아요. 하이데거에서는 존재나 생기 같은 진리보다 더 근원적인 것이 있고 그것이 은폐되어 있다가 드러나는 것을 진리라고 하잖아요. 하이데거는 고대 그리스인들이 처음으로 사유한 진리(aletheia, 고대 그리스어로 '탈은폐' 내지 '드러남'을 의미)가 그런 것이라고 하면서, 은폐됐던 것이 드러나는 게 진리라면 드러나지 않은 채 아직 은닉되어 있는 것도 있다면서 진리와 '비진리'(Unwahrheit)를 동시에 말하죠.

불교에서 진여를 말할 때는 '은현자재(隱顯自在)'라는 표현도 씁니다. 숨겨졌다 드러났다 자기 마음대로 한다는 거죠. 은현자재한 진리. 원불교에서도 그 표현을 씁니다. "은현자재하는 것이 곧 일원상의 진리"라고 하죠(『정전』 교의편1). 그때의 진리는 오히려 하이데거의 '존재'에 더 가깝지 싶어요. 그걸 진리라고 표현하기도 하지만 우리 동아시아인에게는 도라는 말이 더 익숙하죠. 도는 드러나기도 하고 안 드러나기도 하면서 인간이 자기 마음대로 다룰 수 없는 겁니다. 그런데 공자님 말씀에 "인능홍도(人能弘道) 비도홍인(非道弘人)"이라는 말이 있지요. 사람이 도를 크게 키울 수는 있지만 도가 사람을 키우지는 않는다는 뜻입니다. 일견 서양의 휴머니즘처럼 인간을 도에 앞세우는 발상으로 오해받을 수 있지만, 현존재를 통해서만 존재가 드러난다는 하이데거의 발상과 통하는 말씀이라 봅니다. 이런 걸 보면 역시 천지인 삼재 중에서 인이 중심이죠. 『천부경(天符經)』에는 '인중천지일(人中天地一)'이라는 표현이 있는데 유교에도 그런 사상이 있다는 말이죠. 그래서 하이데거가 인간의 현존재를 중시하는 것은, 서구의 인간중심주의와 달리 도를 사유하는 인간을 중심에 두는 동아시아 사상과 통한다고 봐야 할 것 같습니다.

시간과 공간을 초월한 깨달음은 구불교의 주류적인 학설이 아닌가 싶고요. 그런데 후천개벽사상에 이르러 원불교에서는, 동학도 마찬가지고, '시운(時運)'이라는 걸 강조하잖아요. 우주에 '도수(度數)'가 있다고 하고요. 다시 말하면 우리가 깨치고 실현하는 도가 시대 상황에 따라 달라진다는 생각에서 하이데거 사상하고 크게 어긋나는 게 없는 것 같아요.

고명섭 그런 것 같습니다. 특히 동학이나 증산교, 원불교 같은 후천개벽에 중점을 두고 있는 사상에 이르면 확실히 하이데거의 존재 개념과 개벽사상이 서로 통하는 대목이 있다고 봅니다. 선생님께서는 『서양의 개벽사상가 D. H. 로런스』에서 하이데거가 1954년에 발표한 「과학과 성찰」(Wissenschaft und Besinnung)이라는 글에 언급된 "동아시아 세계와의 불가피한 대화"라는 표현을 잠깐 인용하십니다 (489면). 그 맥락을 보면 하이데거가 '언어의 장벽'과 '필요한 예비 작업의 부재'로 당장 대화는 불가능하고 상당히 먼 미래에나 가능할 일로 보고 있습니다.

이 문제와 관련해서 또하나 검토해볼 만한 글이 있습니다. 하이데거가 일본인 학자 테스까 토미오(手塚富雄)라는 분하고 나눈 대화를 정리한 「언어에 관한 대화로부터」(Aus einem Gespräch von der Sprache, 『언어로의 도상에서』, 신상희 옮김, 나남 2012에 수록)라는 글인데요. 선생님께서는 그 글을 상당히 중요한 자료로 생각하시는 것 같습니다. 저는 하이데거와 일본인 학자의 대화록을 특별히 주목하지 않고 지나쳤는데 선생님은 어떤 점에서 그 대화를 중요하게 여기시는지요.

백낙청 그것이 하이데거 사상을 정리하는 가장 중요한 문건이라기보다는 동아시아 사상과 서양 사상의 만남이라는 차원에서 보면 하이데거가 실물 동양인과 대화해서 자기 생전에 기록으로 발표한 거의 유일한 텍스트이기 때문이죠. 중국인 제자도 있었고 일본인 제자도 있었지만 자기 저작집에 남긴 동아시아인과의 유일한 대화니까요. 그런 점에서는 일단 자동적으로 관심이 가죠. 또 그 대화를 보면 하이데거가 개인적인 얘기를 굉장히 많이 해요. 개인사적인 사실도, 자기 사상의 발달과정도 얘기하죠. 그런데 하이데거는 '골륜탄조'와는 거리가 먼, 오히려 대추를 하나하나 잘근잘근 씹어 먹듯이 생각하는 방면에선 타의 추종을 불허하는 대가입니다. 일본인과의 대화에서도 얼마나 말 한마디 한마디를 조심하고, 머뭇거리는지 몰라요. 동아시아 사상과 관련돼서 더 그랬을지 모르지만 사유하는 자세가 굉장히 인상적이었어요.

내용 면에서도 언어에 관해서 중요한 얘기가 많이 나오는 대화입니다. 아까 잠시 언급했던 *Zwiefalt*, 제가 이중체로 번역하길 제안한 개념 이야기를 하고, 또다른 중요한 개념인 '운터-쉬트'(Unter-Schied)도 등장하죠. 보통 *Unterschied*는 '구별'을 뜻하는데, 그 단어를 *Unter*와 *Schied*로 자르고 하이픈을 넣어서 *Unter-Schied*라는 말을 만들어냅니다. 그걸 '사이-나눔'이라 번역했던데 이건 이중체하고 비슷한 발상이에요.

고명섭 예, 그렇습니다. 일본인과의 대화에서 *Zwiefalt*라는 단어를 쓰면서도 *Unter-Schied* 사이에 하이픈(-)을 넣어서 존재와 존재자가 나뉘면서도 어떻게 서로를 받쳐주는가를 이야기하죠.

백낙청 로런스식으로 얘기하면 *being*이라는 게 어디까지나 존재자지만 그냥 존재자가 아니다, 그냥 존재하는 하나의 실체가 아니라 뭔가 도약을 해서 어떤 의미에서는 존재 자체가 환하게 드러나는 경지에 이른다고 하는 생각과 비슷한 것 같아요. 그런 내용도 재미있었습니다. 그런데 사실 여기서 더 인상적이었던 건, 이것이 하이데거가 이 대화에서 처음 꺼내는 얘기가 아니라는 거예요. 1946년에 「휴머니즘에 관한 편지」를 쓰면서 처음으로 '언어가 존재의 집'이라는 표현을 쓰죠. 일본인과의 대화에서 하이데거는 자기가 그때 어설프게 그런 표현을 썼다고도 얘기합니다. 그리고 그걸 설명하는 과정에서 일본인 학자가 그건 표어처럼 쓰면 안 되죠, 하니 하이데거는 벌써 표어가 돼버렸다는 말도 하죠.

실제 우리 주변을 보면요, 하이데거나 언어에 대해서 깊은 생각 없이 "언어는 존재의 집이다"라고 너도 나도 떠들고 있단 말이에요. 확실히 표어가 돼버린 거죠. 그런데 일본인과 대화를 하다가 하이데거가 이런 말을 합니다. 언어가 존재의 집이라고 하면 우리 서양인들과 당신 동양인들은 다른 집에 거주하고 있는지도 모르겠다고요. 우리가 추상적으로 언어, 언어 하지만 언어 일반이라는 건 없잖아요. 언어라는 건 항상 특정 언어지요. 하이데거가 '언어는 존재의 집'이라고 할 때는 내가 쓰는 언어가 내가 관계하는 존재의 집이라는 의미지 이걸 추상적인 명제로 보면 안 된다는 얘기거든요. 그런데 그렇게 따지면요, 서양의 언어하고 동양의 언어만이 다른 집에 사는 게 아니고 가령 로런스처럼 영어를 쓰는 민족이나 하이데거처럼 독일어를 쓰는 민족도 각기 다른 집에 거주하고 있다고 봐야죠. 다만 집들 사이의 거리가 우리 동양 언어만큼 멀진 않은 거죠. 가옥 구조도 비슷한 점이 많고. 동아시아에서도 일본 사람하고 한국 사람, 중국 사람은 또다른 집에 살고 있다고 봐야 하고요. 그런 면에서 한국어를 쓰는 우리가 사는 존재의 집은 어떤 집인가를 한번 숙고해볼 필요가 있어요. 하이데거의 사유를 우리가 사는 집으로 옮겨올 때는 정말 우리 집에 어울리게 옮겨와야 하고요. 번역에 대해서 내가 자꾸 까다롭게 구는 것도 그래서지요. 고기자는 우리가 사는, 한국인의 언어의 집은 어떤 집이라고 생각하세요?

고명섭 유럽 사정을 보면 하이데거는 프랑스어나 영어는 라틴어 쪽에서 뻗어나간 2급 언어고 독일어는 그리스하고 상당히 가까운 언어, 그래서 독일어에 어떤 순수성이 있다고 봤습니다. 그러다보니까 하이데거를 공부하면서도 그에게 저항감을 느끼는 프랑스 철학자들도 있습니다.

하이데거가 언어가 존재의 집이라고 했을 때, 언어권마다 그 존재가 달리 드러날 수밖에 없다고 이해하는 건 맞는 것 같습니다. 그래도 단순히 추상적인 차원에서가 아니라 그 언어들끼리 정말 통하는 뭔가가 있다면 서로 달리 드러나더라도 존재 차원에선 어떤 보편성이 있을 것이다, 그러니까 특수성도 있고 맥락적 차이도 있지만 동시에 근원적 보편성도 있을 것이다, 저는 이렇게 생각합니다. 그러니까 서로 언어가 달라도 이렇게 대화가 가능하지 않은가 싶습니다.

그런데 제가 하이데거를 정리하면서 굳이 이 대화를 언급하지 않은 건, 대화하는 사람은 일본인 학자인데 제가 한국인이기도 하고, 또 하이데거가 일본인 학자를 너무 많이 대우해준다는 생각도 들었어요.(웃음) 그래서 기분이 썩 유쾌하지 않았습니다. 일본 학자가 일본의 고유어인 '이끼(粋)'라든가 '코또바(言葉)', 이런 단어를 가지고 언어에 대해 굉장히 길게 이야기하는데, 너무 우아하게 치장해서 이야기하는 것 같아서, 아주 솔직히 말씀드리면, 약간 거부감이 들었어요. 그래서 그 텍스트에선 하이데거의 개인사적 기록과 관련된 부분만 조금 취했습니다.

아무튼 그 일본인은 자기 존재의 집으로서 자기네 언어에 해당하는 것을 코또바라고 얘기했죠. 그럼 한국인으로서 나는 존재의 집으로서 언어를 달리 뭐라고 이야기할 수 있을까, 그걸 깊이 생각해보진 못한 것 같습니다.

백낙청 존재의 집으로서의 언어를, 처음 한국 사람들이 표현하고 생각하기 시작한 단어가 한자어인 '언어(言語)'는 아닐 게 분명하잖아요.

고명섭 그렇습니다.

백낙청 그래서 하이데거가 언어는 존재의 집이라고 한 그 말을 우리가 번역해놓으면, 하이데거는 '슈프라헤'(Sprache)라는, 독일어에서 아주 익숙한 일상어이고 그야말로 시원적인 말 중에 하나를 쓴 건데 그 단어를 언어라고 번역해놓으면 상당히 추상적인 게 돼버리거든요.

고명섭 네, 맞습니다. 그런데 일본 사람들도 그걸 언어라고 번역을 한 거고요.

백낙청 그러다 하이데거가 추궁하면서, 독일어의 *Sprache*에 해당하는 일본의 고유의 어떤 말이 있을 거 아니냐 물었더니 이 친구가 한참 생각을 하잖아요. 그렇게 한참 머뭇거리다가 나중에 그게 코또바라고 말하는데. 코또바라는 건 우리말로는 '말'이죠. 이 단어가 묘한 게 한자로는 '언엽(言葉)'이라고 쓴단 말이죠. 말씀 언에다가 이파리 엽자. 언제부터 그랬는지 모르겠지만 코또바가 원래 일본 사람들이 쓰던 말인 건 분명하죠. 그런데 코또(こと, 事)는 현대 일본어에서는 말이라는 뜻이 아니거든요. 무슨 일이 일어난다는 뜻, 일이나 사안이라

F〔이하 질문자〕: 〔…〕 우리 유럽인들이 'Sprache'(언어)라고 부르는 것을 지칭하기 위한 일본어가 무엇인지를 묻는 물음이었지요.

J〔일본인 학자〕: 〔…〕 저는 번역을 해야 하고, 그 번역에 의해서 Sprache를 지칭하기 위한 우리의 낱말이 마치 개념들로 무성한 표상구역 안에서 하나의 순전한 상형문자처럼 보이게 되기 때문입니다. 〔…〕

F: '언어'를 지칭하는 일본어는 무엇이라 합니까?

J: (얼마간 망설인 후에) 그것은 '고토 바(Koto ba, 言葉)'라고 합니다.

F: 그것은 무엇을 말하나요?

J: '바(葉)'는 꽃잎을 말하는데, 그것도 특히 아주 만발한 꽃잎입니다, 벚꽃이나 매화꽃을 생각해보세요.

F: 그러면 '고토'란 무엇을 말하나요?

J: 그 물음에 답하기가 가장 어렵습니다. 그것을 '고요히 부르는 정적의 순수한 매료'라고 말했기에, 시도는 조금은 더 쉬워지겠지요. 〔…〕 '고토'는 언제나 이와 동시에 그때마다 매번 매료하는 것 자체를 지칭하는데 〔…〕

F: 그렇다면 '고토'란 환히 비추면서 알려오는 우아함의 소식이 고유하게 생기하는 사건이겠군요.

J: 〔…〕 당신의 지적으로 인해 저는 '고토'가 무엇인지 당신에게 더욱 분명히 말씀드릴 수 있게 되었다는 것입니다.

F: Sprache를 지칭하는 당신의 일본어 '고토 바'를 어느 정도만이라도 함께 사유할 수 있기 위해서는, 그것은 저에게 회피할 수 없는 것처럼 보입니다.

J: 아이스테톤(αισθητόν)과 노에톤(νοητόν)을 구분하기 위해 제가

는 뜻인데, 거기에 이파리 엽자를 붙여서 한자로 言葉이라고 쓰면 말
이라는 뜻이 돼요. 그러니까 이 말은 일본 언어의 집 특유의 무언가
를 담고 있는데 우리네 말의 집엔 그런 게 없죠.

고명섭 예, 그러니까 이 일본 학자가 참 절묘하게 끄집어냈다 싶고요.
그 코또바를 사물 혹은 일, 이런 것들이 꽃잎처럼 피어나는 거라고
설명하니까 상당히 폼이 나고 그렇게 말하는 게 좀 부럽더라고요.

백낙청 어떻게 보면 해몽이 좋은 거죠.(웃음) 실은 테쯔까 교수가 나중
에 하이데거 글이 나온 걸 보고 자기가 말한 그대로 옮긴 것 같지는
않다고 말했다고도 해요.

고명섭 네, 해몽이 지나치게 좋다는 생각도 들고요. 우리말에서 거기
에 해당되는 말이 뭐가 있을까 하면, 제 생각엔 '말' 또는 '말씀' 정도
가 아닐까 싶어요. 말씀이란 단어는 옛날부터 있었죠. 세종대왕이 반
포한 훈민정음에서도 "나랏말ᄊᆞ미 듕귁에 달아"(나라의 말이 중국
과 달라)라고 했죠. 요즘은 말씀이란 단어를 높임 표현으로 쓰지만
이런 옛 기록을 보면 그렇지 않았던 것 같고요. 또 후대에 기독교를
받아들이면서 기독교의 로고스를 해석하는 하느님의 말씀, 주님의
말씀, 이런 식으로 용법이 바뀌었지요. 그래서 말씀이란 단어가 일상

285

에서 쓰는 단어로서 의미가 있으면서도 초월적인 것까지 연상케 하는 면도 있는 것 같아요. 만약 하이데거가 제게 질문을 던졌다면 저는 한 10분쯤 생각하다가 "말씀이란 단어가 있는데…" 이렇게 이야기 시작하지 않았을까 합니다.

백낙청 말이라는 단어가 너무 친숙해서 그냥 말이라고 하면 뭔가 아닌 것 같고 말씀 정도는 돼야 할 것 같다고 생각하기 쉽죠. 그런데 그냥 너무 어렵게 생각할 것 없이 말이라고 하면 되지 않을까요? 언어가 아니라 말이 우리에게는 더 시원적인 것이니까요. 그래서 말이라고 하면 언어라는 뜻도 있고 또 실제로 언중이 발화하고 사용하는 말이라는 뜻도 있고요.

또 우리가 "말이 안된다"느니 "말이야 막걸리야"라는 소리도 하잖아요. "말이 안된다"라고 할 때의 말은 그냥 아무나 지껄이는 말이 아니라, '말이 되는 말'을 뜻하죠. 문자를 쓰면 '어불성설(語不成說)'이라고 하잖아요. '어(語)'라는 건 누구나 지껄이는 말이고 '설(說)'은 그게 모여서 뭔가 의미를 이루는 말인데, 이런 맥락에선 "아, 그건 말이 안돼"라고 할 때의 뜻도 있거든요. 그래서 그런 여러가지 뜻을 가진 말이라는 단어가 우리한테 있다는 얘기를 할 수가 있어요.

또 하나는 동아시아, 특히 우리 한국어라는 이 집의 특징은 가옥구조가 좀 복잡해요. 왜냐하면 오랫동안 한문이라는 공동문어로 된 집에도 살았거든요. 지금도 상당 부분 그 영향이 있고요. 그래서 독일 사람들은 이해가 어려울 거예요. 옛날에 유럽문명권은 라틴어라는 공동문어를 썼지만, 독일은 동화가 덜 되어서 라틴어를 많이 안 썼지요. 그런데 동아시아 공동문어의 집에서는 말보다도 도(道)라는 말이 거기에 해당하는 것 같아요. 『도덕경』 첫 구절에 "도 가도(道 可道)면 비 상도(非 常道)"가 있죠. "도 가도" 할 때 그 두번째 도는 말한다는 뜻이거든요. 그래서 그 도라는 말이 길이라는 뜻도 있고, 말한다는 뜻도 있고, 그것이 동아시아인들에게는 그야말로 원초적인 말씀이 아니었겠나 하는 생각이 들어요. 한자문화권의 사람들이 같이 사는 구역이 있고 우리는 거기서 나와서 개별구역을 이루었는데, 물론 공동구역에 들어가기 전에 한민족 고유의 구역이 먼저 있었지만, 아무튼 그런 복합적 구조를 생각하면 공동구역에선 도라는 단어를 중심으로 진리를 경험하고 개별구역에선 말이라는 단어를 경험한 거지요. 독일 사람들은 이런 경험을 잘 이해하지 못할 게 당연한데 그런 사정이 있다고 설명해주는 게 동서의 만남을 위해서도 중요하지 않을까 싶어요.

고명섭 그렇겠습니다. 말하자면 한국어는 집으로 치면 많이 중축된 집이죠. 토대가 있고 그 위에 한자문화가 들어와서 불교와 유교의 언어가 올라섰고, 그 위에 또 근대어로서 일본을 통해 들어온 수입어와 번역어가 있어서 최소 삼층 구조로 이루어져 있는 것 같습니다. 이 때문에 한국인들이 언어를 가지고 고유한 철학을 할 때 어려움을 겪는 것 같고요. 오늘 선생님께서 계속 문제를 제기하신 번역의 난점들도 이런 점과 연관이 있지 않나 싶네요.

백낙청 그 집이 1, 2, 3층으로 된 복층집인지 같은 층 안에 여러 구역이 있다는 비유가 나을지는 그것대로 검토할 문제겠지요.

마지막으로 내가 아껴둔 주제가 있습니다. '존재'의 번역 문제예요. 서양 집하고 동양 집의 가장 큰 차이가, 동양 집에는 인도유럽언어의 sein동사, 영어의 be동사에 해당하는 단어가 없다는 거예요. 편의상 '존재'라고 쓰고 있을 뿐이죠. 그런데 이 말이 부적절한 이유는, 우리네 집에서는 존재라고 하면 존재자를 의미해요. 그러니까 하이데거를 번역할 때가 아니면 존재자란 말을 따로 안 쓰죠. "아 참 그놈

불쌍한 존재다"라고 말하면 그놈이 불쌍한 존재자란 뜻이니까요.(웃음) 독일어에서 *ist*, 영어에서 *is*는, 물론 이건 3인칭 단수일 경우고 1인칭 단수는 *bin* 또는 *am*, 3인칭 복수의 경우는 *sind* 또는 *are* 등 전혀 다른 모양새로 변하는 것이 *sein* 또는 *be*동사의 특징이기도 하지요. 아무튼 그 단어들에는 '~이다' '~이 있다' '~로서 있다'는 뜻이 한 단어 속에 다 들어가 있어요. 반면 우리말의 '존재'가 너무 불투명하고 오해하기 쉽다고 해서 이걸 '있음'이라고 더러 바꿔 쓰기도 하는데, 그러면 오히려 be동사의 의미 중에서 '~이다'보다 '있다'는 쪽으로 의미가 한정되어서 그것도 부적절한 번역 같아요. '~임'이라 하기도 하죠. 아까 얘기했듯이 '님'하고 *das Sein*이 통하는 바도 있지만, 그렇게 대충 연결되게 번역하면 안 되잖아요. 그래서 나는 정확을 기하기 위해서 빗금을 긋고 '~임/있음'이라고 쓴 적은 있는데, 그건 해설이지 번역은 아니거든요. 그래서 존재라는 말을 불가피하게 써야 한다면 쓸 수밖에 없는데 뭐가 문제인지 알고 써야 합니다. 존재와 존재자의 구별이 하이데거에게는 아주 핵심적인 질문인데, 그냥 존재라고 해놓으면 전달이 안돼요. '존재가 존재자고, 존재자가 존재하는 거지 뭐', 이런 식이 되어버리거든요. 딱 맞는 단어가 없는 대신에 존재라는 번역에 이러저러한 문제가 있다는 것과, 이 문제가 인도유럽어족들이 사는 존재의 집하고 우리 동아시아인들이 사는 존재의 집이 구조와 내장이 완전히 다르기 때문에 불가피하게 발생한다는 걸 알고 쓰면 그나마 좀 낫지 않을까 싶어요.

고명섭 하이데거가 독일어로 *Sein*, 즉 존재라는 단어를 쓸 때는 그 단어의 역사적 전통과 언어적 편의성을 활용하는 거죠. 특히 독일어에서는 어떤 동사든 대문자로 쓰면 그 동사를 바로 명사화할 수도 있으니까요. 또 서구 철학이나 신학에서 존재를 용어로 쓸 때 초월적인 것을 암시하는 표현으로 써왔기에, 그 용법들을 바탕에 깔고서 쓴 것이기도 합니다. 그런데 우리말로 존재라고 옮겨버리면 그런 점들이 다 사라져버리죠. 그게 하이데거를 이해하기 어렵게 만드는 1차 장벽인데 가장 높고 큰 장벽이 돼버렸습니다. 그걸 넘지 못하면 하이데거의 철학 속으로 들어가기 참 어려워지는 면이 있는 거죠.

마지막으로 저는 이런 생각도 해봅니다. 과거에 인도 불교가 중국을 통해 우리에게 들어올 때, 그 산스크리트 문헌을 한문으로 번역했는데, 그 과정에서도 아마 큰 고통과 갈등이 있지 않았을까 싶어요. '니르바나'(Nirvana) 같은 말을 '해탈(解脫)'로도 옮겼다가 어떤 분은 그냥 음차해서 '열반(涅槃)'으로 옮기기도 했죠. 그렇다고 해서 그 의미가 일대일대응이 되는 것은 아니었을 테고요. 그런데 그게 문화적으로 축적되면서 역사를 거쳐 우리의 일상으로 들어오게 된 거죠. 번역의 과정에서 불가피하게 어떤 불일치나 건너뜀, 간극을 겪을 수밖에 없지 않았을까 싶어요. 하이데거 번역의 경우에도 근본 문제가 있고 그것이 가장 큰 장벽이지만 지금으로선 그걸 단숨에 뛰어넘을 방법도 안 보이죠. 대신 하이데거를 연구하고 공부하시는 분들이 Sein을 존재로 번역할 때 하이데거가 함의하는 것과 얼마나 달라지는지를 명확하게 자각하고, 그걸 전제로 해서 쓰는 것이 필요하지 않을까 싶습니다.

오늘 백선생님을 직접 뵌 이 자리가 저한테는 정말 선물 같았다는 생각이 듭니다. 선생님께서 불러주셨기 때문에 제가 이 자리에 나올 수 있었지만, 나오기를 잘했다 싶습니다. 오늘 선생님께서 저에게 여러가지를 가르쳐주시고 자극을 주셨는데 그 가르침을 계기로 삼아서 동아시아 사상, 특히 우리 개벽사상에 더 많은 관심을 가져야겠습니다.

우리의 문제를 풀어야겠다는 발심이 강해야 서양 사상과의 만남도 더 충실해질 거라는 생각을 합니다. 백선생님의 책을 읽으면 언제나 그런 계발의 힘을 받습니다. 오늘 이 자리에서 그런 힘을 받고 공부를 더 해야겠다는 각오가 생기는 것을 느낄 수 있었습니다. 이런 자리를 마련해주신 백선생님께 감사드립니다.

백낙청 예, 감사합니다. 백낙청TV 시청자 여러분, 오늘 다소 어려운 얘기도 나왔습니다마는 저는 그 어려운 얘기를 우리가 꽤 재미있게 풀어내지 않았나 하는 자부심을 갖는데, 여러분은 어떠셨을지 모르겠습니다. 아무튼 앞으로도 관심 가져주시고 많이 찾아주시기를 부탁드립니다.

강일순 姜一淳, 1871~1909 증산사상의 창시자. 호는 증산(甑山). 동학농민혁명 후 일어난 사회적 혼란과 참상을 보고 인간과 세상을 구원할 새로운 종교를 창시할 결심을 함. 유불선과 음양·풍수 등을 연구하고 도술과 과거·미래를 알 수 있는 공부를 하며 수도함. 1901년 깨달음을 얻고 전북 고부의 집으로 돌아와 증산사상의 핵심인 천지공사(天地公事)를 행한 후 포교에 힘씀. 1907년 의병 모의 혐의로 체포되었다가 석방되었고 1909년 추종자들을 모은 후 스스로 세상의 모든 병을 대속하고 사망했다고 전해짐.

김수영 金洙暎, 1921~1968 시인, 문학 평론가, 번역가. 8·15 해방과 한국전쟁을 겪으며 현실과 사회 부조리에 대한 비판과 자유를 추구하는 작품을 씀. 서양 문학과 철학에 조예가 깊었으며 이를 한국적 현실에 접목한 시적 실험을 지속함. 시가 단순한 미적 형식이 아닌 사회적 발언의 장이 되어야 한다고 주장하며, 한국 문학에 깊은 영향을 끼침. 대표작으로 「풀」 「사랑의 변주곡」 등이 있음.

니체, 프리드리히 Friedrich Nietzsche, 1844~1900 독일의 철학자, 문헌학자. 19세기 서양철학의 중요한 인물로, 인간 존재와 도덕, 종교에 대한 근본적인 질문을 던짐. 특히 기독교적 도덕과 전통적인 가치체계를 비판하며 '신은 죽었다'는 선언을 통해 기존 도덕의 해체와 새로운 가치의 창조를 강조함으로써 실존주의, 포스트모더니즘 등 현대철학에 큰 영향을 끼침. '힘에의 의지' '영원회귀' '초인' 등 독창적 개념을 통해 인간의 자기 극복과 자유의지를 탐구하였으며 『차라투스트라는 이렇게 말했다』 『선악의 저편』 등에서 이러한 사상을 체계적으로 펼침.

니터, 폴 Paul F. Knitter, 1939~ 미국의 종교학자, 신학자. 종교 간 대화와 종교 다원주의를 주제로 기독교와 타종교 간의 소통과 이해를 촉진한 사상가. 기독교만이 유일한 진리를 가졌다는 배타적인 입장을 비판하고, 다양한 종교들이 각자의 방식으로 진리에 접근할 수 있다고 주장함. 주요 저서인 『붓다 없이 나는 그리스도인일 수 없었다』 『예수와 또 다른 이름들』 등에서 기독교 신앙의 보편성과 타종교의 가치를 아우르는 종교다원주의적 관점을 제시하였으며, 이를 통해 종교 간의 평화로운 공존과 협력을 모색함.

로런스, 데이비드 허버트 D. H. Lawrence, 1885~1930 영국의 소설가, 사상가. 탄광부의 아들로 태어나 노동계급과 강한 유대감을 느꼈으며 생애 많은 시간을 여러 외국을 다니며 보냄. 다양한 탐구의 도정 속에서 존재와 진리를 향한 관심을 추구했으며 소설은 사유의 모험이고 인간은 사유의 모험가라는 생각에서 출발해 '진정한 실체'에 대한 사유와 서양철학 전통의 존재론, 형이상학에 대한 본질적인 문제제기로 나아감. 대표작으로 『무지개』 『연애하는 여인들』 『날개 돋친 뱀』 등이 있음.

박중빈 朴重彬, 1891~1943 호는 소태산(少太山). 원불교의 교조로 대종사(大宗師)라 불린다. 전남 영광군 백수면 길룡리 영촌에서 출생했으며 어릴 때부터 인간의 생사와 존재 문제를 탐구하는 소년이었다고 전해짐. 구도에 힘쓰다 1916년 대각을 이루었으며 '물질이 개벽하니 정신을 개벽하자'는 표어를 내걸고 인류의 정신구원을 위한 종교운동과 사회운동을 시작함. 1924년 전북 익산에 '불법연구회'라는 임시 교명을 내걸고 종교 교화 활동을 시작했으며 1943년에는 기본경전인 『불교정전』을 발행하고 열반함.

백무산 白茂山, 1955~ 시인. 노동운동가. 본명 백봉석. 현대중공업의 노동자로 일하다가 『민중시』 제1집에 「지옥선」을 발표하면서 시인으로 활동하기 시작함.『노동해방문학』편집위원을 지냈고 1992년 국가보안법 위반 혐의로 구속당함. 노동자의 삶과 사회적 불평등을 주제로 한 시를 통해 노동문학의 대표적 목소리로 자리잡음. 1980년대 노동운동과 민주화 운동의 격변 속에서 노동자 계층의 고통과 현실을 사실적으로 그려내며 현실 참여적인 시를 써옴. 자본의 폭력성 비판과 생태문제로 주제의 폭을 넓혀가며 작품활동을 계속하고 있음. 시집으로는『동트는 미포만의 새벽을 딛고』『폐허를 인양하다』『만국의 노동자여』『그 모든 가장자리』『이렇게 한심한 시절의 아침에』등이 있음.

본회퍼, 디트리히 Dietrich Bonhoeffer, 1906~1945 독일의 신학자, 목사. 20세기 기독교 윤리와 신학에 큰 영향을 끼친 인물로, 나치 독재에 저항한 대표적인 신학자이자 순교자로 알려져 있음. 참된 신앙은 고난과 책임을 동반해야 한다는 신념에 기반해 히틀러 정권에 맞서 기독교 신앙의 본질을 지키기 위해 고백교회 운동에 참여했고 아돌프 히틀러를 암살하기 위해 7·20 음모에 가담했다가 게슈타포에 체포되어 사형당함. 그의 윤리적 신앙과 실천적 삶은 이후 많은 기독교인들에게 영감을 주었음. 주요 저서로는 기독교의 사회적 역할을 밝힌『나를 따르라』『행위와 존재』등이 있음.

빠니까르, 라이몬 Raimon Panikkar, 1918~2010 인도-스페인 출신의 신학자, 철학자. 힌두교 신자인 아버지와 가톨릭 신자인 어머니 사이에서 태어나 동서양의 영적 유산을 아우르며 종교 간 대화와 종교다원주의를 이끈 세계적 사상가로 기독교와 힌두교, 불교 등 동서양 종교 전통을 통합하는 신학적 시도를 펼침. 주요 저서인『종교 간의 대화』에서 다양한 종교에 녹아 있는 보편적 진리와 영성을 모색했으며, 이를 통해 종교 간 상호 이해와 협력의 중요성을 강조함.

송규 宋奎, 1900~1962 원불교 제2대 종법사. 본명은 송도군(宋道君), 호는 정산
(鼎山). 1918년 박중빈을 만나 감복해 원불교에 귀의, 그의 수제자가 됨. 원불
교 중앙총부 건설에 참여하였고 원불교 지도자로서 활동하다가 1943년 박
중빈이 사망한 뒤 44세에 법위를 계승함. 해방 후 일제에 의해 훼손된 원불
교 교서를 재정비하고 원불교(圓佛敎)라는 교명을 선포했으며 원광대학교를
설립하는 등 교육사업에도 힘씀 1961년 4월 삼동윤리(三同倫理)를 제창한 후
이듬해 사망함. 저서로『불법연구회 창건사』『건국론』등이 있음.

슈바이처, 알베르트 Albert Schweitzer, 1875~1965 독일과 프랑스의 접경지대인 알자
스로렌 지방 출신의 신학자, 의사. 본래 목사이자 바흐 연구가로서 명성을 날
렸으나 프랑스령 적도 아프리카에 의사가 필요하다는 보고서를 접하고 30세
에 의학 공부를 시작, 38세에 아프리카로 떠나 의학봉사를 실천함. 신학자로
서는 '철저한 종말론'의 맥락에서 당시 예수는 곧 세상에 종말이 오리라고
믿던 후기 유대교 종말론에 철저한 종교지도자였다고 주장함. 인도와 중국
사상에도 심취했고 특히 자이나교의 불살생(不殺生)에 영향을 받아 생명경
외의 원칙을 세움.

유영모 柳永模, 1890~1981 종교사상가, 교육자, 영성가. 성경을 근본으로 불경,
동양철학, 서양철학에 두루 능통했으며 평생 진리를 좇은 사상가. 우리말과
글로써 철학을 한 최초의 인물로서, 그리스도교를 줄기로 불교, 노장 사상,
공자와 맹자 등을 두루 탐구하면서 모든 보편종교와 사상을 하나로 꿰는 한
국적이면서 세계적인 통합사상 체계를 세움. 본래 정통 기독교인이었으나
똘스또이의 사상적 영향으로 무교회주의적 입장을 취하면서 독특한 한글 연

구를 바탕으로 예수, 석가, 공자, 노자 등의 말씀을 우리말과 글로 알리는 일에 힘씀.

전병훈 全秉薰, 1857~1927 사상가. 호는 서우(西愚). 조선 후기, 대한제국기에 관료로 활동하다가 1907년 고종이 강제로 폐위되자 일본을 거쳐 중국으로 망명함. 흔히 20세기 초 한국 지식인들이 일본의 번역어를 통해 서양학문을 접한 것과 달리 생애 후반기를 중국에서 보낸 전병훈은 강유위, 담사동, 양계초 등 중국인의 학문적 탐색과 번역을 통해 서양사상을 접함. 『정신철학통편』에서 동서양의 철학적 개념들을 종합하여 독창적인 사상 체계를 제시함.

정약용 丁若鏞, 1762~1836 조선 후기의 사상가, 정치가. 호는 다산(茶山). 실학자로서 사회 개혁과 실용적인 학문을 강조하며 다방면에 걸쳐 방대한 연구를 남김. 특히 정치, 경제, 법률, 농업, 과학기술 등 다양한 분야에서 백성을 위한 현실적 개혁 방안을 제시함. 그의 사상은 실사구시(實事求是) 정신을 바탕으로 하며, 조선 후기의 사회 문제를 해결하고자 노력함. 기중기와 수원 화성 건설에 기여하는 등 과학기술 분야에서도 업적을 남김. 천주교 신앙을 접한 후 서학에 깊은 관심을 가졌으나 천주교 박해로 인해 유배 생활을 함. 유배지에서 피폐한 당시의 사회상을 직접 확인하며 실학을 체계적으로 정리한 그의 업적은 오늘날까지도 높이 평가받고 있음. 대표 저서로는 『목민심서』 『경세유표』 『흠흠신서』 등이 있음.

최시형 崔時亨, 1827~1898 종교인, 독립운동가. 초명은 경상(慶翔), 호는 해월(海月). 35세 때인 1861년에 동학에 입교한 후 최제우의 설교를 듣고 명상과 수행에 힘씀. 포교에 힘써 많은 성과를 거두었으며 1863년 8월에는 도통을 물려받아 동학 제2대 교주가 됨. 이듬해 최제우가 처형되자 도피 생활을 하며 동학 재건을 위해 노력함. 교조신원운동과 동학농민운동에 참여했으며『동경대전』과『용담유사』등 동학 경전을 간행해 교리 체계화에 힘씀. 1897년 손병희에게 도통을 전수하였고 이듬해 백성을 현혹했다는 이유로 원주에서 체포되어 교수형에 처해짐.

최제우 崔濟愚, 1824~1864 종교인, 동학의 창시자. 초명은 복술(福述), 관명은 제선(濟宣), 호는 수운(水雲). 조선 말기의 체제 붕괴 및 불안정은 그의 유년기에 큰 영향을 미침. 1860년에 도를 깨치고 동학을 창시하였으며 '시천주(侍天主)'의 사상을 전파하기 시작함. 동학교도가 급증하자 각지의 신도를 다스리는 접주제를 만들고 조직함. 교세 확장에 두려움을 느낀 조정에서는 최제우를 체포해 사도난정(邪道亂正)의 죄목으로 참형에 처함. 그의 가르침은 이후 최시형에 의해『동경대전』『용담유사』로 간행되어 동학의 기본 경전이 됨.

틸리히, 파울 Paul Johannes Tillich, 1886~1965 신학자, 목사. 제1차 세계대전 중 군목으로 참전하면서 유럽 문화의 끝과 인간의 잔인성을 목도하고 사상적 변화를 겪음. 신학을 교회 안의 언어에 가두지 않고 인간의 이성으로 새로운 기독교를 재정립하고자 함. 기독교와 동양 종교 특히 불교와의 대화에 크게 공헌했으며 그 영향으로 기독교의 인격주의 중심 신관을 초인격주의적 신관으로 바꾸어놓음. 저서로 설교 모음집『흔들리는 터전』과『조직신학』『19세기 프로테스탄트 사상사』등이 있음.

하이데거, 마르틴 Martin Heidegger, 1889~1976 독일의 철학자. 프라이부르크 대학에서 철학을 공부하던 중 후썰을 만나 현상학을 본격적으로 탐구함. 1918년부터 루터 전집뿐만 아니라 개신교 신학서들을 탐독하기 시작했으며 1927년에는 현대철학의 새로운 장을 연『존재와 시간』을 출간해 서구의 전통 존재론적 사유와는 다른 방식으로 존재의 의미를 해명함.『철학에의 기여』에서는 현대적 의미의 새로운 신 개념을 고찰했으며 이러한 그의 사유는 루돌프 불트만, 자끄 라깡, 장-폴 싸르트르 등에게 많은 영향을 줌.

한용운 韓龍雲, 1879~1944 승려, 시인, 독립운동가, 사상가. 호는 만해(萬海). 한국 불교의 개혁과 민족 독립을 위해 평생을 헌신한 인물. 어려서부터 불교에 귀의하였고 이후 깨달음을 얻고 사회적 실천을 강조하는 불교 개혁 운동에 앞장섬. 일제 강점기 독립운동에 적극 참여하였고 1919년 3·1 운동의 민족 대표 33인 중 한 사람으로서 독립선언서를 발표한 뒤 투옥됨. 종교적 깊이와 사회적 실천이 결합된 독특한 사상을 통해 한국 불교의 새로운 길을 열었으며 시집『님의 침묵』을 통해 한국 문학사에 큰 족적을 남김.

함석헌 咸錫憲, 1901~1989 종교사상가, 언론인, 민주화 운동가. 탁월한 문필가였지만 그의 핵심은 진리구도의 종교사상가, 거짓과 비겁에 저항하는 시대의 지식인이었음. 중심사상은 민중 중에서도 순수한 사람됨을 지향하는 우리말 표현인 '씨올'로, '역사의 담지자의 주인은 씨올'이라고 보는 민중사관을 제창함. 주체적으로 기독교 신앙을 흡수하고 동양의 고전과 대화시키면서 독창적이고 토착화된 기독교 사상을 이룩함. 저서로『성서적 입장에서 본 조선 역사』등이 있고 잡지『씨올의 소리』를 통해 자기 사유를 담은 문필 활동을 전개함.

휴머니즘(humanism) →157~58, 273~77, 278
(하이데거의) ~ 비판 273~77

힌두교 39, 46, 50, 54~55, 61, 64, 122, 156, 188, 227, 228, 235

이미지 출처

22면 wikipedia
34면 원불교기록관
53면 wikipedia
113면 국립한글박물관
133면 원불교기록관
161면 원불교기록관
195면 전도연
248면 wikipedia

*모든 이미지는 재사용 시 해당 단체 및 저작권자의 재허가 절차를 밟아야 합니다.